# 合格
## トレーニング

よくわかる**簿記**シリーズ　TRAINING

# 日商簿記3級

# はしがき

　日本商工会議所主催の簿記検定試験は，2021年4月より新しい出題区分で実施されていますが，本書は，この出題区分に対応した検定試験の受験対策用問題集です。「合格力をつける」ことが本書の最大の目的ですから，ＴＡＣ簿記検定講座で培ってきた長年のノウハウをここに集約しました。

　本書は，特に次のような特徴をもっています。
1．本書は，テキストで学習した論点のアウトプット用トレーニング教材として最適です。本書は，姉妹書『合格テキスト』の各テーマに準拠した問題集ですから，ぜひ『合格テキスト』とあわせてご使用ください。
2．各問題には，出題頻度にもとづいた重要度を★マークで表示しました。学習計画に応じて重要度の高い問題を選びながら学習を進めていくことができます。

　　　★★★ … 必ず解いてほしい重要問題
　　　★★　 … 重要問題を解いた後に可能なかぎり解いてほしい問題
　　　★　　 … 時間に余裕があれば解いてほしい問題

3．計算の過程や間違えやすい問題については，解答だけでなく「解答への道」として解説を付してあります。『合格テキスト』と併用することで理解の定着は万全となります。
4．繰り返し演習し，知識の定着をはかるために，解答用紙のダウンロードサービスをご利用いただけます。TAC出版書籍販売サイト・サイバーブックストア（URL https://bookstore.tac-school.co.jp/）にアクセスしてください。

　こうした特徴をもっていますから，本書を活用すれば読者の皆さんが検定試験に合格できるだけの実力を必ず身につけられるものと確信しています。

　現在，日本の企業は国際競争の真っ只中にあり，いずれの企業でも実力のある人材，とりわけ簿記会計の知識を身につけた有用な人材を求めています。読者の皆さんが本書を活用することで，検定試験に合格し，将来の日本をになう人材として成長されることを心から願っています。

　2022年12月

ＴＡＣ簿記検定講座

......................................................................................................

**Ver.14.0 への
改訂について**

本書は，『合格トレーニング日商簿記３級』Ver.13.0について，最新の出題傾向に基づき改訂を行うとともに，レイアウトを一新して刊行したものです。

合格トレーニング
日商簿記**3**級

# CONTENTS

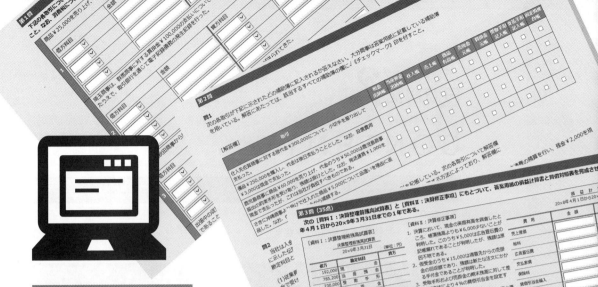

# 模擬試験プログラムにチャレンジしよう！

本書購入特典として、模擬試験プログラムが付属しています。

実際にパソコンで解いてみると、下書用紙の使い方や、日本語入力への切り替えなど、ペーパー試験とは違った工夫が必要なことに気づかれると思います。

ネット試験を受験されるかたは、ぜひこの模擬試験プログラムにアクセスして、ネット試験を体験してみてください。

※本サービスの提供期間は、本書の改訂版刊行月末日までです。

（免責事項）
(1) 本アプリの利用にあたり、当社の故意または重大な過失によるもの以外で生じた損害、及び第三者から利用者に対してなされた損害賠償請求に基づく損害については一切の責任を負いません。
(2) 利用者が使用する対応端末は、利用者の費用と責任において準備するものとし、当社は、通信環境の不備等による本アプリの使用障害については、一切サポートを行いません。
(3) 当社は、本アプリの正確性、健全性、適用性、有用性、動作保証、対応端末への適合性、その他一切の事項について保証しません。
(4) 各種本試験の申込、試験申込期間などは、必ず利用者自身で確認するものとし、いかなる損害が発生した場合であっても当社では一切の責任を負いません。

（推奨デバイス）PC・タブレット
（推奨ブラウザ）Microsoft Edge 最新版／
Google Chrome 最新版／Safari 最新版

詳細は、下記URLにてご確認ください。
https://program.tac-school.co.jp/login/3

## 模擬試験プログラムへのアクセス方法

**STEP 1**　　TAC 出版　　検索

**STEP 2**　　☁ 書籍連動ダウンロードサービス にアクセス

**STEP 3**　　パスワードを入力
230210489

＼ Start! ／

合格トレーニング
日商簿記**3**級

問 題 編

# 簿記の意義

## 問題 1-1　★★★　　　　　　　　　　理解度チェック ☐☐☐

次の文章のカッコ内に当てはまる適切な語句を下記の**〈語群〉**から選びなさい。

　簿記の目的は，企業の（　①　）状態と（　②　）成績を明らかにすることである。

　企業の一会計期間における（　②　）成績を表す報告書を（　③　）といい，企業の期末における（　①　）状態を表す報告書を（　④　）という。

**〈語群〉**

　　貸借対照表　　損益計算書　　財政　　経営

### ✎ 解答欄　　　　　　　　　　　　　　　　　　　解答〈3〉ページ

| ① | ② | ③ | ④ |
|---|---|---|---|
|   |   |   |   |

## 問題 1-2　★★★　　　　　　　　　　理解度チェック ☐☐☐

次の文章のカッコ内に当てはまる適切な語句を下記の**〈語群〉**から選び，記入しなさい。

　企業は継続して活動を行うため，通常1年間で区切って報告書を作成する。この区切られた期間を（　①　）といい，株式会社の場合は，これを自由に定めることができる。

　（　①　）の開始の日を（　②　），終わりの日を（　③　）といい，（　②　）と（　③　）のあいだのことを（　④　）という。また，現在の（　①　）を（　⑤　），ひとつ前の（　①　）を（　⑥　），ひとつ後の（　①　）を（　⑦　）または翌期という。

**〈語群〉**

　　会計期間　　前期　　当期　　次期　　期首　　期中　　期末

### ✎ 解答欄　　　　　　　　　　　　　　　　　　　解答〈3〉ページ

| ① | ② | ③ | ④ |
|---|---|---|---|
|   |   |   |   |
| **⑤** | **⑥** | **⑦** | |
|   |   |   | |

# THEME
## 02
# 財務諸表と簿記の5要素

## 問題 2-1 ★★★

次に示す貸借対照表と損益計算書のカッコ内に当てはまる適切な語句（簿記の5要素）を下記の**〈語群〉**から選び，記入しなさい。

**〈語群〉**

　資産　　負債　　資本　　収益　　費用

✎ **解 答 欄**

解答〈4〉ページ

貸 借 対 照 表

( 　　　　　 )

( 　　　　　 )

( 　　　　　 )
（純資産）

損 益 計 算 書

( 　　　　　 )

( 　　　　　 )

次の文章のカッコ内に当てはまる適切な語句を下記の〈語群〉から選び，記入しなさい。

簿記の手続きにおいては，記録や報告のために（　①　），（　②　），（　③　），（　④　），（　⑤　）の5つに分類される。これを簿記の5要素という。

（　①　）は，企業が活動のために所有するものをいい，現金や建物のような財貨と，貸付金のような債権（権利）がある。（　①　）は（　⑥　）の左側に記載する。

（　②　）は，借入金など，将来支払わなければならない債務（義務）をいい，（　⑥　）の右側に記載する。

（　③　）は，（　①　）から（　②　）を差し引いて求められるもので，元手，純資産ともよばれる。（　③　）は（　⑥　）の右側に記載する。

企業の活動に費やされた支出などのことがらを示す内容を（　⑤　）といい，その活動によって得られる収入などのことがらを示す内容を（　④　）という。（　④　）は（　⑦　）の右側に，（　⑤　）は左側に記載し，両者の差額として当期純損益を算定する。

〈語群〉

　貸借対照表　　損益計算書　　資産　　負債　　資本　　収益　　費用

✎ 解 答 欄　　　　　　　　　　　　　　　　　　　　　　解答〈4〉ページ

| ① | ② | ③ | ④ |
|---|---|---|---|
|   |   |   |   |

| ⑤ | ⑥ | ⑦ |
|---|---|---|
|   |   |   |

# THEME 03 日常の手続き

問題 3 - 1　★★★　　　　　　　　　　　　　　理解度チェック □□□

　次の(1)～(8)について，簿記上の取引となるものには○で，簿記上の取引とならないものには×で答えなさい。

- (1)　店舗の建物を1年間（1か月の家賃50,000円）借りる契約をした。
- (2)　店頭に並べていた販売用の商品10,000円が盗まれた。
- (3)　商品75,000円を，電話で注文した。
- (4)　商品60,000円を購入し，代金は現金で支払った。
- (5)　金庫で現金10,000円を保管していたはずが，9,500円しかないことに気がついた。
- (6)　従業員を1か月の給料200,000円の契約で雇い入れた。
- (7)　給料日に1か月分の給料200,000円を現金で支払った。
- (8)　銀行より現金50,000円を借り入れた。1か月後に返済する予定である。

✎ 解答欄　　　　　　　　　　　　　　　　　　　　解答〈5〉ページ

| (1) | (2) | (3) | (4) |
|-----|-----|-----|-----|
|     |     |     |     |
| (5) | (6) | (7) | (8) |
|     |     |     |     |

5

次の各勘定（要素）について，増加（発生）ならば「＋」，減少（消滅）ならば「－」の記号を，カッコ内に記入しなさい。

✏ 解 答 欄　　　　　　　　　　　　　　　解答〈5〉ページ

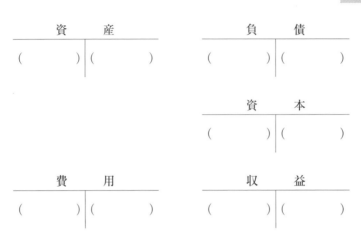

| 資　産 | |
|---|---|
| （　　　） | （　　　） |

| 負　債 | |
|---|---|
| （　　　） | （　　　） |

| 資　本 | |
|---|---|
| （　　　） | （　　　） |

| 費　用 | |
|---|---|
| （　　　） | （　　　） |

| 収　益 | |
|---|---|
| （　　　） | （　　　） |

次の①〜⑫の文章を意味する語句を，語群A〜Sの中から選びなさい。
①　一定時点のすべての勘定科目とその金額（合計・残高等）を一覧表にしたもの
②　仕訳などの左側を指す用語
③　簿記の5要素を勘定科目別に記録する場所
④　取引を借方の要素と貸方の要素に分解し勘定記入への指示を出すこと
⑤　仕訳を記録しておく帳簿
⑥　仕訳などの右側を指す用語
⑦　仕訳を勘定口座に書き移すこと
⑧　企業の活動等により，5要素に増減変化をおこすことがら（記録することがら）
⑨　簿記で最低限必要とされる帳簿，仕訳帳と総勘定元帳のこと
⑩　期末に行う帳簿記録の整理や報告書作成の手続き
⑪　仕訳帳・総勘定元帳以外に企業が任意で設ける帳簿
⑫　貸借対照表と損益計算書などの報告書のこと

〈語群〉
| | | | | |
|---|---|---|---|---|
| A．借　　方 | B．契　　約 | C．勘定（口座） | D．仕　　訳 | E．総勘定元帳 |
| F．損益計算書 | G．転　　記 | H．試　算　表 | I．貸　　方 | J．財務諸表 |
| K．簿記上の取引 | L．利害関係者 | M．商品売買業 | N．補　助　簿 | O．仕　訳　帳 |
| P．主　要　簿 | Q．企　　業 | R．決　　算 | S．貸借対照表 | |

解答〈5〉ページ

### 解答欄

| ① | ② | ③ | ④ | ⑤ | ⑥ |
|---|---|---|---|---|---|
|   |   |   |   |   |   |

| ⑦ | ⑧ | ⑨ | ⑩ | ⑪ | ⑫ |
|---|---|---|---|---|---|
|   |   |   |   |   |   |

## 問題 3-4　★★★

理解度チェック □□□

　次の一連の取引について仕訳し，総勘定元帳の各勘定に転記しなさい。ただし，転記は「日付と金額のみ」とし，相手勘定科目は省略する。

〈指定勘定科目〉

　現金　　借入金　　資本金　　売上　　仕入

　4月 1日　株式会社設立にあたり，株式を100,000円で発行し，株主より現金を受け取った。
　9月10日　現金100,000円を銀行より借り入れた。
　1月17日　商品を60,000円で仕入れ，現金を支払った。
　3月23日　商品を90,000円で売り上げ，現金を受け取った。

解答〈5〉ページ

### 解答欄

| 日　付 | 借 方 科 目 | 金　　額 | 貸 方 科 目 | 金　　額 |
|---|---|---|---|---|
| 4 / 1 |   |   |   |   |
| 9 /10 |   |   |   |   |
| 1 /17 |   |   |   |   |
| 3 /23 |   |   |   |   |

```
          現        金                         借   入   金
----------------+----------------      ----------------+----------------
                |                                       |
----------------+----------------                      |
                |                             資   本   金
                |                      ----------------+----------------
                                                       |

          仕        入                         売        上
----------------+----------------      ----------------+----------------
                |                                       |
```

次の一連の取引について仕訳し，総勘定元帳の各勘定口座に転記しなさい。なお，4月1日の仕訳と勘定転記は済んでいる。転記にあたっては日付，相手科目，金額を記入すること。

〈指定勘定科目〉

　　現金　　借入金　　売上　　仕入

4月1日　会社設立にあたり，株式を50,000円で発行し，株主より現金を受け取った。
6月1日　銀行より現金100,000円を借り入れた。
8月1日　商品70,000円を仕入れ，代金は現金で支払った。
10月1日　商品を150,000円で売り上げ，代金は現金で受け取った。
12月1日　借入金のうち80,000円を現金で返済した。

✏ 解 答 欄　　　　　　　　　　　　　　　　　　　　　　　　解答〈5〉ページ

| 日　付 | 借 方 科 目 | 金　　額 | 貸 方 科 目 | 金　　額 |
|---|---|---|---|---|
| 4／1 | 現　　　　金 | 50,000 | 資　本　金 | 50,000 |
| 6／1 | | | | |
| 8／1 | | | | |
| 10／1 | | | | |
| 12／1 | | | | |

現　　　　金

4／1 資本金 50,000 |

借　入　金

資　本　金

　　　　　　　　| 4／1 現　金 50,000

仕　　　　入

売　　　　上

## 問題 3-6 ★★★

次の総勘定元帳の各勘定の記入にもとづいて，残高試算表を作成しなさい。なお，本日は期末（3月31日）である。

| 現 金 | |
|---|---|
| 4/1 資本金 50,000 | 8/1 仕 入 70,000 |
| 6/1 借入金 100,000 | 12/1 借入金 80,000 |
| 10/1 売 上 150,000 | |

| 借 入 金 | |
|---|---|
| 12/1 現 金 80,000 | 6/1 現 金 100,000 |

| 資 本 金 | |
|---|---|
| | 4/1 現 金 50,000 |

| 仕 入 | |
|---|---|
| 8/1 現 金 70,000 | |

| 売 上 | |
|---|---|
| | 10/1 現 金 150,000 |

### ✎ 解答欄                                  解答〈6〉ページ

残 高 試 算 表
×2年3月31日

| 借 方 | 勘 定 科 目 | 貸 方 |
|---|---|---|
| | 現 金 | |
| | 借 入 金 | |
| | 資 本 金 | |
| | 売 上 | |
| | 仕 入 | |

次の残高試算表は，決算整理後の金額である。これにもとづいて，貸借対照表と損益計算書を作成しなさい。なお，仕入勘定は売上原価（売上と引き換えに渡した商品の原価：費用）を表している。会計期間は１年である。

残 高 試 算 表
×2年 3 月31日

| 借　　方 | 勘 定 科 目 | 貸　　方 |
|---|---|---|
| 150,000 | 現　　　　　金 | |
| | 借　入　金 | 20,000 |
| | 資　本　金 | 50,000 |
| | 売　　　上 | 150,000 |
| 70,000 | 仕　　　入 | |
| 220,000 | | 220,000 |

✎ 解答欄　　　　　　　　　　　　　　　　　　　　　　　解答〈6〉ページ ▶

貸 借 対 照 表
×2年 3 月31日

| 資　　　産 | 金　　額 | 負債及び純資産 | 金　　額 |
|---|---|---|---|
| 現　　　金 | | 借　入　金 | |
| | | 資　本　金 | |
| | | 繰越利益剰余金 | |
| | | | |

損 益 計 算 書
×1年 4 月 1 日～×2年 3 月31日

| 費　　　用 | 金　　額 | 収　　益 | 金　　額 |
|---|---|---|---|
| 売 上 原 価 | | 売 上 高 | |
| 当 期 純 利 益 | | | |
| | | | |

## 問題 3-8 ★★★

次の解答欄の表の（　　　）内に適当な金額を記入しなさい。なお，当期純損失は金額の前に△印を付しなさい。

### ✎ 解答欄

解答〈6〉ページ

| | 期首 | | | 期末 | | | 収益 | 費用 | 純損益 |
| --- | --- | --- | --- | --- | --- | --- | --- | --- | --- |
| | 資産 | 負債 | 資本 | 資産 | 負債 | 資本 | | | |
| 1 | 25,000 | (　　) | (　　) | 30,000 | (　　) | 25,000 | 9,000 | (　　) | 1,000 |
| 2 | 60,000 | (　　) | 45,000 | 55,000 | 12,000 | (　　) | (　　) | 22,000 | (　　) |
| 3 | (　　) | 26,000 | 17,000 | (　　) | 20,000 | (　　) | (　　) | 14,000 | 2,000 |

# THEME 04 商品売買Ⅰ

## 問題 4-1　★★★

理解度チェック ☐ ☐ ☐

　次の一連の取引について仕訳し，解答欄の各勘定に転記しなさい。商品売買の記帳は三分法によること。転記にあたっては日付，相手科目，金額を記入すること。なお，現金勘定の4月30日までの取引残高については転記済みである。

〈指定勘定科目〉

　　現金　　売掛金　　買掛金　　売上　　仕入

5月2日　商品30,000円を仕入れ，代金は現金で支払った。
　　6日　商品を41,000円で販売し，代金は現金で受け取った。
　　12日　商品50,000円を仕入れ，代金は掛けとした。
　　16日　商品を60,000円で販売し，代金は掛けとした。
　　25日　買掛金のうち30,000円を現金で支払った。
　　30日　売掛金のうち40,000円を現金で回収した。

| 日　付 | 借　方　科　目 | 金　　　　額 | 貸　方　科　目 | 金　　　　額 |
|---|---|---|---|---|
| 5／2 | | | | |
| 6 | | | | |
| 12 | | | | |
| 16 | | | | |
| 25 | | | | |
| 30 | | | | |

現　　　　金

| | 70,000 | | |
|---|---|---|---|

買　　掛　　金

売　　掛　　金

仕　　　　入

売　　　　上

第2編

THEME 04

商品売買I

次の一連の取引について仕訳し，解答欄の各勘定に転記しなさい。商品売買の記帳は三分法によること。また，転記にあたっては日付，相手科目等，金額を記入すること。なお，5月31日までの取引の残高については各勘定に記帳済みである。

〈指定勘定科目等〉

　　現金　　売掛金　　買掛金　　売上　　仕入　　諸口

6月2日　仕入先千葉㈱より商品100,000円を仕入れ，代金のうち30,000円は現金で支払い，残額は掛けとした。

　　8日　得意先神奈川㈱へ商品を160,000円で販売し，代金のうち半額は現金で受け取り，残額は掛けとした。

　25日　千葉㈱に対する買掛金のうち50,000円を現金で支払った。

　30日　神奈川㈱に対する売掛金のうち60,000円を現金で回収した。

**解答欄**　　　　　　　　　　　　　　　　　　解答〈8〉ページ

| 日　付 | 借 方 科 目 | 金　　額 | 貸 方 科 目 | 金　　額 |
|---|---|---|---|---|
| 6/2 | | | | |
| 8 | | | | |
| 25 | | | | |
| 30 | | | | |

現　　金

50,000

買　掛　金

40,000

売　掛　金

70,000

売　　上

仕　　入

14

## 問題 4-3  ★★★ 　　　　　　　　　　　　　　　　理解度チェック ☐☐☐

次の一連の取引について各設問ごとに仕訳を示しなさい。なお，商品売買の記帳は三分法によること。

3月2日　仕入先福岡㈱より商品25,000円を購入し，代金のうち10,000円は現金で支払い，残額は掛けとした。

19日　仕入先福岡㈱に対する買掛金のうち10,000円を現金で支払った。

25日　得意先広島㈱に商品70,000円を販売し，代金のうち20,000円は現金で受け取り，残額は掛けとした。

30日　得意先広島㈱に対する売掛金のうち35,000円を現金で回収した。

〔設問1〕売掛金勘定および買掛金勘定を用いて仕訳する場合

　〈指定勘定科目〉　現金・売掛金・買掛金・売上・仕入

〔設問2〕人名勘定を用いて仕訳する場合

　〈指定勘定科目〉　現金・広島㈱・福岡㈱・売上・仕入

✎ 解 答 欄 　　　　　　　　　　　　　　　　　　　　　　解答〈9〉ページ ▶

〔設問1〕売掛金勘定および買掛金勘定を用いて仕訳する場合

| 日　　付 | 借 方 科 目 | 金　　　　額 | 貸 方 科 目 | 金　　　　額 |
|---|---|---|---|---|
| 3／2 | | | | |
| 19 | | | | |
| 25 | | | | |
| 30 | | | | |

〔設問2〕人名勘定を用いて仕訳する場合

| 日　　付 | 借 方 科 目 | 金　　　　額 | 貸 方 科 目 | 金　　　　額 |
|---|---|---|---|---|
| 3／2 | | | | |
| 19 | | | | |
| 25 | | | | |
| 30 | | | | |

次の取引について仕訳し，解答欄の各勘定に転記しなさい。なお，商品売買の記帳は三分法によること。また，転記にあたっては日付，相手科目等，金額を記入すること。

**〈指定勘定科目等〉**

　　現金　　売掛金　　前払金　　買掛金　　前受金　　売上　　仕入　　諸口

5月3日　商品800,000円を注文し，手付金として100,000円を現金で支払った。

　　15日　商品800,000円を仕入れ，代金のうち100,000円は注文時に支払った手付金と相殺し，残額は月末に支払うことにした。

　　20日　商品600,000円の注文を受け，手付金として60,000円を現金で受け取った。

　　26日　かねて注文を受けていた商品600,000円を本日発送し，受け取っていた手付金60,000円を差し引き，残額は月末に受け取ることにした。

✎ **解 答 欄**　　　　　　　　　　　　　　　　　　　　　　　　　解答〈9〉ページ

| 日　　付 | 借　方　科　目 | 金　　　額 | 貸　方　科　目 | 金　　　額 |
|---|---|---|---|---|
| 5／3 | | | | |
| 15 | | | | |
| 20 | | | | |
| 26 | | | | |

　　　　　　　　　前　払　金　　　　　　　　　　　　　　　前　受　金

　　　　　　　　　仕　　　　入　　　　　　　　　　　　　　売　　　　上

16

## 問題 4-5 ★★★

次の一連の取引について仕訳しなさい。商品売買の記帳は三分法によること。

〈指定勘定科目〉

　　現金　　受取商品券　　売上

5月15日　商品45,000円を売り渡し,代金として他社が発行した商品券50,000円を受け取り,おつり5,000円を現金で支払った。

　　31日　上記5月15日に受け取った商品券の精算につき,取引銀行を通じて換金請求を行い,現金で受け取った。

✏️ 解 答 欄

解答〈9〉ページ

| 日　付 | 借 方 科 目 | 金　　額 | 貸 方 科 目 | 金　　額 |
|---|---|---|---|---|
| 5/15 | | | | |
| 31 | | | | |

## 問題 4-6 ★★★

次の各取引について仕訳しなさい。商品売買の記帳は三分法によること。

〈指定勘定科目〉

　　現金　　受取商品券　　売上

(1) 商品80,000円を売り上げ,代金のうち50,000円は共通商品券で受け取り,残額は現金で受け取った。

(2) かつて商品を販売した際に受け取っていた商品券20,000円について換金請求を行い,現金を受け取った。

✏️ 解 答 欄

解答〈9〉ページ

| | 借 方 科 目 | 金　　　額 | 貸 方 科 目 | 金　　　額 |
|---|---|---|---|---|
| (1) | | | | |
| (2) | | | | |

# 商品売買Ⅱ

---

問 題 5 - 1　★ ★ ★　　　　　　　　　　　　理解度チェック ☐ ☐ ☐

　次の一連の取引を仕訳し，解答欄の各勘定に転記しなさい。商品売買の記帳は三分法によること。なお，転記にあたっては日付，相手科目，金額を記入すること。

**〈指定勘定科目〉**

　　売掛金　　買掛金　　売上　　仕入

　4月2日　商品400,000円を仕入れ，代金は掛けとした。
　　　8日　商品を700,000円で売り上げ，代金は掛けとした。
　　　10日　4月2日に掛けで仕入れた商品のうち30,000円を傷があったので返品した。
　　　15日　4月8日に売り上げた商品のうち，15,000円が品違いのため返品された。

---

✏ 解 答 欄　　　　　　　　　　　　　　　　　　解答〈10〉ページ

| 日　　付 | 借 方 科 目 | 金　　　額 | 貸 方 科 目 | 金　　　額 |
|---|---|---|---|---|
| 4 / 2 | | | | |
| 8 | | | | |
| 10 | | | | |
| 15 | | | | |

売　掛　金

買　掛　金

仕　　入

売　　上

## 問 題 5-2 ★★★

次の各取引について仕訳しなさい。なお，商品売買の記帳は三分法によること。

〈指定勘定科目〉

現金 　売掛金 　買掛金 　売上 　仕入 　発送費

(1) 仕入先岩手商店㈱から商品10個（@50,000円）を仕入れ，代金のうち200,000円については現金で支払い，残額は掛けとした。なお，引取運賃10,000円を現金で支払った。

(2) 得意先新潟商店㈱へ送料込み604,500円で販売し，掛けおよび売上とした。また，同時に配送業者へ商品を引き渡し，発送費用4,500円を現金で支払った。

### ✎ 解 答 欄

解答〈10〉ページ

| | 借 方 科 目 | 金　　　額 | 貸 方 科 目 | 金　　　額 |
|---|---|---|---|---|
| (1) | | | | |
| (2) | | | | |

次に示す４月の取引を売掛金元帳（静岡商店㈱勘定）に記入し，４月30日付で締め切りなさい。

**〈摘要欄の語句〉**

　返品　　売上　　回収

４月１日　売掛金の前月繰越高　450,000円（内訳：静岡商店㈱300,000円，三重商店㈱150,000円）。

　　12日　静岡商店㈱に対して販売していた商品の中に不良品があり，25,000円が返品された。なお，代金は同社に対する売掛金から差し引いた。

　　24日　静岡商店㈱に商品90,000円，三重商店㈱に商品75,000円をそれぞれ売り渡し，代金は掛けとした。

　　30日　静岡商店㈱に対する売掛金100,000円，三重商店㈱に対する売掛金80,000円を，それぞれ現金で回収した。

✎ **解 答 欄**　　　　　　　　　　　　　　　　　　　　　　解答〈10〉ページ

売 掛 金 元 帳

静 岡 商 店 ㈱

| ×1年 | | 摘　　　要 | 借　　方 | 貸　　方 | 借／貸 | 残　　高 |
|---|---|---|---|---|---|---|
| 4 | 1 | 前 月 繰 越 | （　　　　） | | （　　） | （　　　　） |
| （　） | | （　　　　　　　） | | （　　　　） | （　　） | （　　　　） |
| （　） | | （　　　　　　　） | （　　　　） | | （　　） | （　　　　） |
| （　） | | （　　　　　　　） | （　　　　） | | （　　） | （　　　　） |
| （　） | | 次 月 繰 越 | | （　　　　） | | |
| | | | （　　　　） | （　　　　） | | |
| 5 | 1 | 前 月 繰 越 | （　　　　） | | （　　） | （　　　　） |

## 問題 5-4 ★★★

次に示す5月の取引を買掛金元帳（長崎商店㈱勘定）に記入し，5月31日付で締め切りなさい。

〈摘要欄の語句〉

　　仕入　　返品　　支払

5月1日　買掛金の前月繰越高は750,000円である（内訳：長崎商店㈱450,000円，熊本商店㈱300,000円）。

　11日　熊本商店㈱および長崎商店㈱から商品をそれぞれ200,000円ずつ仕入れ，代金は掛けとした。

　18日　長崎商店㈱から11日に仕入れた商品のうち50,000円は不良品であったので返品した。なお，代金は同社に対する買掛金から差し引いた。

　28日　熊本商店㈱に対する買掛金のうち300,000円，長崎商店㈱に対する買掛金のうち400,000円をそれぞれ現金で支払った。

✏ **解 答 欄** 解答〈11〉ページ

買 掛 金 元 帳

長 崎 商 店 ㈱

| ×1年 | | 摘　　要 | 借　方 | 貸　方 | 借／貸 | 残　高 |
|---|---|---|---|---|---|---|
| 5 | 1 | 前 月 繰 越 | | （　　　　） | （　　） | （　　　　） |
| | （　） | （　　　　　　） | | （　　　　） | （　　） | （　　　　） |
| | （　） | （　　　　　　） | （　　　　） | | （　　） | （　　　　） |
| | （　） | （　　　　　　） | （　　　　） | | （　　） | （　　　　） |
| | 31 | 次 月 繰 越 | （　　　　） | | | |
| | | | （　　　　） | （　　　　） | | |
| 6 | 1 | 前 月 繰 越 | | （　　　　） | （　　） | （　　　　） |

次に示す6月中の取引について，(1)売掛金，(2)買掛金に関する，総勘定元帳（売掛金勘定・買掛金勘定）と補助元帳（売掛金元帳・買掛金元帳）の記入を示しなさい。ただし，各勘定への記入は日付と金額だけでよい。なお，6月20日までの取引については各勘定に合計額で示してある。

6月21日　京都商店㈱から400円，石川商店㈱から500円の商品を掛けで仕入れた。

22日　京都商店㈱の買掛金300円，石川商店㈱の買掛金200円について，現金で支払った。

23日　高知商店㈱へ400円，横浜商店㈱へ500円の商品を掛けで販売した。

25日　高知商店㈱の売掛金200円，横浜商店㈱の売掛金300円について，現金で受け取った。

27日　石川商店㈱に対し，買掛金のうち150円を現金で支払った。

30日　高知商店㈱へ300円，横浜商店㈱へ200円の商品を掛けで販売した。

✏ 解 答 欄　　　　　　　　　　　　　　　　　　　　解答〈11〉ページ

(1) 売掛金

(2) 買掛金

## 問題 5-6 ★★★

次に示す6月の取引のうち，「ハンカチ（婦人用）」について，先入先出法により商品有高帳の記入を行いなさい。なお，商品有高帳の締め切りを行う必要はない。

| 6月1日 | 前月繰越：ハンカチ（婦人用）120枚 @150円 | 18,000円 |
| | ハンカチ（紳士用）180枚 @700円 | 126,000円 |
| 6日 | 仕　入：ハンカチ（婦人用）230枚 @150円 | 34,500円 |
| 12日 | 売　上：ハンカチ（婦人用）150枚 @200円（売価） | 30,000円 |
| 18日 | 仕　入：ハンカチ（婦人用）100枚 @165円 | 16,500円 |
| | ハンカチ（紳士用）170枚 @630円 | 107,100円 |
| 24日 | 売　上：ハンカチ（婦人用）220枚 @200円（売価） | 44,000円 |
| | ハンカチ（紳士用）290枚 @800円（売価） | 232,000円 |
| 30日 | 仕　入：ハンカチ（婦人用）40枚 @170円 | 6,800円 |
| | ハンカチ（紳士用）120枚 @660円 | 79,200円 |

### ✎ 解 答 欄

解答〈12〉ページ

商 品 有 高 帳
ハンカチ（婦人用）

（先入先出法）

| ×1年 | 摘　　要 | 受　入　高 | | | 払　出　高 | | | 残　　高 | | |
|---|---|---|---|---|---|---|---|---|---|---|
| | | 数量 | 単価 | 金　額 | 数量 | 単価 | 金　額 | 数量 | 単価 | 金　額 |
| (　) | (　) | (　) | (　) | (　) | | | | (　) | (　) | (　) |
| | (　) | (　) | (　) | (　) | | | | (　) | (　) | (　) |
| | (　) | | | | (　) | (　) | (　) | (　) | (　) | (　) |
| | (　) | (　) | (　) | (　) | | | | (　) | (　) | (　) |
| | | | | | | | | (　) | (　) | (　) |
| | (　) | | | | (　) | (　) | (　) | | | |
| | (　) | | | | (　) | (　) | (　) | (　) | (　) | (　) |
| | (　) | (　) | (　) | (　) | | | | (　) | (　) | (　) |
| | | | | | | | | (　) | (　) | (　) |

次に示す6月の取引のうち，「ハンカチ（婦人用）」について，移動平均法により商品有高帳の記入を行いなさい。なお，商品有高帳の締め切りを行う必要はない。

　6月1日　前月繰越：ハンカチ（婦人用）120枚　@150円　　　　　　18,000円
　　　　　　　　　　　ハンカチ（紳士用）180枚　@700円　　　　　126,000円
　　　6日　仕　　入：ハンカチ（婦人用）230枚　@150円　　　　　　34,500円
　　　12日　売　　上：ハンカチ（婦人用）150枚　@200円（売価）　　30,000円
　　　18日　仕　　入：ハンカチ（婦人用）100枚　@165円　　　　　　16,500円
　　　　　　　　　　　ハンカチ（紳士用）170枚　@630円　　　　　107,100円
　　　24日　売　　上：ハンカチ（婦人用）220枚　@200円（売価）　　44,000円
　　　　　　　　　　　ハンカチ（紳士用）290枚　@800円（売価）　232,000円
　　　30日　仕　　入：ハンカチ（婦人用） 40枚　@170円　　　　　 6,800円
　　　　　　　　　　　ハンカチ（紳士用）120枚　@660円　　　　　 79,200円

**◆ 解 答 欄**　　　　　　　　　　　　　　　　　　　　　　　　解答〈12〉ページ

商 品 有 高 帳

（移動平均法）　　　　　　　　　　　　　ハンカチ（婦人用）

| ×1 年 | 摘　　要 | 受 入 高 | | | 払 出 高 | | | 残 高 | | |
|---|---|---|---|---|---|---|---|---|---|---|
| | | 数 量 | 単 価 | 金　　額 | 数 量 | 単 価 | 金　　額 | 数 量 | 単 価 | 金　　額 |
| (　) (　) | (　　　　　) | (　) | (　) | (　　　) | | | | (　) | (　) | (　　　) |
| (　) (　) | (　　　　　) | (　) | (　) | (　　　) | | | | (　) | (　) | (　　　) |
| (　) (　) | (　　　　　) | | | | (　) | (　) | (　　　) | (　) | (　) | (　　　) |
| (　) (　) | (　　　　　) | (　) | (　) | (　　　) | | | | (　) | (　) | (　　　) |
| (　) (　) | (　　　　　) | | | | (　) | (　) | (　　　) | (　) | (　) | (　　　) |
| (　) (　) | (　　　　　) | (　) | (　) | (　　　) | | | | (　) | (　) | (　　　) |

## 問題 5-8 ★★★　　　　　　　　　理解度チェック □□□

次に示す1月中の商品売買取引の資料にもとづいて，先入先出法によって解答欄の商品有高帳に記入し（締切不要），1月中の売上高，売上原価および売上総利益を計算しなさい。なお，売上戻りは受入欄に記入することとする。

1．仕入取引

　　×1年1月7日　横浜商店㈱：ネクタイ 15本　@6,000円　　　90,000円
　　　　　　21日　茨城商店㈱：ネクタイ 40本　@6,500円　　260,000円

2．売上取引

　　×1年1月14日　山口商店㈱：ネクタイ 20本　@8,600円　　172,000円
　　　　　　28日　山形商店㈱：ネクタイ 20本　@8,800円　　176,000円

3．売上戻り

　　×1年1月30日　28日に8,800円で売り上げたネクタイのうち3本が汚損していたため，返品を受けた（1月21日仕入れ分が返品されたものとする）。

### ◆ 解答欄

解答〈13〉ページ

商 品 有 高 帳
ネ ク タ イ

（先入先出法）

| ×1 年 | | 摘　要 | 受 入 高 | | | 払 出 高 | | | 残 高 | | |
|---|---|---|---|---|---|---|---|---|---|---|---|
| | | | 数量 | 単価 | 金　額 | 数量 | 単価 | 金　額 | 数量 | 単価 | 金　額 |
| 1 | 1 | 前月繰越 | 15 | 6,000 | 90,000 | | | | 15 | 6,000 | 90,000 |
| ( ) | ( ) | ( ) | ( ) | ( ) | ( ) | | | | ( ) | ( ) | ( ) |
| ( ) | ( ) | ( ) | | | | ( ) | ( ) | ( ) | ( ) | ( ) | ( ) |
| ( ) | ( ) | ( ) | ( ) | ( ) | ( ) | | | | ( ) | ( ) | ( ) |
| | | | | | | | | | ( ) | ( ) | ( ) |
| ( ) | ( ) | ( ) | | | | ( ) | ( ) | ( ) | | | |
| | | | | | | ( ) | ( ) | ( ) | ( ) | ( ) | ( ) |
| ( ) | ( ) | ( ) | ( ) | ( ) | ( ) | | | | ( ) | ( ) | ( ) |

売　上　高　_____円

売　上　原　価　_____円

売　上　総　利　益　_____円

THEME

# 06 現金・預金

## 問題 6-1　★★★

理解度チェック ☐ ☐ ☐

次の各取引について仕訳しなさい。商品売買の記帳は三分法によること。

**〈指定勘定科目〉**

現金　　売掛金　　売上　　仕入

(1) 商品80,000円を売り上げ，代金として他社振出の小切手を受け取った。
(2) 商品50,000円を仕入れ，代金はかねて受け取っていた他社振出の小切手で支払った。
(3) 得意先より売掛金の回収として，郵便為替証書25,000円と送金小切手15,000円を受け取った。

✎ **解 答 欄**　　解答〈14〉ページ

| | 借 方 科 目 | 金 額 | 貸 方 科 目 | 金 額 |
|---|---|---|---|---|
| (1) | | | | |
| (2) | | | | |
| (3) | | | | |

## 問題 6-2  ★★★

次の一連の取引について仕訳し，解答欄の各勘定に転記しなさい。なお，転記にあたっては日付，相手科目，金額を記入すること。

〈指定勘定科目〉

　　現金　　当座預金　　売掛金　　買掛金

4月10日　全国銀行と当座取引契約を結び，現金100,000円を預け入れた。
5月3日　東京商店㈱に対する買掛金30,000円を支払うために，小切手を振り出した。
6月6日　横浜商店㈱に対する売掛金20,000円を同社振出の小切手で受け取り，ただちに当座預金へ預け入れた。

✐ 解 答 欄

解答〈14〉ページ

| 日　　付 | 借 方 科 目 | 金　　　額 | 貸 方 科 目 | 金　　　額 |
|---|---|---|---|---|
| 4/10 | | | | |
| 5/3 | | | | |
| 6/6 | | | | |

|  | 現　　　金 | | |
|---|---|---|---|
| 4/1 | 200,000 | | |

|  | 当 座 預 金 | | |
|---|---|---|---|
| | | | |

|  | 売 　掛 　金 | | |
|---|---|---|---|
| 4/1 | 70,000 | | |

|  | 買 　掛 　金 | | |
|---|---|---|---|
| | | 4/1 | 50,000 |

次の一連の取引について仕訳し，解答欄の各勘定に転記しなさい。商品売買の記帳は三分法によること。なお，転記にあたっては日付，相手科目等，金額を記入すること。

〈指定勘定科目等〉

　　現金　　当座預金　　売掛金　　売上　　諸口

4月5日　横浜㈱に商品500,000円を販売し，代金のうち300,000円は当社振出の小切手で受け取り，残額は掛けとした。

　　10日　得意先神戸㈱から売掛金の回収として，80,000円の郵便為替証書と同社振出の小切手400,000円を受け取った。

　　15日　得意先福岡㈱に商品100,000円を売り上げ，代金のうち70,000円を送金小切手で受け取り，残額は現金で受け取った。

　　20日　得意先佐賀㈱から売掛金の回収として，同社振出の小切手50,000円を受け取った。

✎ 解答欄　　　　　　　　　　　　　　　　　　　　　解答〈15〉ページ

| 日　付 | 借 方 科 目 | 金　　額 | 貸 方 科 目 | 金　　額 |
|--------|------------|----------|------------|----------|
| 4/5 |  |  |  |  |
| 10 |  |  |  |  |
| 15 |  |  |  |  |
| 20 |  |  |  |  |

現　　金

| 4/1 | 400,000 |  |  |
|------|---------|--|--|

当 座 預 金

| 4/1 | 300,000 |  |  |
|------|---------|--|--|

売 　掛 　金

| 4/1 | 500,000 |  |  |
|------|---------|--|--|

売　　上

|  |  |  |  |
|--|--|--|--|

## 問題 6 - 4 ★★★

次の一連の取引について仕訳し，解答欄の勘定に転記しなさい。なお，商品売買の記帳は三分法によること。勘定への転記は日付および金額だけでよい。

〈指定勘定科目〉

現金　　当座預金　　売掛金　　買掛金　　仕入　　広告宣伝費

3月1日　新たに当座預金口座を開設し，現金100,000円を当座預金に預け入れた。なお，あわせて当座借越契約（借越限度額500,000円）を結んだ。

9日　愛媛㈱に対する買掛金70,000円を小切手を振り出して支払った。

10日　広告費50,000円を小切手を振り出して支払った。

15日　愛媛㈱より商品61,000円を仕入れ，代金は小切手を振り出して支払った。

17日　石川㈱より売掛金70,000円をかつて当社が振り出した小切手で受け取った。

✎ 解 答 欄

解答〈15〉ページ

| 日　　付 | 借 方 科 目 | 金　　　額 | 貸 方 科 目 | 金　　　額 |
|---|---|---|---|---|
| 3／1 | | | | |
| 9 | | | | |
| 10 | | | | |
| 15 | | | | |
| 17 | | | | |

当 座 預 金

次の一連の取引について仕訳し，解答欄の各勘定に転記しなさい。なお，転記にあたっては日付，相手科目等，金額を記入すること。

**〈指定勘定科目等〉**

現金　　普通預金　　定期預金　　通信費　　諸口

4月5日　現金50,000円を普通預金に預け入れた。

　　10日　電話料金12,000円が，普通預金口座より引き落とされた。

　　15日　現金40,000円と普通預金20,000円を定期預金とした。

　　20日　普通預金より現金15,000円を引き出した。

✎ **解 答 欄**　　　　　　　　　　　　　　　　　解答〈15〉ページ

| 日　　付 | 借 方 科 目 | 金　　額 | 貸 方 科 目 | 金　　額 |
|---|---|---|---|---|
| 4 / 5 | | | | |
| 10 | | | | |
| 15 | | | | |
| 20 | | | | |

現　　　　金

| 4 / 1 | 100,000 | | |
|---|---|---|---|

普 通 預 金

定 期 預 金

次の一連の取引について仕訳しなさい。

**〈指定勘定科目〉**

現金　普通預金A銀行　当座預金B銀行　普通預金C信用金庫

9月1日　現金120,000円をA銀行の普通預金口座に，50,000円をB銀行の当座預金口座に預け入れた。なお，当社は預金口座の勘定科目を金融機関ごとに設けている。

　　10日　取引銀行であるB銀行に依頼し，当座預金残高のうち14,000円をC信用金庫の普通預金に振り替えた。

　　20日　A銀行の普通預金口座より，現金20,000円を引き出した。

✎ **解 答 欄**　　　　　　　　　　　　　　　　　　　解答〈15〉ページ

| 日　付 | 借 方 科 目 | 金　額 | 貸 方 科 目 | 金　額 |
|---|---|---|---|---|
| 9/1 | | | | |
| 10 | | | | |
| 20 | | | | |

THEME
07

# 小口現金

## 問題 7-1　★★★　　　　　　　　　　理解度チェック □□□

次の一連の取引について仕訳しなさい。

**〈指定勘定科目〉**

当座預金　　小口現金　　通信費　　旅費交通費

4月1日　定額資金前渡制度（インプレスト・システム）を採用し，小口現金20,000円を小切手を振り出して用度係に前渡しした。

30日　用度係から次のような報告を受けた。通信費7,000円，旅費交通費2,000円。

5月1日　用度係に小切手9,000円を振り出して小口現金の補給をした。

✎ **解 答 欄**　　　　　　　　　　　　　　　　　解答〈16〉ページ

| 日　付 | 借 方 科 目 | 金　額 | 貸 方 科 目 | 金　額 |
|--------|------------|--------|------------|--------|
| 4／1 | | | | |
| 30 | | | | |
| 5／1 | | | | |

## 問題 7-2 ★★★

理解度チェック ☐☐☐

次の一連の取引について仕訳しなさい。

〈指定勘定科目〉

　現金　　当座預金　　小口現金　　通信費　　旅費交通費

4月1日　定額資金前渡制度（インプレスト・システム）を採用し，小口現金20,000円を小切手を振り出して用度係に前渡しした。

　　30日　用度係から次のような報告を受け，現金で小口現金の補給をした。

　　　　　通信費7,000円，旅費交通費2,000円。

✎ 解 答 欄

解答〈16〉ページ

| 日　付 | 借 方 科 目 | 金　　額 | 貸 方 科 目 | 金　　額 |
|--------|-----------|---------|-----------|---------|
| 4／1 | | | | |
| 30 | | | | |

次の一週間分の取引を(1)小口現金出納帳に記入し，あわせて週末における締め切りと資金の補給に関する記入を行いなさい。また，〈指定勘定科目〉を使用して(2)10月20日（土）の仕訳（小口現金勘定を用いない方法による）をしなさい。なお，小口現金係は毎週土曜日の営業時間の終了後にその週の支払いを会計係に報告し，ただちに小切手の振り出しによる資金の補給を受けることになっている。当社は，インプレスト・システムを採用している。

〈**指定勘定科目**〉
　　当座預金　　旅費交通費　　通信費　　水道光熱費　　雑費

| 10月15日（月） | 郵便切手 | 600円 | 18日（木） | 電気代 | 5,000円 |
|---|---|---|---|---|---|
| 16日（火） | 紅茶・コーヒー代 | 500円 | 19日（金） | 新聞代 | 1,200円 |
| 17日（水） | バス回数券 | 1,500円 | 20日（土） | ガス代 | 4,000円 |

✎ **解 答 欄**　　　　　　　　　　　　　　　　　　　解答〈16〉ページ ▶

(1)
小 口 現 金 出 納 帳

| 受　入 | ×1年 | | 摘　　要 | 支　払 | 内　　　　　　訳 | | | |
|---|---|---|---|---|---|---|---|---|
| | | | | | 旅費交通費 | 通信費 | 水道光熱費 | 雑　費 |
| 20,000 | 10 | 15 | 前 週 繰 越 | | | | | |
| | | | | | | | | |
| | | | | | | | | |
| | | | | | | | | |
| | | | | | | | | |
| | | | | | | | | |
| | | | 合　　　計 | | | | | |
| | | | 本 日 補 給 | | | | | |
| | | | 次 週 繰 越 | | | | | |
| | | | | | | | | |
| | 10 | 22 | 前 週 繰 越 | | | | | |

(2)

| 借 方 科 目 | 金　　　額 | 貸 方 科 目 | 金　　　額 |
|---|---|---|---|
| | | | |
| | | | |
| | | | |
| | | | |

# THEME 08

# クレジット売掛金

## 問題 8-1 ★★★

理解度チェック □□□

次の一連の取引について仕訳しなさい。商品売買の記帳は三分法によること。

**〈指定勘定科目〉**

当座預金　クレジット売掛金　売上　支払手数料

6月10日　商品30,000円を売り渡し，代金はクレジットカード決済によることとした。なお，信販会社へのクレジット手数料は販売代金の2％であり，販売時に計上する。

7月20日　上記6月10日のクレジット取引にかかる手取額が，信販会社より当社の当座預金口座に入金された。

✎ **解 答 欄**

解答〈17〉ページ

| 日　付 | 借 方 科 目 | 金　　額 | 貸 方 科 目 | 金　　額 |
|---|---|---|---|---|
| 6/10 | | | | |
| 7/20 | | | | |

# 手形取引

## 問題 9-1　★★★　　　　　　　　　　理解度チェック □□□

　次の一連の取引について，仙台商店㈱および群馬商店㈱それぞれの仕訳をしなさい。商品売買の記帳は三分法によること。

**〈指定勘定科目〉**

　　当座預金　　受取手形　　支払手形　　売上　　仕入

　5月1日　仙台商店㈱は，群馬商店㈱から商品3,000円を仕入れ，代金は群馬商店㈱宛の約束手形を
　　　　　　振り出して支払った。
　　　31日　上記の手形が満期日となり，手形代金が仙台商店㈱の当座預金口座から引き落とされ，
　　　　　　群馬商店㈱の当座預金口座に入金された。

✎ **解答欄**　　　　　　　　　　　　　　　　　　解答〈18〉ページ

〔仙台商店㈱〕

| 日　付 | 借 方 科 目 | 金　額 | 貸 方 科 目 | 金　額 |
|--------|-----------|--------|-----------|--------|
| 5／1 | | | | |
| 31 | | | | |

〔群馬商店㈱〕

| 日　付 | 借 方 科 目 | 金　額 | 貸 方 科 目 | 金　額 |
|--------|-----------|--------|-----------|--------|
| 5／1 | | | | |
| 31 | | | | |

## 問題 9-2　★★★

　次の一連の取引について，鳥取商店㈱および佐賀商店㈱それぞれの仕訳をしなさい。商品売買の記帳は三分法によること。

### 〈指定勘定科目〉

当座預金　　受取手形　　売掛金　　支払手形　　買掛金　　売上　　仕入

7月1日　鳥取商店㈱は，佐賀商店㈱より商品50,000円を仕入れ，代金は掛けとした。

　　31日　鳥取商店㈱は佐賀商店㈱に対し，買掛金の支払いのため約束手形50,000円（支払期日：9月20日）を振り出した。

9月20日　上記約束手形が支払期日となり，鳥取商店㈱の当座預金口座から引き落とされ，佐賀商店㈱の当座預金口座に入金された。

### ✎ 解答欄

解答〈18〉ページ

〔鳥取商店㈱〕

| 日　　付 | 借 方 科 目 | 金　　額 | 貸 方 科 目 | 金　　額 |
|---|---|---|---|---|
| 7 / 1 | | | | |
| 31 | | | | |
| 9 /20 | | | | |

〔佐賀商店㈱〕

| 日　　付 | 借 方 科 目 | 金　　額 | 貸 方 科 目 | 金　　額 |
|---|---|---|---|---|
| 7 / 1 | | | | |
| 31 | | | | |
| 9 /20 | | | | |

## 問題 9-3 ★★★

次の各取引について仕訳しなさい。商品売買の記帳は三分法によること。

**〈指定勘定科目〉**

現金　　当座預金　　受取手形　　売掛金　　支払手形　　買掛金　　売上　　仕入

(1) 新潟㈱より商品220,000円を仕入れ，200,000円については同社宛の約束手形を振り出して支払い，残額は掛けとした。

(2) 秋田㈱に対する買掛金25,000円の支払いのために，小切手10,000円と約束手形15,000円を振り出した。

(3) 宮城㈱は買掛金65,000円の支払いのため，45,000円は，さきに大分㈱から受け取った小切手で支払い，残額は約束手形を振り出した。

(4) 長野㈱へ商品350,000円を売り上げ，代金のうち300,000円は同社振出，当社宛の約束手形で受け取り，残額は掛けとした。

(5) 名古屋㈱へ商品を売り上げ，この代金100,000円のうち60,000円は同社振出の小切手で受け取り，残額は同社振出，当社宛の約束手形で受け取った。

(6) 山梨㈱から売掛金の回収として，同社振出の約束手形70,000円と，かつて当社が振り出した小切手20,000円を受け取った。

✎ **解 答 欄**　　　　　　　　　　　　　　　　　　　　　　　　解答〈18〉ページ

| | 借　方　科　目 | 金　　額 | 貸　方　科　目 | 金　　額 |
|---|---|---|---|---|
| (1) | | | | |
| (2) | | | | |
| (3) | | | | |
| (4) | | | | |
| (5) | | | | |
| (6) | | | | |

# 電子記録債権・債務

## 問 題 10 - 1　★★★

理解度チェック ☐☐☐

次の一連の取引について仕訳しなさい。

〈指定勘定科目〉

　　当座預金　　売掛金　　電子記録債権

11月5日　富山商店㈱は，得意先福井商店㈱に対する売掛金150,000円について，同社の承諾を得た
　　　　　うえで，取引銀行（取扱機関）を通じて電子記録債権の発生記録を行った。

　　　30日　上記11月5日に計上した電子記録債権150,000円の支払期限が到来し，当社の当座預金口
　　　　　座に入金された。

### ✐ 解 答 欄

解答〈19〉ページ

| 日　　付 | 借 方 科 目 | 金　　　額 | 貸 方 科 目 | 金　　　額 |
|---|---|---|---|---|
| 11/ 5 | | | | |
| 30 | | | | |

## 問 題 10 - 2　★★★

理解度チェック ☐☐☐

次の一連の取引について仕訳しなさい。

〈指定勘定科目〉

　　当座預金　　買掛金　　電子記録債務

11月5日　福井商店㈱は，仕入先富山商店㈱に対する買掛金150,000円について，同社より依頼を受
　　　　　けたので，取引銀行（取扱機関）を通じて電子記録債務の発生記録を行った。

　　　30日　上記11月5日に計上した電子記録債務150,000円の支払期限が到来し，当社の当座預金口
　　　　　座より引き落とされた。

### ✐ 解 答 欄

解答〈19〉ページ

| 日　　付 | 借 方 科 目 | 金　　　額 | 貸 方 科 目 | 金　　　額 |
|---|---|---|---|---|
| 11/ 5 | | | | |
| 30 | | | | |

THEME

11

# その他の取引 I

## 問題 11-1 ★★★

理解度チェック ☐ ☐ ☐

次の一連の取引について仕訳しなさい。

**〈指定勘定科目〉**

現金　　貸付金　　受取利息

5月1日　取引先に期間9か月，利率年3.5％，元利一括返済の条件で現金1,000,000円を貸し付け，借用証書を受け取った。

1月31日　上記5月1日に貸し付けた貸付金について満期となり，利息とともに先方振出の小切手で返済を受け，借用証書を返却した。

### ✎ 解 答 欄

解答〈20〉ページ

| 日　付 | 借 方 科 目 | 金　　額 | 貸 方 科 目 | 金　　額 |
|---|---|---|---|---|
| 5／1 | | | | |
| 1／31 | | | | |

## 問題 11-2　★★★

理解度チェック ☐☐☐

次の一連の取引について仕訳しなさい。

**〈指定勘定科目〉**

現金　　当座預金　　借入金　　支払利息

6月1日　銀行より期間3か月，元利一括返済の条件で現金300,000円を借り入れた。なお，借入れに関する証書を別途作成し，銀行に提出した。

8月31日　上記6月1日に借り入れた借入金について満期となり，利息1,500円とともに小切手を振り出して返済し，借用証書を回収した。

✏ **解 答 欄**

解答〈20〉ページ

| 日　付 | 借 方 科 目 | 金　　額 | 貸 方 科 目 | 金　　額 |
|---|---|---|---|---|
| 6／1 | | | | |
| 8／31 | | | | |

次の各取引について仕訳しなさい。

**〈指定勘定科目〉**

当座預金　　普通預金　　役員貸付金　　役員借入金　　受取利息

(1) 役員Aより融資の依頼があり，3,000,000円を当社の当座預金口座からAの普通預金口座に振り込んだ。なお，貸付期間は1年，利率は年1.6%，利息は返済時に元金とともに受け取ることとした。

(2) 上記貸付金に関して，役員Aより元金と利息が当座預金口座に振り込まれた。

(3) 資金繰りのため，役員Bの個人資産から当社の普通預金口座に2,000,000円の振り込みを受けた。

◆ 解答欄　　　　　　　　　　　　　　　　　　解答〈20〉ページ

| | 借　方　科　目 | 金　　　額 | 貸　方　科　目 | 金　　　額 |
|---|---|---|---|---|
| (1) | | | | |
| (2) | | | | |
| (3) | | | | |

次の各取引について仕訳しなさい。

**〈指定勘定科目〉**

現金　　手形貸付金　　手形借入金

(1) 取引先和歌山商店㈱の依頼により，現金100,000円を貸し付け，和歌山商店㈱振出の約束手形を受け取った。

(2) 取引先鹿児島商店㈱より現金200,000円を借り入れ，同社に宛てて約束手形を振り出した。

◆ 解答欄　　　　　　　　　　　　　　　　　　解答〈20〉ページ

| | 借　方　科　目 | 金　　　額 | 貸　方　科　目 | 金　　　額 |
|---|---|---|---|---|
| (1) | | | | |
| (2) | | | | |

## 問題 11-5　★★★

次の各取引について仕訳しなさい。

**〈指定勘定科目〉**

現金　当座預金　受取手形　手形貸付金　支払手形　手形借入金　受取利息
支払利息

(1) 新潟銀行より500,000円を約束手形を振り出して借り入れ，利息を差し引かれた手取金を当座預金とした。なお，借入期間は73日，利率は年7％である（1年は365日とする）。

(2) かつて，約束手形700,000円を振り出して借り入れていた借入金が期日となり，当座預金口座から支払いが行われた。なお，利息は借り入れたときに計上済みである。

(3) 神奈川商店㈱へ1,000,000円を貸し付け，同額の約束手形を受け取った。なお，貸付金は利息を差し引き，残額を小切手を振り出して支払った。貸付期間は4か月間で，利率は年6％である。

(4) 東京商店㈱に貸し付けていた500,000円につき，当座振込みにより返済を受けたので，貸し付けたときに受け取っていた約束手形500,000円を返却した。なお，利息は貸し付けたときに，1,000円を計上済みである。

---

✎ **解 答 欄**

解答〈20〉ページ

| | 借　方　科　目 | 金　　額 | 貸　方　科　目 | 金　　額 |
|---|---|---|---|---|
| (1) | | | | |
| (2) | | | | |
| (3) | | | | |
| (4) | | | | |

THEME
**12**

# その他の取引Ⅱ

## 問題 12-1 ★★★

理解度チェック □□□

次の各取引について仕訳しなさい。

**〈指定勘定科目〉**

現金　　当座預金　　建物　　備品　　車両運搬具　　土地

(1) 営業用の店舗を5,000,000円で購入し，代金は小切手を振り出して支払った。

(2) 事務用パソコン100,000円を購入し，小切手を振り出して支払った。なお，設置費用等計10,000円を現金で支払った。

(3) 業務用の自動車を800,000円で購入し，代金は現金で支払った。

(4) 新店舗建設用の土地200㎡を1㎡あたり20,000円で購入し，小切手を振り出して支払った。なお，不動産業者への仲介手数料100,000円，登記料50,000円は現金で支払った。

(5) 上記(4)の土地について，後日地ならし等の整地費用35,000円を現金で支払った。

✎ **解 答 欄**

解答〈21〉ページ

| | 借　方　科　目 | 金　　額 | 貸　方　科　目 | 金　　額 |
|---|---|---|---|---|
| (1) | | | | |
| (2) | | | | |
| (3) | | | | |
| (4) | | | | |
| (5) | | | | |

## 問題 12-2 ★★★

次の各取引について仕訳しなさい。

〈指定勘定科目〉

普通預金　　当座預金　　差入保証金　　修繕費　　支払家賃　　支払手数料

(1) 店舗建物（家賃月額150,000円）を賃借する契約にあたり，不動産会社への手数料150,000円と保証金300,000円を小切手を振り出して支払った。

(2) 営業事務所として新宿△△ビルの1室を月額120,000円にて賃貸借契約を結んだ。この契約にあたり，当月の家賃として1か月分，敷金（家賃の2か月分）および仲介業者に対する手数料（家賃の1か月分）を普通預金口座から支払った。

(3) 上記営業事務所の賃貸借契約を解除し，原状回復にかかった金額100,000円を差し引かれた残額が普通預金口座に振り込まれた。

✎ 解 答 欄

解答〈21〉ページ

| | 借 方 科 目 | 金 額 | 貸 方 科 目 | 金 額 |
|---|---|---|---|---|
| (1) | | | | |
| (2) | | | | |
| (3) | | | | |

次の一連の取引について仕訳しなさい。

**〈指定勘定科目〉**

現金 当座預金 売掛金 未収入金 土地 買掛金 未払金 固定資産売却益
固定資産売却損

4月10日 営業用の土地3,000,000円を購入し，購入にあたっての仲介手数料300,000円と登記料
100,000円をあわせて翌月に支払うこととした。

5月20日 上記4月10日に購入した土地の代金3,400,000円を小切手を振り出して支払った。

7月31日 上記4月10日に購入した土地を4,000,000円で売却し，代金は翌月末に受け取ることとし
た。

✏ **解 答 欄** 解答〈21〉ページ

| 日 付 | 借 方 科 目 | 金 額 | 貸 方 科 目 | 金 額 |
|---|---|---|---|---|
| 4 /10 | | | | |
| 5 /20 | | | | |
| 7 /31 | | | | |

次の一連の取引について，各社の立場から仕訳しなさい。商品売買の記帳は三分法によること。

**〈指定勘定科目〉**

現金 当座預金 売掛金 車両運搬具 未払金 売上

6月1日 船橋商店㈱は自動車販売業（ディーラー）の水戸モータース㈱より，商品運送用のトラッ
ク1台を3,000,000円で購入し，代金は毎月末に250,000円ずつ月賦で支払うことにした。

30日 月末となり，上記代金の1回目（250,000円）を小切手を振り出して支払った。

解答〈21〉ページ

◆ 解 答 欄

〔船橋商店㈱〕

| 日　付 | 借 方 科 目 | 金　　額 | 貸 方 科 目 | 金　　額 |
|---|---|---|---|---|
| 6／1 | | | | |
| 30 | | | | |

〔水戸モータース㈱〕

| 日　付 | 借 方 科 目 | 金　　額 | 貸 方 科 目 | 金　　額 |
|---|---|---|---|---|
| 6／1 | | | | |
| 30 | | | | |

問 題 12 - 5　★★★　　　　　　理解度チェック □□□

次の取引について仕訳しなさい。

〈指定勘定科目〉

　　当座預金　　建物　　修繕費

　店舗の破損部分の修理のための費用1,000円と改築のための支出50,000円を小切手を振り出して支払った。なお，この改築による支出は，資産価値の増加として認められる。

◆ 解 答 欄

解答〈22〉ページ

| 借 方 科 目 | 金　　額 | 貸 方 科 目 | 金　　額 |
|---|---|---|---|
| | | | |

THEME
13

# その他の取引Ⅲ

## 問題 13‐1　★★★　　　　　　　　　　　　　　　理解度チェック ☐☐☐

次の一連の取引について仕訳しなさい。

〈指定勘定科目〉

　　現金　　仮払金　　旅費交通費

7月1日　従業員の出張にあたり，旅費の概算額35,000円を現金で渡した。

　　7日　従業員が出張から戻ったので，概算払いしていた旅費を精算し，旅費交通費として36,000
　　　　　円を確認したため，不足額1,000円を現金で支払った。

### ✎ 解答欄　　　　　　　　　　　　　　　　　　　　　解答〈23〉ページ

| 日　付 | 借 方 科 目 | 金　　額 | 貸 方 科 目 | 金　　額 |
|--------|-----------|---------|-----------|---------|
| 7／1 | | | | |
| 7 | | | | |

## 問 題 13 - 2 　★★★　　　　　　　　　理解度チェック ☐☐☐

次の一連の取引について仕訳しなさい。

**〈指定勘定科目〉**

　　現金　　仮払金　　旅費交通費　　消耗品費

11月1日　従業員が交通費等の支払いに使用する目的で，ICカードに現金10,000円をチャージした。
　　　　　これは仮払金勘定を用いて処理し，ICカードを使用したときに支払いの内容にあわせて科
　　　　　目を振り替える。

　　5日　電車代（旅費交通費）として840円，文房具の購入代（消耗品費）として500円をICカー
　　　　　ドを使用して支払った。

✎ **解 答 欄**　　　　　　　　　　　　　　　　　　　　解答〈23〉ページ ▷

| 日 付 | 借 方 科 目 | 金 額 | 貸 方 科 目 | 金 額 |
|---|---|---|---|---|
| 11/1 | | | | |
| 5 | | | | |

## 問 題 13 - 3 　★★★　　　　　　　　　理解度チェック ☐☐☐

次の一連の取引について仕訳しなさい。

**〈指定勘定科目〉**

　　当座預金　　売掛金　　仮受金

7月4日　出張中の従業員から95,000円が当座預金に振り込まれたが，連絡がないため内容は不明と
　　　　　して処理した。

　　7日　出張から従業員が帰社し，内容不明として処理していた当座入金額95,000円は，売掛金の
　　　　　回収であることの報告を受けた。

✎ **解 答 欄**　　　　　　　　　　　　　　　　　　　　解答〈23〉ページ ▷

| 日 付 | 借 方 科 目 | 金 額 | 貸 方 科 目 | 金 額 |
|---|---|---|---|---|
| 7/4 | | | | |
| 7 | | | | |

次の各取引について仕訳しなさい。

**〈指定勘定科目〉**

　　現金　　売掛金　　仮払金　　前受金　　仮受金　　旅費交通費

(1)　出張中の従業員が帰社し，旅費交通費の精算額として22,000円を現金で受け取った。なお，出張にあたり，旅費交通費の概算額66,000円を渡していた。

(2)　出張中の従業員から振り込まれた150,000円（仮受金勘定で処理済み）のうち80,000円は得意先からの売掛金の回収であり，残額は商品代金の内金であることが判明した。

✎ **解 答 欄**　　　　　　　　　　　　　　　　　解答〈23〉ページ

| | 借 方 科 目 | 金　　額 | 貸 方 科 目 | 金　　額 |
|---|---|---|---|---|
| (1) | | | | |
| (2) | | | | |

## 問題 13-5 ★★★

次の一連の取引について仕訳しなさい。

**〈指定勘定科目〉**

現金　　従業員立替金　　従業員預り金

12月1日　従業員の私用の支払い1,500円を会社が現金で立替払いした（従業員立替金勘定を使用）。

2日　前日に立替払いした1,500円が，従業員から現金で返金された。

5日　従業員個人の現金100,000円を一時的に会社の金庫に預かった（従業員預り金勘定を使用）。

10日　12月5日に預かっていた現金100,000円を従業員に返金した。

✎ **解 答 欄**　　　　　　　　　　　　　　　　　解答〈23〉ページ

| 日　付 | 借 方 科 目 | 金　　額 | 貸 方 科 目 | 金　　額 |
|---|---|---|---|---|
| 12/ 1 | | | | |
| 2 | | | | |
| 5 | | | | |
| 10 | | | | |

次の一連の取引について仕訳しなさい。

〈指定勘定科目〉

現金　普通預金　所得税預り金　住民税預り金　社会保険料預り金　給料
法定福利費

2月25日　従業員に対し給料総額300,000円を支給するにあたり，所得税の源泉徴収分12,000円，住
　　　　　民税の源泉徴収分15,000円，社会保険料の従業員個人負担分30,000円を差し引いた金額を，
　　　　　当社普通預金口座から従業員の預金口座に振り込んだ。

3月2日　社会保険料60,000円が普通預金口座より引き落とされた。なお，30,000円が従業員負担
　　　　　分，残りが会社負担分である。

　　10日　税務署に，従業員の所得税の源泉徴収額12,000円を現金で納付した。

◆ 解 答 欄　　　　　　　　　　　　　　　　　　　解答〈23〉ページ

| 日　　付 | 借 方 科 目 | 金　　額 | 貸 方 科 目 | 金　　額 |
|---|---|---|---|---|
| 2/25 | | | | |
| 3/2 | | | | |
| 10 | | | | |

## 問題 13-7　★★☆　　　　　　　　　　　　理解度チェック ☐☐☐

次の一連の取引について仕訳しなさい。

### 〈指定勘定科目〉

現金　従業員立替金　所得税預り金　住民税預り金　社会保険料預り金　給料

8月20日　従業員に対して，給料の前払いとして80,000円を現金で支払った。

25日　従業員に給料総額870,000円を支給するにあたり，所得税の源泉徴収分35,000円，住民税の源泉徴収分45,000円，社会保険料の従業員個人負担分100,000円と上記従業員への前払分80,000円を差し引き，手取額を現金で支払った。

9月10日　従業員に対する所得税の源泉徴収額35,000円を，税務署に現金で納付した。

### ✏ 解答欄　　　　　　　　　　　　　　　　解答〈24〉ページ

| 日　付 | 借　方　科　目 | 金　　額 | 貸　方　科　目 | 金　　額 |
|--------|----------------|----------|----------------|----------|
| 8/20 | | | | |
| 25 | | | | |
| 9/10 | | | | |

次の一連の取引について仕訳しなさい。

**〈指定勘定科目〉**

　　現金　　当座預金　　未払金　　諸会費

10月15日　地元商友会の年会費6,000円を現金で支払った。

11月10日　地域の同業者で構成されている中小企業協力組合の年会費18,000円（過去1年分）の納入
　　　　　通知書が届き，来月支払うこととした。

12月15日　前月届いた納入通知書にもとづき，年会費を小切手を振り出して支払った。

✏ **解 答 欄**　　　　　　　　　　　　　　　　　　　　解答〈24〉ページ

| 日　　付 | 借　方　科　目 | 金　　　額 | 貸　方　科　目 | 金　　　額 |
|---|---|---|---|---|
| 10/15 | | | | |
| 11/10 | | | | |
| 12/15 | | | | |

# さまざまな帳簿の関係

## 問題 14-1 ★★★

理解度チェック ☐☐☐

練馬商店㈱では，解答欄の表に記載した補助簿を用いている。次の各取引が記帳される補助簿の欄に○印をつけなさい。

1．仕入先杉並商店㈱に対する買掛金を小切手を振り出して支払った。
2．板橋商店㈱より商品を仕入れ，その代金のうち半額は小切手を振り出して支払い，残額は掛けとした。
3．仕入先豊島商店㈱の買掛金を，同社宛の約束手形を振り出して支払った。
4．得意先北商店㈱に商品を売り上げた際に受け取っていた，北商店㈱振出，当社宛の約束手形の決済日になり，代金が当座預金に入金された。
5．得意先群馬商店㈱に掛けで販売していた商品について，一部不良のため返品された。

### ✎ 解 答 欄

解答〈25〉ページ

|  | 1 | 2 | 3 | 4 | 5 |
|---|---|---|---|---|---|
| 当座預金出納帳 |  |  |  |  |  |
| 仕　　入　　帳 |  |  |  |  |  |
| 売　　上　　帳 |  |  |  |  |  |
| 商 品 有 高 帳 |  |  |  |  |  |
| 売 掛 金 元 帳 |  |  |  |  |  |
| 買 掛 金 元 帳 |  |  |  |  |  |
| 受 取 手 形 記 入 帳 |  |  |  |  |  |
| 支 払 手 形 記 入 帳 |  |  |  |  |  |

次の一連の取引について，当座預金出納帳を記入しなさい。

4月1日　取引銀行と当座取引契約を結び，現金100,000円を当座預金に預け入れた。なお，その際に限度額300,000円の当座借越契約もあわせて結んだ。

　　3日　買掛金70,000円について，小切手を振り出して支払った。

　　6日　広告費50,000円について，小切手を振り出して支払った。

　10日　売掛金80,000円が当座預金に振り込まれた。

　13日　売掛金30,000円を現金で受け取り，ただちに当座預金とした。

　15日　売掛金50,000円をかつて当社が振り出した小切手で受け取った。

✎ 解 答 欄　　　　　　　　　　　　　　　　　　解答〈25〉ページ▶

当 座 預 金 出 納 帳

| ×1 年 | | 摘　　　要 | 預　　入 | 引　　出 | 借／貸 | 残　　高 |
|---|---|---|---|---|---|---|
| 4 | 1 | 当 座 預 金 開 設 | | | | |
| | 3 | 買 掛 金 支 払 | | | | |
| | 6 | 広 告 費 支 払 | | | | |
| | 10 | 売 掛 金 回 収 | | | | |
| | 13 | 売 掛 金 回 収 | | | | |
| | 15 | 売 掛 金 回 収 | | | | |

## 問題 14 - 3　★★★

以下の当座預金出納帳から，各日付の仕訳を示し，該当する勘定（当座預金勘定のみ）へ転記しなさい。なお，転記にあたっては日付，相手科目，金額を記入すること。

〈指定勘定科目〉

現金　　当座預金　　売掛金　　買掛金　　広告宣伝費

### 当 座 預 金 出 納 帳

| ×1 年 | | 摘　　要 | 預　入 | 引　出 | 借／貸 | 残　高 |
|---|---|---|---|---|---|---|
| 4 | 1 | 当座預金口座を現金により開設 | 100,000 | | 借 | 100,000 |
| | 3 | 買 掛 金 支 払 | | 70,000 | 〃 | 30,000 |
| | 6 | 広 告 費 支 払 | | 50,000 | 貸 | 20,000 |
| | 10 | 売 掛 金 回 収 | 80,000 | | 借 | 60,000 |
| | 13 | 売 掛 金 回 収 | 30,000 | | 〃 | 90,000 |
| | 15 | 売 掛 金 回 収 | 50,000 | | 〃 | 140,000 |

### ✎ 解 答 欄

解答〈25〉ページ

| 日　付 | 借 方 科 目 | 金　額 | 貸 方 科 目 | 金　額 |
|---|---|---|---|---|
| 4 / 1 | | | | |
| 3 | | | | |
| 6 | | | | |
| 10 | | | | |
| 13 | | | | |
| 15 | | | | |

### 当 座 預 金

| | |
|---|---|
| | |
| | |
| | |
| | |

　　　　　　　　　　　　　　　　　　理解度チェック □□□

次の仕入帳から，各日付の仕訳を示し，該当する勘定へ転記しなさい。商品売買の記帳は三分法によること。ただし，3月29日の取引は，仕入代金のうち80,000円を現金で支払い，残額は掛けとしたものとする。なお，転記にあたっては日付，相手科目等，金額を記入すること。△はマイナスを表す記号である。

〈指定勘定科目等〉　現金　　買掛金　　仕入　　諸口

### 仕　入　帳

| ×1年 | | 摘　　　　　　　　要 | 内　　　訳 | 金　　　額 |
|---|---|---|---|---|
| 3 | 1 | 松 山 商 店㈱　　　　　　　　掛　け | | |
| | | ブ ラ ウ ス　　80枚　　@2,000円 | | 160,000 |
| | 12 | 松 山 商 店㈱　　　戻し（掛代金と相殺） | | |
| | | ブ ラ ウ ス　　20枚　　@2,000円 | | △　40,000 |
| | 15 | 熊 本 商 店㈱　　　　　　　　掛　け | | |
| | | ブ ラ ウ ス　　100枚　　@1,200円 | 120,000 | |
| | | Ｔ シ ャ ツ　　50枚　　@1,500円 | 75,000 | 195,000 |
| | 29 | 熊 本 商 店㈱　　　　　　現金及び掛け | | |
| | | ブ ラ ウ ス　　100枚　　@1,800円 | 180,000 | |
| | | Ｔ シ ャ ツ　　40枚　　@1,500円 | 60,000 | 240,000 |

✎ 解 答 欄　　　　　　　　　　　　　　　　　　　　解答〈26〉ページ

| 日　　付 | 借 方 科 目 | 金　　　額 | 貸 方 科 目 | 金　　　額 |
|---|---|---|---|---|
| 3／1 | | | | |
| 12 | | | | |
| 15 | | | | |
| 29 | | | | |

| 現　　　　　金 | | 買　　掛　　金 | |
|---|---|---|---|
| 100,000 | | | 200,000 |

| 仕　　　　　入 | |
|---|---|
| | |

58

## 問 題 14 - 5　★★★

　次の売上帳から，各日付の仕訳を示し，該当する勘定（売上勘定のみ）へ転記しなさい。転記にあたっては日付，相手科目，金額を記入すること。なお，△はマイナスを表す記号である。

〈指定勘定科目〉

　　売掛金　　売上

売　　上　　帳

| ×1 年 | | 摘　　　　要 | | | | 内　　訳 | 金　　額 |
|---|---|---|---|---|---|---|---|
| 8 | 2 | 東 海 商 店㈱ | | | 掛　け | | |
| | | 紳　士　靴 | 15足 | @ 8,000円 | | 120,000 | |
| | | 婦　人　靴 | 15足 | @12,000円 | | 180,000 | 300,000 |
| | 15 | 北 陸 商 店㈱ | | | 掛　け | | |
| | | 婦　人　靴 | 25足 | @12,000円 | | | 300,000 |
| | 18 | 北 陸 商 店㈱ | | 戻り（15日分） | | | |
| | | 婦　人　靴 | 10足 | @12,000円 | | | △ 120,000 |
| | 30 | 信 越 商 店㈱ | | | 掛　け | | |
| | | 紳　士　靴 | 25足 | @ 8,000円 | | 200,000 | |
| | | 婦　人　靴 | 15足 | @12,000円 | | 180,000 | 380,000 |

### ✎ 解 答 欄

解答〈26〉ページ

| 日　　付 | 借 方 科 目 | 金　　額 | 貸 方 科 目 | 金　　額 |
|---|---|---|---|---|
| 8 / 2 | | | | |
| 15 | | | | |
| 18 | | | | |
| 30 | | | | |

売　　　　　上

| | |
|---|---|
| | |
| | |
| | |

次の帳簿の名称を解答欄の（　　　）の中に記入し，あわせてこの帳簿に記録されている諸取引を仕訳しなさい。

**〈指定勘定科目〉**

　　当座預金　　受取手形　　売掛金

（　　　　　　　　　　）

| ×1年 | | 摘要 | 手形種類 | 手形番号 | 支払人 | 振出人または裏書人 | 振出日 | | 満期日 | | 支払場所 | 手形金額 | て　ん　末 | | |
|---|---|---|---|---|---|---|---|---|---|---|---|---|---|---|---|
| | | | | | | | 月 | 日 | 月 | 日 | | | 月 | 日 | 摘　要 |
| 9 | 15 | 売掛金 | 約 | 35 | 千葉商店㈱ | 千葉商店㈱ | 9 | 15 | 11 | 12 | 市川銀行 | 300,000 | 11 | 12 | 取立（当座預金とする） |
| 10 | 12 | 売掛金 | 約 | 43 | 山梨商店㈱ | 山梨商店㈱ | 10 | 12 | 12 | 27 | 志木銀行 | 350,000 | | | |

✎ **解 答 欄**　　　　　　　　　　　　　　　　　　　　　　解答〈26〉ページ

帳簿の名称（　　　　　　　　　　）

| 取引日 | | 仕　　　　　　　訳 | | | |
|---|---|---|---|---|---|
| | | 借　方　科　目 | 金　　額 | 貸　方　科　目 | 金　　額 |
| 9 | 15 | | | | |
| 10 | 12 | | | | |
| 11 | 12 | | | | |

## 問 題 14 - 7　★★★

理解度チェック ☐☐☐

次の帳簿の名称を解答欄の（　　　）の中に記入し，あわせてこの帳簿に記録されている諸取引を仕訳しなさい。ただし，買掛金については人名勘定を用いること。

**〈指定勘定科目〉**

当座預金　　　支払手形　　　秋田商店㈱　　　青森商店㈱

（　　　　　　　　　　）

| ×1 年 | | 摘要 | 手形種類 | 手形番号 | 受取人 | 振出人 | 振出日 | | 満期日 | | 支払場所 | 手形金額 | て | ん | 末 |
|---|---|---|---|---|---|---|---|---|---|---|---|---|---|---|---|
| | | | | | | | 月 | 日 | 月 | 日 | | | 月 | 日 | 摘　要 |
| 3 | 15 | 買掛金 | 約 | 25 | 秋田商店㈱ | 当　　社 | 3 | 15 | 5 | 31 | 東北銀行 | 200,000 | 5 | 31 | 支払済（当座預金から） |
| 5 | 20 | 買掛金 | 約 | 26 | 青森商店㈱ | 当　　社 | 5 | 20 | 6 | 30 | 同　　上 | 300,000 | | | |

### ✎ 解 答 欄

解答〈26〉ページ

帳簿の名称（　　　　　　　　　　）

| 取引日 | | 仕 | | 訳 | |
|---|---|---|---|---|---|
| | | 借 方 科 目 | 金　　額 | 貸 方 科 目 | 金　　額 |
| 3 | 15 | | | | |
| 5 | 20 | | | | |
| | 31 | | | | |

# 試算表

　池袋商店㈱の次の取引について仕訳し，与えられた勘定に転記して，解答欄の7月31日の残高試算表を作成しなさい。商品売買の記帳は三分法によること。

　ただし，勘定への転記は金額だけでよい。なお，7月25日までの取引については，各勘定に合計額で示してある。また，仕入れと売上げはすべて掛けで行っている。

7月26日　イ．仕入：広島商店㈱　17,600円

　　　　　ロ．仙台商店㈱より売掛金14,000円が当座預金口座に振り込まれた。

　　　　　ハ．岡山商店㈱の買掛金7,000円を支払うため，同社宛の約束手形を振り出した。

　　27日　イ．売上：福島商店㈱　13,000円　　仙台商店㈱　10,000円

　　　　　ロ．26日に広島商店㈱より仕入れた商品のうち2,000円を品違いのため返品した。代金は買掛金により控除する。

　　　　　ハ．仙台商店㈱の売掛金6,000円を同社振出，当社宛の約束手形で回収した。

　　28日　イ．仕入：岡山商店㈱　16,000円

　　　　　ロ．広島商店㈱の買掛金4,000円を支払うため，小切手を振り出した。

　　29日　イ．売上：仙台商店㈱　15,000円

　　　　　ロ．岡山商店㈱の買掛金7,000円を支払うため，同社宛の約束手形を振り出した。

　　30日　イ．仕入：広島商店㈱　21,000円

　　31日　イ．売上：福島商店㈱　22,000円

　　　　　ロ．広島商店㈱の買掛金26,000円を支払うため，同社宛の約束手形を振り出した。

## ◆ 解答欄

解答〈27〉ページ

| 日 付 | | 借 方 科 目 | 金 額 | 貸 方 科 目 | 金 額 |
|---|---|---|---|---|---|
| 7/26 | イ | | | | |
| | ロ | | | | |
| | ハ | | | | |
| 27 | イ | | | | |
| | ロ | | | | |
| | ハ | | | | |
| 28 | イ | | | | |
| | ロ | | | | |
| 29 | イ | | | | |
| | ロ | | | | |
| 30 | イ | | | | |
| 31 | イ | | | | |
| | ロ | | | | |

現　　　金

| | |
|---|---|
| 24,100 | 10,600 |

当 座 預 金

| | |
|---|---|
| 346,000 | 133,000 |

受 取 手 形

| | |
|---|---|
| 230,000 | 50,000 |

売 　掛　 金

| | |
|---|---|
| 363,000 | 192,000 |

| 支　払　手　形 | |
| --- | --- |
| 41,000 | 59,700 |

| 買　　掛　　金 | |
| --- | --- |
| 124,000 | 264,000 |

| 資　　本　　金 | |
| --- | --- |
| | 200,000 |

| 繰越利益剰余金 | |
| --- | --- |
| | 100,000 |

| 売　　　　上 | |
| --- | --- |
| 11,000 | 350,000 |

| 仕　　　　入 | |
| --- | --- |
| 222,000 | 1,800 |

### 残　高　試　算　表
×1年7月31日

| 借　　　方 | 勘　定　科　目 | 貸　　　方 |
| --- | --- | --- |
| | 現　　　　　金 | |
| | 当　座　預　金 | |
| | 受　取　手　形 | |
| | 売　　掛　　金 | |
| | 支　払　手　形 | |
| | 買　　掛　　金 | |
| | 資　　本　　金 | |
| | 繰越利益剰余金 | |
| | 売　　　　　上 | |
| | 仕　　　　　入 | |
| | | |

MEMO

次の(A)合計試算表と(B)諸取引にもとづいて，解答欄の10月31日の合計試算表と残高試算表を作成しなさい。

(A)　×1年10月 1 日の合計試算表

| | 借　　方 | 貸　　方 |
|---|---|---|
| 現　　　　　金 | 975,000 | 250,000 |
| 売　掛　金 | 750,000 | 150,000 |
| 買　掛　金 | 225,000 | 400,000 |
| 資　本　金 | | 650,000 |
| 売　　　　上 | 150,000 | 1,500,000 |
| 仕　　　　入 | 600,000 | 50,000 |
| 給　　　　料 | 300,000 | |
| | 3,000,000 | 3,000,000 |

(B)　×1年10月中の取引

　　2日　商品150,000円を仕入れ，代金は現金で支払った。

　　7日　商品を375,000円で売り上げ，代金は現金で受け取った。

　　15日　給料75,000円を現金で支払った。

　　20日　商品450,000円を仕入れ，代金は掛けとした。

　　22日　商品を350,000円で売り上げ，代金は掛けとした。

　　25日　売掛金300,000円を現金で回収した。

　　31日　買掛金250,000円を現金で支払った。

合計試算表

### 合 計 試 算 表
×1年10月31日

| 借　　方 | 勘 定 科 目 | 貸　　方 |
|---|---|---|
| | 現　　　　　金 | |
| | 売　掛　　金 | |
| | 買　掛　　金 | |
| | 資　本　　金 | |
| | 売　　　　上 | |
| | 仕　　　　入 | |
| | 給　　　　料 | |
| | | |

残高試算表

### 残 高 試 算 表
×1年10月31日

| 借　　方 | 勘 定 科 目 | 貸　　方 |
|---|---|---|
| | 現　　　　　金 | |
| | 売　掛　　金 | |
| | 買　掛　　金 | |
| | 資　本　　金 | |
| | 売　　　　上 | |
| | 仕　　　　入 | |
| | 給　　　　料 | |
| | | |

# 決　算

## 問題 16-1 ★★★

理解度チェック □□□

次の文章の（　　　）内に当てはまる適切な語句を下記の〈語群〉から選びなさい。

1．決算とは，期末に会計期間の勘定記録を整理して帳簿を締め切り，（　①　）と（　②　）を作成する一連の手続きをいう。（　①　）によって財政状態が，（　②　）によって経営成績が明らかとなる。

2．決算時の勘定記録において，特定の科目については修正が必要である。この，決算時に修正を必要とすることがらを（　③　）事項といい，（　③　）仕訳と転記によって勘定記録を修正する。（　③　）後には残高試算表を作成し，これが財務諸表作成の基礎資料となる。

3．決算における，試算表から修正の内容を加味した計算の流れ，修正後の（　②　）や（　①　）の表示金額を1枚の表にまとめたものを（　④　）という。（　④　）は企業が早期に計算結果等を知るために作成する内部資料としての作業表であり，外部報告用の財務諸表とは異なる。

4．勘定口座を締め切る際には，借方記入合計と貸方記入合計が（　⑤　）することを確認したうえで，二重線等により区切る。

〈語群〉

　精算表　　損益計算書　　貸借対照表　　一致　　決算整理

✎ 解答欄

解答〈29〉ページ

| ① | ② | ③ | ④ |
|---|---|---|---|
|  |  |  |  |

| ⑤ |
|---|
|  |

## 問題 16-2 ★★★

　解答欄の(1)収益の勘定の決算整理後残高100,000円を損益勘定に振り替える仕訳と勘定転記，(2)費用の勘定の決算整理後残高60,000円を損益勘定に振り替える仕訳と勘定転記を行い締め切り，(3)損益勘定の残高を繰越利益剰余金勘定に振り替える仕訳と勘定転記を行いなさい。なお，本問では便宜上，売上勘定や受取利息勘定に代えて収益の勘定，仕入勘定や給料勘定に代えて費用の勘定を用いている。勘定への転記は相手科目等と金額を（　　）内に記入すること。

〈指定勘定科目等〉

　　収益の勘定　　　費用の勘定　　　損益　　　繰越利益剰余金　　　次期繰越

### ✎ 解答欄

解答〈29〉ページ

| | 借 方 科 目 | 金 額 | 貸 方 科 目 | 金 額 |
|---|---|---|---|---|
| (1) | | | | |
| (2) | | | | |
| (3) | | | | |

費 用 の 勘 定

| 決算整理後残高　60,000 | （　　　　　　　） |
| | （　　　　　　　） |

収 益 の 勘 定

| （　　　　　　　） | 決算整理後残高　100,000 |
| （　　　　　　　） | |

(2)　損　　　益　(1)

| （　　　　　　　） | （　　　　　　　） |
| （　　　　　　　） | |
| （　　　　　　　） | （　　　　　　　） |
| （　　　　　　　） | |

繰越利益剰余金　(3)

| （　　　　　　　） | （　　　　　　　） |
| （　　　　　　　） | （　　　　　　　） |

次に示す［決算日に判明した事項］(1)～(6)について，それぞれ必要な仕訳をしなさい。なお，訂正にあたっては，記録の誤りのみを部分的に修正する方法によること。

**〈指定勘定科目〉**

　　現金　　当座預金　　受取手形　　売掛金　　買掛金　　前受金　　未払金　　売上
　　旅費交通費

**【決算日に判明した事項】**

(1)　当月分の旅費交通費24,400円を現金で支払った際，次のように処理していた。

　　　　　　　（借）旅費交通費　　　24,000　　　　（貸）現　　　金　　　24,000

(2)　徳島商店㈱に対する買掛金700,000円を，小切手を振り出して支払った際，次のように処理していた。

　　　　　　　（借）買 掛 金　　　700,000　　　　（貸）現　　　金　　　700,000

(3)　長野商店㈱より商品の注文を受け，手付金50,000円を現金で受け取った際，次のように処理していた。

　　　　　　　（借）現　　　金　　　50,000　　　　（貸）売 掛 金　　　50,000

(4)　売掛金200,000円を現金で回収した際，誤って貸方科目を売上で記帳していた。

(5)　売掛金500,000円を現金で回収した際，誤って貸借逆に記帳していた。

(6)　買掛金260,000円を小切手を振り出して支払った際，支払金額を206,000円と記帳していた。

✎　**解 答 欄**　　　　　　　　　　　　　　　　　　　解答〈29〉ページ

|     | 借 方 科 目 | 金 額 | 貸 方 科 目 | 金 額 |
|-----|-----------|-------|-----------|-------|
| (1) |           |       |           |       |
| (2) |           |       |           |       |
| (3) |           |       |           |       |
| (4) |           |       |           |       |
| (5) |           |       |           |       |
| (6) |           |       |           |       |

MEMO

次の決算整理前残高試算表（一部）と［決算日に判明した事項］にもとづいて，⑴必要な仕訳を示し，⑵仕訳後の残高試算表（一部）の記入を示しなさい。

〈指定勘定科目〉

当座預金 売掛金 仮払金 備品 前受金 仮受金

決算整理前残高試算表

| 借　　方 | 勘 定 科 目 | 貸　　方 |
|---|---|---|
| 150,000 | 当 座 預 金 | |
| 200,000 | 売 　 掛 　 金 | |
| 420,000 | 備 　 　 　 品 | |
| 100,000 | 仮 　 払 　 金 | |
| | 前 　 受 　 金 | 15,000 |
| | 仮 　 受 　 金 | 30,000 |

[決算日に判明した事項]

1. 売掛金のうち20,000円は，すでに当座預金口座に振り込まれていたことが判明した。
2. 得意先から手付金4,000円を現金で受け取っていたが，これを売掛金の回収として処理していたことが判明した。
3. 仮払金は全額，備品の購入代金の支払額であることが判明した。
4. 仮受金は全額，得意先よりの売掛金回収額であることが判明した。

✏ 解答欄

解答〈30〉ページ

(1)

| | 借 方 科 目 | 金 額 | 貸 方 科 目 | 金 額 |
|---|---|---|---|---|
| 1 | | | | |
| 2 | | | | |
| 3 | | | | |
| 4 | | | | |

(2)

残 高 試 算 表

| 借 方 | 勘 定 科 目 | 貸 方 |
|---|---|---|
| | 当 座 預 金 | |
| | 売 掛 金 | |
| | 備 品 | |
| | 仮 払 金 | |
| | 前 受 金 | |
| | 仮 受 金 | |

# 決算整理Ⅰ　現金過不足

## 問題 17-1　★★★　　　　　　　　　理解度チェック ☐☐☐

次の一連の期中取引について仕訳しなさい。

**〈指定勘定科目〉**

　　現金　　買掛金　　現金過不足

7月3日　本日，現金の帳簿残高35,000円について実査を行ったところ，実際有高は34,500円であり，500円不足していることが判明した。

　　5日　上記7月3日に生じた不足額について原因を調査したところ，買掛金の支払いが記帳もれであることが判明した。

### ✎ 解答欄　　　　　　　　　　　　　　解答〈31〉ページ

| 日　付 | 借方科目 | 金　額 | 貸方科目 | 金　額 |
|---|---|---|---|---|
| 7/3 | | | | |
| 5 | | | | |

## 問題 17-2　★★★　　　　　　　　　理解度チェック ☐☐☐

次の一連の期中取引について仕訳しなさい。

**〈指定勘定科目〉**

　　現金　　売掛金　　現金過不足

2月10日　本日，現金の帳簿残高42,000円について実査を行ったところ，実際有高は44,000円であり，2,000円過剰であることが判明した。

　　15日　上記2月10日に生じた過剰額について原因を調査したところ，売掛金の回収が記帳もれであることが判明した。

### ✎ 解答欄　　　　　　　　　　　　　　解答〈31〉ページ

| 日　付 | 借方科目 | 金　額 | 貸方科目 | 金　額 |
|---|---|---|---|---|
| 2/10 | | | | |
| 15 | | | | |

## 問題 17-3  ★★★

次の一連の期中取引について仕訳しなさい。

### 〈指定勘定科目〉

現金　　通信費　　現金過不足

1月31日　本日，金庫内にある現金の実際額を確認したところ13,400円であったが，現金勘定（現金出納帳）残高は14,000円であった。この差額の原因は不明である。

2月3日　3日前に生じた不一致額600円の原因を調査していたところ，このうち400円は通信費の支払いが記帳もれであることが判明した。なお，残額については原因調査を継続する。

✎ 解 答 欄

解答〈31〉ページ

| 日 付 | 借 方 科 目 | 金 額 | 貸 方 科 目 | 金 額 |
|---|---|---|---|---|
| 1/31 | | | | |
| 2/3 | | | | |

次の期中取引について，それぞれの仕訳を示しなさい。

**〈指定勘定科目〉**

　　受取手数料　　受取利息　　旅費交通費　　支払利息　　現金過不足

(1)　かねて現金過不足勘定で処理していた不足額1,500円（借方残高）について，原因を調査したところ，借入金の利息支払額の記帳もれであることが判明した。

(2)　現金実査の際に計上した過剰額800円（現金過不足勘定の貸方で処理）について原因を調査していたところ，貸付金の利息受取額の記帳もれであることが判明した。

(3)　現金実査の際に計上した不足額950円（現金過不足勘定の借方で処理）について原因を調査していたところ，旅費交通費の支払額2,400円および手数料の受取額1,450円の記帳もれであることが判明した。

✏ **解 答 欄**　　　　　　　　　　　　　　　　　　　　解答〈31〉ページ

| | 借 方 科 目 | 金 額 | 貸 方 科 目 | 金 額 |
|---|---|---|---|---|
| (1) | | | | |
| (2) | | | | |
| (3) | | | | |

## 問題 17 - 5　★★★

次の決算処理について，それぞれの場合の仕訳を示しなさい。なお，(3)は勘定への転記は日付・相手科目等・金額を（　　）内に記入すること。

**〈指定勘定科目等〉**

　買掛金　　雑損　　現金過不足　　諸口

決算日（3月31日）において，現金過不足勘定の借方残高3,000円について原因を調査したところ，次のような事実が明らかとなった。

(1)　全額が買掛金の支払いの記入もれであることが判明した場合。

(2)　原因不明であるため，全額雑損として処理することにした場合。

(3)　うち2,000円は買掛金の支払いの記入もれであることが判明したが，残額については原因不明のため雑損として処理することにした場合。

✎ **解 答 欄**

解答〈32〉ページ

|     | 借　方　科　目 | 金　　額 | 貸　方　科　目 | 金　　額 |
|-----|---------------|----------|----------------|----------|
| (1) |               |          |                |          |
| (2) |               |          |                |          |
| (3) |               |          |                |          |

(3)　勘定記入

次の決算処理について，それぞれの場合の仕訳を示しなさい。なお，(3)は勘定への転記は日付・相手科目等・金額を（　　）内に記入すること。

**〈指定勘定科目等〉**

売掛金　　雑益　　現金過不足　　諸口

決算日（3月31日）において，現金過不足勘定の貸方残高5,500円について原因を調査したところ，次のような事実が明らかとなった。
(1) 全額が売掛金の回収の記入もれであることが判明した場合。
(2) 原因不明であるため，全額雑益として処理することにした場合。
(3) うち5,000円は売掛金の回収の記入もれであることが判明したが，残額については原因不明のため雑益として処理することにした場合。

---

◆ 解 答 欄　　　　　　　　　　　　　　　　　　　解答〈32〉ページ ▶

| | 借 方 科 目 | 金 額 | 貸 方 科 目 | 金 額 |
|---|---|---|---|---|
| (1) | | | | |
| (2) | | | | |
| (3) | | | | |

(3)　勘定記入

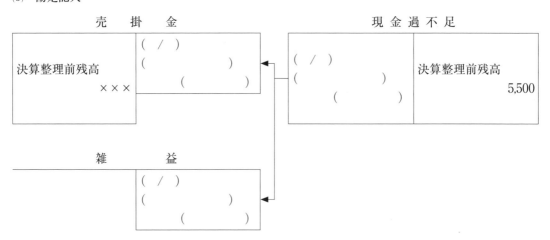

## 問 題 17-7  ★★★

次の決算処理について，それぞれの仕訳を示しなさい。

**〈指定勘定科目〉**

現金　　受取利息　　雑益　　通信費　　雑損

(1)　決算において，金庫内の現金実際額を確認したところ28,800円であったが，現金勘定（現金出納帳）残高は30,000円であった。ただちに，この差額の原因を調査したところ，通信費の支払いの記帳もれであることが判明した。

(2)　決算において，現金の実際有高が1,000円不足していることが明らかとなったが，原因不明のため，雑損として処理することにした。

(3)　決算において現金実査を行った。実際有高の不足額500円が生じていたが，原因が不明であるため適切に処理することにした。

(4)　決算において現金実査を行った。その結果，帳簿有高より実際有高のほうが1,800円多いことが明らかとなったが，その原因を調査しても不明であるため適切に処理することにした。

(5)　決算において，金庫内の現金実際額を確認したところ62,500円であったが，現金勘定（現金出納帳）残高は60,000円であった。ただちに，この差額の原因を調査したところ，通信費2,000円の支払いおよび貸付金の利息3,500円の受け取りについての未記帳が判明したが，残額については不明のため適切に処理することにした。

### ✎ 解答欄

解答〈33〉ページ

| | 借　方　科　目 | 金　　額 | 貸　方　科　目 | 金　　額 |
|---|---|---|---|---|
| (1) | | | | |
| (2) | | | | |
| (3) | | | | |
| (4) | | | | |
| (5) | | | | |

# 決算整理Ⅱ　売上原価

## 問題 18 - 1 ★★★

理解度チェック □□□

次の資料から，売上原価を計算するために必要な決算日（3月31日）の(1)仕訳，(2)仕入勘定を締め切るための仕訳，(3)転記を行い，繰越商品勘定と仕入勘定を締め切りなさい。また，(4)売上原価の金額を答えなさい。なお，売上原価は仕入勘定で算定すること。転記にあたっては日付，相手科目，金額を記入すること。

### 〈指定勘定科目〉

繰越商品　　仕入　　損益

| | |
|---|---|
| 期首商品棚卸高 | 30,000円（繰越商品勘定残高） |
| 当期商品純仕入高 | 600,000円（仕入勘定残高） |
| 期末商品棚卸高 | 60,000円（決算日に把握） |

### 解答欄

解答〈34〉ページ

(1)

| 日　付 | 借　方　科　目 | 金　　額 | 貸　方　科　目 | 金　　額 |
|---|---|---|---|---|
| 3/31 | | | | |

(2)

| 日　付 | 借　方　科　目 | 金　　額 | 貸　方　科　目 | 金　　額 |
|---|---|---|---|---|
| 3/31 | | | | |

(3)

| 繰　越　商　品 | | 仕　　　入 | |
|---|---|---|---|
| 30,000 | | 600,000 | |
| | | | |
| | | | |

(4)

売上原価の金額：＿＿＿＿＿＿＿＿＿＿＿ 円（費用：損益計算書に表示する金額）

## 問題 18 - 2　★★★　　　　　　　　　　理解度チェック ☐☐☐

　次の資料から，売上原価を計算するために必要な決算日（3月31日）の(1)仕訳と，(2)売上原価勘定を締め切るための仕訳，(3)転記を行い，繰越商品勘定と，仕入勘定，売上原価勘定を締め切りなさい。なお，売上原価は売上原価勘定で算定すること。転記にあたっては日付，相手科目，金額を記入すること。

〈指定勘定科目〉

　　繰越商品　　仕入　　売上原価　　損益

　　期首商品棚卸高　　30,000円（繰越商品勘定残高）
　　当期商品純仕入高　600,000円（仕入勘定残高）
　　期末商品棚卸高　　60,000円（決算日に把握）

✎ **解 答 欄**　　　　　　　　　　　　　　　　解答〈34〉ページ

(1)

| 日　　付 | 借 方 科 目 | 金　　額 | 貸 方 科 目 | 金　　額 |
|---|---|---|---|---|
| 3/31 | | | | |

(2)

| 日　　付 | 借 方 科 目 | 金　　額 | 貸 方 科 目 | 金　　額 |
|---|---|---|---|---|
| 3/31 | | | | |

(3)

| 繰 越 商 品 | | 売 上 原 価 | |
|---|---|---|---|
| 30,000 | | | |
| | | | |
| | | | |

| 仕　　　　　入 | |
|---|---|
| 600,000 | |

次の商品売買取引に関する資料にもとづいて，解答欄に示した商品売買関係の諸勘定について
（　）内に必要な記入を行いなさい。

（注）　1．資料は取引発生順に示している。

　　　　2．払出単価の計算は移動平均法による。

　　　　3．期末商品棚卸高の数量と単価は各自算定すること。

　　　　4．期末における売上原価の算定は仕入勘定で行う。

　　　　5．当期中における仕入と売上は，全部まとめて記帳すること。

（資　料）

| 期首商品棚卸高 | 数　量 | 200個 | 単　価 | @　800円 |
|---|---|---|---|---|
| 第1回商品仕入高 | 〃 | 400個 | 〃 | @　800円 |
| 第1回商品売上高 | 〃 | 300個 | 〃 | @1,000円 |
| 第2回商品仕入高 | 〃 | 500個 | 〃 | @　880円 |
| 第2回商品売上高 | 〃 | 600個 | 〃 | @1,050円 |
| 期末商品棚卸高 | 〃 | （　）個 | 〃 | @（　）円 |

◆ 解 答 欄　　　　　　　　　　　　　　　　　　　　　　　解答〈35〉ページ

繰 越 商 品

| 4／1　前 期 繰 越 （　　　） | 3／31 （　　　）（　　　） |
|---|---|
| 3／31 （　　　）（　　　） | |

仕　　　　入

| 当 期 仕 入 高 （　　　） | 3／31 （　　　）（　　　） |
|---|---|
| 3／31 （　　　）（　　　） | |

売　　　　上

| | 当 期 売 上 高 （　　　） |
|---|---|

# 決算整理Ⅲ　貸倒れ

問題 19 - 1　★★★　　　　　　　　　　　　　　　理解度チェック ☐ ☐ ☐

次の各取引について仕訳しなさい。

〈指定勘定科目〉

　　現金　　売掛金　　貸倒引当金　　償却債権取立益　　貸倒損失

(1)　得意先池袋㈱が倒産したため，同社に対する前期に発生した売掛金70,000円を貸倒れとして処理する。なお，貸倒引当金勘定の残高は100,000円であった。

(2)　得意先新宿㈱が倒産したため，同社に対する前期に発生した売掛金50,000円を貸倒れとして処理する。なお，貸倒引当金勘定の残高は30,000円であった。

(3)　得意先渋谷㈱が倒産したため，同社に対する前期に発生した売掛金10,000円を貸倒れとして処理する。なお，貸倒引当金勘定の残高はない。

(4)　得意先足立㈱が倒産したため，同社に対する当期販売分の売掛金12,000円を貸倒れとして処理する。なお，貸倒引当金勘定の残高は20,000円であった。

(5)　前期に貸倒れとして処理していた品川㈱の売掛金200,000円のうち60,000円を現金で回収した。

✎ 解 答 欄　　　　　　　　　　　　　　　　　　　解答〈36〉ページ

| | 借 方 科 目 | 金 額 | 貸 方 科 目 | 金 額 |
|---|---|---|---|---|
| (1) | | | | |
| (2) | | | | |
| (3) | | | | |
| (4) | | | | |
| (5) | | | | |

次の決算整理前残高試算表（一部）と決算整理事項にもとづいて，(1)貸倒引当金を設定するために必要な決算日（3月31日）の仕訳，(2)貸倒引当金繰入勘定を締め切るための仕訳，(3)転記を行い，各勘定を締め切りなさい。

**〈指定勘定科目〉**

　　貸倒引当金　　　貸倒引当金繰入　　　損益

### 決算整理前残高試算表
#### ×2年3月31日

| 借　　方 | 勘 定 科 目 | 貸　　方 |
|---:|:---:|---:|
| 80,000 | 売　　掛　　金 | |
| | 貸 倒 引 当 金 | 1,000 |

**[決算整理事項]**

　売掛金の期末残高に対し，実績率2％を用いて差額補充法により貸倒引当金を設定する。

✎ **解 答 欄**                                    解答〈36〉ページ

(1)

| 日　付 | 借 方 科 目 | 金　　額 | 貸 方 科 目 | 金　　額 |
|:---:|:---:|:---:|:---:|:---:|
| 3/31 | | | | |

(2)

| 日　付 | 借 方 科 目 | 金　　額 | 貸 方 科 目 | 金　　額 |
|:---:|:---:|:---:|:---:|:---:|
| 3/31 | | | | |

(3)

| 売　　掛　　金 | |
|---:|---:|
| 80,000 | |

| 貸 倒 引 当 金 | |
|---:|---:|
| | 1,000 |
| | |
| | |

| 貸倒引当金繰入 | |
|---:|---:|
| | |

MEMO

次の決算整理前残高試算表（一部）と決算日に判明した事項，決算整理事項にもとづいて，(1)未処理事項の仕訳，(2)貸倒引当金を設定するために必要な仕訳，(3)貸倒引当金繰入勘定を締め切るための仕訳，(4)転記を行い，各勘定を締め切りなさい。

〈指定勘定科目〉

現金　　売掛金　　貸倒引当金　　貸倒引当金繰入　　損益

決算整理前残高試算表

×2年3月31日

| 借　　方 | 勘 定 科 目 | 貸　　方 |
|---:|:---:|---:|
| 350,000 | 現　　　　　金 | |
| 130,000 | 受 取 手 形 | |
| 80,000 | 売　　掛　　金 | |
| | | |
| | 貸 倒 引 当 金 | 1,500 |
| | | |

[決算日に判明した事項]

売掛金10,000円を現金で回収していたが，未処理であった。

[決算整理事項]

受取手形と売掛金の期末残高に対し，実績率2％の貸倒引当金を差額補充法により設定する。

✎ 解答欄　　　　　　　　　　　　　　　　　　　　　　　解答〈37〉ページ

(1)

| 日　　付 | 借 方 科 目 | 金　　　額 | 貸 方 科 目 | 金　　　額 |
|:---:|:---:|:---:|:---:|:---:|
| 3／31 | | | | |

(2)

| 日　　付 | 借 方 科 目 | 金　　　額 | 貸 方 科 目 | 金　　　額 |
|:---:|:---:|:---:|:---:|:---:|
| 3／31 | | | | |

(3)

| 日　　付 | 借 方 科 目 | 金　　　額 | 貸 方 科 目 | 金　　　額 |
|:---:|:---:|:---:|:---:|:---:|
| 3／31 | | | | |

(4)

| 受　取　手　形 | |
|---|---|
| 130,000 | |

| 売　　掛　　金 | |
|---|---|
| 80,000 | |

| 貸倒引当金繰入 | |
|---|---|
| | |

| 貸　倒　引　当　金 | |
|---|---|
| | 1,500 |

## THEME 20　決算整理Ⅳ　減価償却

### 問題 20-1　★★★　　　　　　　　　　　　理解度チェック ☐☐☐

次の決算整理事項について、(1)決算整理仕訳、(2)減価償却費勘定を締め切るための仕訳を行い、(3)勘定に転記し、各勘定を締め切りなさい。なお、転記にあたっては、日付、相手科目、金額を記入すること。

**〈指定勘定科目〉**

　　減価償却累計額　　　減価償却費　　　損益

**[決算整理事項]**

決算（年1回、3月末）にあたり、当期首に購入し、使用している備品（取得原価250,000円、耐用年数5年、残存価額ゼロ）について、減価償却（定額法）を行い、間接法で記帳する。

---

✏️ **解 答 欄**　　　　　　　　　　　　　　　　解答〈38〉ページ

(1)

| 日　　付 | 借　方　科　目 | 金　　額 | 貸　方　科　目 | 金　　額 |
|---|---|---|---|---|
| 3/31 | | | | |

(2)

| 日　　付 | 借　方　科　目 | 金　　額 | 貸　方　科　目 | 金　　額 |
|---|---|---|---|---|
| 3/31 | | | | |

(3)

| 備　　　　品 | | 減価償却累計額 | |
|---|---|---|---|
| 4/1　　250,000 | | | |

| 減 価 償 却 費 | |
|---|---|
| | |

## 問 題 20-2 ★★★

次の決算整理事項について(1)決算整理仕訳，(2)減価償却費勘定を締め切るための仕訳を行い，(3)勘定に転記し，各勘定を締め切りなさい。なお，転記にあたっては，日付，相手科目，金額を記入すること。

〈指定勘定科目〉

減価償却累計額　　減価償却費　　損益

[決算整理事項]

決算（年1回，3月末）にあたり，備品（取得原価600,000円，耐用年数6年，残存価額ゼロ）について，減価償却（定額法，間接法で記帳）を行う。なお，この備品は当期の10月1日に購入し，使用しており，減価償却は月割計算によること。

✎ 解 答 欄

解答〈38〉ページ

(1)

| 日　付 | 借　方　科　目 | 金　　額 | 貸　方　科　目 | 金　　額 |
|---|---|---|---|---|
| 3/31 | | | | |

(2)

| 日　付 | 借　方　科　目 | 金　　額 | 貸　方　科　目 | 金　　額 |
|---|---|---|---|---|
| 3/31 | | | | |

(3)

| 備　　品 | | 減価償却累計額 | |
|---|---|---|---|
| 10/1　600,000 | | | |

| 減 価 償 却 費 | |
|---|---|
| | |

　次の決算整理前残高試算表（一部）と決算整理事項にもとづいて，(1)決算整理仕訳，(2)減価償却費勘定を締め切るための仕訳，(3)転記を行い，各勘定を締め切りなさい。

### 〈指定勘定科目等〉

　　建物減価償却累計額　　　備品減価償却累計額　　　減価償却費　　　損益　　　諸口

決算整理前残高試算表

×2年3月31日

| 借　　方 | 勘 定 科 目 | 貸　　方 |
|---:|:---|---:|
| | | |
| 500,000 | 建　　　　　物 | |
| 200,000 | 備　　　　　品 | |
| | | |
| | 建物減価償却累計額 | 30,000 |
| | 備品減価償却累計額 | 50,000 |
| | | |

### [決算整理事項]

　建物と備品について定額法および間接法により減価償却を行う。

　耐用年数：建物30年，備品8年

　残存価額：建物は取得原価の10％，備品はゼロ

---

✏ 解 答 欄　　　　　　　　　　　　　　　　　　　　　　解答〈39〉ページ

(1)

| 日　　付 | 借 方 科 目 | 金　　額 | 貸 方 科 目 | 金　　額 |
|:---:|:---|:---:|:---|:---:|
| 3 /31 | | | | |

(2)

| 日　　付 | 借 方 科 目 | 金　　額 | 貸 方 科 目 | 金　　額 |
|:---:|:---|:---:|:---|:---:|
| 3 /31 | | | | |

(3)

| 建 | 物 | | |
|---|---|---|---|
| 500,000 | | | |

| 備 | 品 | | |
|---|---|---|---|
| 200,000 | | | |

| 減 価 償 却 費 | | | |
|---|---|---|---|
| | | | |

| 建物減価償却累計額 | | | |
|---|---|---|---|
| | | 30,000 | |

| | | | |
|---|---|---|---|
| | | | |

| 備品減価償却累計額 | | | |
|---|---|---|---|
| | | 50,000 | |

| | | | |
|---|---|---|---|
| | | | |

次の決算整理前残高試算表（一部）と決算整理事項にもとづいて，(1)決算整理仕訳，(2)減価償却費勘定を締め切るための仕訳，(3)転記を行い，各勘定を締め切りなさい。

〈指定勘定科目等〉

建物減価償却累計額　　備品減価償却累計額　　減価償却費　　損益　　諸口

決算整理前残高試算表

×2年3月31日

| 借　　方 | 勘　定　科　目 | 貸　　方 |
|---:|:---:|---:|
| 150,000 | 建　　　　　物 | |
| 34,000 | 備　　　　　品 | |
| | 建物減価償却累計額 | 63,000 |
| | 備品減価償却累計額 | 12,000 |

[決算整理事項]

　固定資産の減価償却を間接法により行う。

1．建　　物

　　定額法：耐用年数30年，残存価額は取得原価の10%

2．備　　品

　①　備品(A)

　　　定額法：取得原価24,000円，耐用年数6年，残存価額ゼロ

　②　備品(B)

　　　定額法：取得原価10,000円，耐用年数5年，残存価額ゼロ

　　　なお，備品(B)は当期の7月1日に取得し，使用している。減価償却は月割り計算による。

解答〈39〉ページ

(1)

| 日　付 | 借　方　科　目 | 金　　額 | 貸　方　科　目 | 金　　額 |
|---|---|---|---|---|
| 3/31 | | | | |

(2)

| 日　付 | 借　方　科　目 | 金　　額 | 貸　方　科　目 | 金　　額 |
|---|---|---|---|---|
| 3/31 | | | | |

(3)

建　　物
150,000

備　　品
34,000

減 価 償 却 費

建物減価償却累計額
63,000

備品減価償却累計額
12,000

理解度チェック □□□

次の決算整理前残高試算表（一部）と決算整理事項にもとづいて，(1)決算整理仕訳，(2)減価償却費勘定を締め切るための仕訳，(3)転記を行い，各勘定を締め切りなさい。

**〈指定勘定科目〉**

減価償却累計額　　減価償却費　　損益

### 決算整理前残高試算表
### ×2年3月31日

| 借　　　方 | 勘　定　科　目 | 貸　　　方 |
|---:|:---:|---:|
| 600,000 | 備　　　　　品 |  |
|  | 減価償却累計額 | 50,000 |
| 50,000 | 減　価　償　却　費 |  |

**[決算整理事項]**

当期10月1日に備品（取得原価600,000円）を取得し，使用している。なお，この備品については，10月31日を1回目として，毎月末に減価償却費の計算（定額法，耐用年数5年，残存価額ゼロ，間接法）を行っている。本日，3月31日の決算においても，3月分（1か月分）の減価償却費を計上する。

✎ **解 答 欄**　　　　　　　　　　　　　　　　　　解答〈40〉ページ

(1)

| 日　　付 | 借　方　科　目 | 金　　　額 | 貸　方　科　目 | 金　　　額 |
|:---:|:---:|:---:|:---:|:---:|
| 3／31 |  |  |  |  |

(2)

| 日　　付 | 借　方　科　目 | 金　　　額 | 貸　方　科　目 | 金　　　額 |
|:---:|:---:|:---:|:---:|:---:|
| 3／31 |  |  |  |  |

(3)

| 備　　品 | |
|---|---|
| 600,000 | |

| 減価償却累計額 | |
|---|---|
| | 50,000 |

| 減価償却費 | |
|---|---|
| 50,000 | |

---

## 問題 20 - 6 ★★★　　　　　　　　理解度チェック □□□

次に示す×5年3月31日時点の固定資産台帳（備品部分）について，空欄①～⑧の金額を答えなさい。なお，備品は残存価額ゼロ，定額法および間接法により減価償却を行っており，当期中に取得した備品の減価償却費は月割計算によって計上する。決算日は×5年3月31日とする。

### 固 定 資 産 台 帳　　　　　　　　　×5年3月31日現在

| 取得年月日 | 名称等 | 期末数量 | 耐用年数 | 期首（期中取得）取 得 原 価 | 期　　首減価償却累計額 | 差引期首（期中取得）帳簿価額 | 当　　期減価償却費 |
|---|---|---|---|---|---|---|---|
| 備品 | | | | | | | |
| ×1年4月1日 | 備品A | 8台 | 8年 | 1,600,000円 | （　②　）円 | （　④　）円 | （　⑥　）円 |
| ×4年6月1日 | 備品B | 10台 | 5年 | 1,500,000円 | 0 | 1,500,000円 | （　⑦　）円 |
| 小　計 | | | | （　①　）円 | （　③　）円 | （　⑤　）円 | （　⑧　）円 |

✏ 解 答 欄　　　　　　　　　　　　　　解答〈40〉ページ ▶

| ① | ② | ③ | ④ |
|---|---|---|---|
| | | | |

| ⑤ | ⑥ | ⑦ | ⑧ |
|---|---|---|---|
| | | | |

次に示す×5年 3 月31日時点の固定資産台帳（備品部分）にもとづいて，決算整理仕訳を行い，解答欄に示した勘定の空欄を記入しなさい。なお，備品は残存価額ゼロ，定額法および間接法により減価償却を行っており，当期中に取得した備品の減価償却費は月割計算によって計上する。決算日は×5年 3 月31日とする。

**〈指定勘定科目〉**

減価償却累計額　　減価償却費

固 定 資 産 台 帳　　　　　　×5年 3 月31日現在

| 取得年月日 | 名称等 | 期末数量 | 耐用年数 | 期首（期中取得）取 得 原 価 | 期　　　首減価償却累計額 | 差引期首（期中取得）帳簿価額 | 当　　　期減 価 償 却 費 |
|---|---|---|---|---|---|---|---|
| 備品 | | | | | | | |
| ×1年 4 月 1 日 | 備品A | 8台 | 8年 | 1,600,000円 | 600,000円 | 1,000,000円 | 200,000円 |
| ×4年 6 月 1 日 | 備品B | 10台 | 5年 | 1,500,000円 | 0 | 1,500,000円 | 250,000円 |
| 小　計 | | | | 3,100,000円 | 600,000円 | 2,500,000円 | 450,000円 |

**✎ 解 答 欄**　　　　　　　　　　　　　　　　　　解答〈41〉ページ

| 日　付 | 借 方 科 目 | 金　額 | 貸 方 科 目 | 金　額 |
|---|---|---|---|---|
| 3 /31 | | | | |

備　　品

| 4 / 1 前期繰越 1,600,000 | |
|---|---|
| 6 / 1 未払金（　　） | |

減価償却累計額

| | 4 / 1 前期繰越（　　） |
|---|---|
| | 3 /31 減価償却費（　　） |

減 価 償 却 費

| 3 /31 減価償却累計額（　　） | |
|---|---|

## 問 題 20 - 8 ★ ★ ★

次の各期中取引について仕訳しなさい。

**〈指定勘定科目〉**

未収入金　　建物　　備品　　建物減価償却累計額　　備品減価償却累計額　　固定資産売却益
固定資産売却損

(1)　当期首に，取得原価1,200,000円（建物勘定残高），減価償却累計額432,000円（建物減価償却累計額勘定残高）の建物を760,000円で売却し，代金は月末に受け取ることとした。

(2)　当期首に，取得原価400,000円，既償却額225,000円の備品を売却し，代金200,000円は月末に受け取ることとした。なお，過年度の減価償却費は備品減価償却累計額勘定を用いて記帳している。

✏ 解 答 欄

解答〈41〉ページ

|     | 借　方　科　目 | 金　　額 | 貸　方　科　目 | 金　　額 |
|-----|---------------|----------|---------------|----------|
| (1) |               |          |               |          |
| (2) |               |          |               |          |

次の一連の取引（期中取引および決算整理）について仕訳しなさい。

**〈指定勘定科目〉**

当座預金　　未収入金　　備品　　未払金　　減価償却累計額　　固定資産売却益　　減価償却費
固定資産売却損

⑴　×1年4月1日に，備品（耐用年数5年，残存価額ゼロ）を1,000,000円で購入し，使用しているが，代金のうち200,000円は小切手を振り出して支払い，残額は月末に支払うこととした。

⑵　×2年3月31日，決算（年1回）にあたり，上記⑴の備品について，定額法により減価償却を行い，間接法により記帳する。

⑶　×3年4月1日に，上記⑴の備品のうち500,000円（取得原価）を250,000円で売却し，代金は月末に受け取ることとした。

⑷　×3年6月30日に，上記⑴の備品の残りすべてを280,000円で売却し，代金は翌月末に受け取ることとした。

✎　**解 答 欄**　　　　　　　　　　　　　　　　　　　　解答〈42〉ページ

| | 借　方　科　目 | 金　　額 | 貸　方　科　目 | 金　　額 |
|---|---|---|---|---|
| ⑴ | | | | |
| ⑵ | | | | |
| ⑶ | | | | |
| ⑷ | | | | |

## 問題 20-10  ★★☆

次に示す固定資産台帳の備品C部分にもとづいて，×5年4月1日に備品Cを150,000円で売却したときの仕訳を行いなさい。なお，備品は残存価額ゼロの定額法により減価償却を行っている（間接法記帳）。決算は年1回，3月31日である。

### 〈指定勘定科目〉

現金　　備品　　減価償却累計額　　固定資産売却損

### 固定資産台帳（一部）

| 種 類・名 称 等 | 取得年月日 | 耐用年数 | 取 得 原 価 | 備　　　　　考 |
|---|---|---|---|---|
| 備　品　C | ×1年4月1日 | 6年 | 480,000円 | ×5年4月1日に処分（現金売却） |

### ✎ 解 答 欄

解答〈42〉ページ

| 日　付 | 借 方 科 目 | 金　　額 | 貸 方 科 目 | 金　　額 |
|---|---|---|---|---|
| ×5/4/1 | | | | |

**THEME**
**21**

# 決算整理V　貯蔵品

次の期中取引について，それぞれの仕訳を示しなさい。

**〈指定勘定科目〉**

現金　　当座預金　　固定資産税　　自動車税　　租税公課　　通信費

(1) 所有する土地について，固定資産税15,000円の納税通知書が送られてきたので，小切手を振り出して納付した。なお，固定資産税勘定を使用して記帳する。

(2) 昨年購入し使用している営業用自動車についての自動車税20,000円を現金で納付した。なお，自動車税勘定を用いて記帳する。

(3) 建物について固定資産税の納税通知書（4期分計150,000円）が送付されてきたので，ただちに全額（4期分一括）を現金で支払った。なお，租税公課勘定を使用する。

(4) 配達用で使用している車両運搬具に係る自動車税計25,000円を小切手を振り出して支払った。なお，租税公課勘定を使用して記帳する。

(5) コンビニで収入印紙1,000円を現金払いで購入し，ただちに全額を使用した。なお，租税公課勘定を用いて記帳する。

(6) 郵便局で収入印紙5,000円分と切手2,000円分を購入し，代金は現金で支払った。

✎ **解 答 欄**　　　　　　　　　　　　　　　　　解答〈43〉ページ

| | 借 方 科 目 | 金 額 | 貸 方 科 目 | 金 額 |
|---|---|---|---|---|
| (1) | | | | |
| (2) | | | | |
| (3) | | | | |
| (4) | | | | |
| (5) | | | | |
| (6) | | | | |

MEMO

次の一連の取引（期中取引，決算整理，翌期首再振替仕訳）について仕訳し，勘定に転記しなさい。なお，勘定は締め切ること。

**〈指定勘定科目等〉**

現金　　貯蔵品　　通信費　　租税公課　　損益　　諸口

3月15日　郵便局で切手4,000円分および収入印紙10,000円分を購入し，代金は現金で支払った。

　　31日　本日，決算にあたり，切手の未使用分1,500円および収入印紙の未使用分2,000円があった。

　　〃　　通信費勘定残高2,500円および租税公課勘定残高8,000円を損益勘定に振り替えることにより締め切った。

4月1日　期首において，前期より繰り越した貯蔵品勘定の残高3,500円につき，再振替仕訳を行う。

**◆ 解 答 欄**　　　　　　　　　　　　　　　　　　解答〈43〉ページ

| 日　付 | 借 方 科 目 | 金　　額 | 貸 方 科 目 | 金　　額 |
|---|---|---|---|---|
| 3/15 | | | | |
| 31 | | | | |
| 〃 | | | | |
| 4/1 | | | | |

貯　蔵　品

| | |
|---|---|
| | |
| | |

通　信　費

| | |
|---|---|
| | |
| | |
| | |

租　税　公　課

| | |
|---|---|
| | |
| | |
| | |

# THEME 22 決算整理Ⅵ 当座借越

## 問題 22-1 ★★★

理解度チェック ☐ ☐ ☐

次の一連の取引（期中取引，決算整理，翌期首再振替仕訳）について仕訳し，勘定に転記しなさい。なお，勘定は締め切ること。

**〈指定勘定科目〉**

現金 当座預金 買掛金 当座借越

2月1日 当座預金口座を開設し，現金100,000円を預け入れた。なお，口座開設にあたり，限度額200,000円の当座借越契約を結んだ。

3月10日 買掛金120,000円を支払うため，同額の小切手を振り出した。この小切手は，本日中に当座預金口座より引き出された。

31日 本日，決算にあたり，当座預金勘定の貸方残高20,000円を当座借越勘定に振り替えた。

4月1日 期首において，前日に計上した当座借越の金額について，再振替仕訳を行う。

---

### ✎ 解答欄

解答〈44〉ページ

| 日 付 | 借 方 科 目 | 金 額 | 貸 方 科 目 | 金 額 |
|-------|-----------|------|-----------|------|
| 2/1 | | | | |
| 3/10 | | | | |
| 31 | | | | |
| 4/1 | | | | |

当 座 預 金

当 座 借 越

## 問題 22 - 2　★★★

次の各取引（決算整理，再振替仕訳）について，それぞれの仕訳を示しなさい。

**〈指定勘定科目〉**

当座預金　　当座預金Ｂ銀行　　当座預金Ｅ銀行　　当座借越　　借入金

(1) 決算にあたり，当座預金勘定の貸方残高55,000円を当座借越勘定に振り替えた。当社は，限度額300,000円の当座借越契約を結んでいる。

(2) 期末における当座預金Ａ銀行勘定の残高は借方に150,000円，当座預金Ｂ銀行勘定残高は貸方に20,000円であった。Ｂ銀行の借越額を当座借越勘定に振り替える。なお，当社はＡ銀行，Ｂ銀行ともに限度額50,000円の当座借越契約を結んでいる。

(3) 決算時における当座預金勘定残高は借方残高75,000円であったが，その内訳はＣ銀行が借方に100,000円，Ｄ銀行が貸方に25,000円であった。よって，Ｄ銀行分の借越額（貸方残高）を借入金勘定に振り替える。なお，当社はＣ銀行，Ｄ銀行ともに限度額200,000円の当座借越契約を結んでいる。

(4) 期首において，当座借越勘定残高44,000円があり，これを当座預金勘定の貸方に振り替える。

(5) 期首において，借入金勘定残高150,000円があるが，このうち15,000円は前期末にＥ銀行の当座借越額を振り替えた金額であり，再振替仕訳を行う。なお，当社は当座預金の勘定を銀行別に設けている（当座預金Ｅ銀行勘定を使用して記帳する）。

✎ **解 答 欄**

解答〈44〉ページ

|  | 借　方　科　目 | 金　　額 | 貸　方　科　目 | 金　　額 |
|---|---|---|---|---|
| (1) |  |  |  |  |
| (2) |  |  |  |  |
| (3) |  |  |  |  |
| (4) |  |  |  |  |
| (5) |  |  |  |  |

## THEME 23 決算整理Ⅶ　経過勘定項目

次の一連の取引資料にもとづいて，イ．(1)～(5)の仕訳を示し，ロ．転記を行い，各勘定を締め切りなさい。

**〈指定勘定科目〉**

現金　　前払保険料　　保険料　　損益

(1) ×1年7月1日　火災保険に加入し，向こう1年分の保険料1,200円を現金で支払った。
(2) ×2年3月31日　本日決算にあたり，保険料の前払分について決算整理を行った。
(3) ×2年3月31日　保険料勘定を締め切るための仕訳を行った。
(4) ×2年4月1日　期首にあたり，前期末の保険料前払処理に関する再振替仕訳を行った。
(5) ×2年7月1日　保険契約を更新し，向こう1年分の保険料（前年と同額）を現金で支払った。

✎ 解 答 欄　　　　　　　　　　　　　　　　　　　　　解答〈45〉ページ

イ．

| | 借 方 科 目 | 金 額 | 貸 方 科 目 | 金 額 |
|---|---|---|---|---|
| (1) | | | | |
| (2) | | | | |
| (3) | | | | |
| (4) | | | | |
| (5) | | | | |

ロ．

| 保 険 料 | | 前 払 保 険 料 | |
|---|---|---|---|
| | | | |
| | | | |
| | | | |
| | | | |
| | | | |

## 問題 23-2 ★★☆

次の決算整理前残高試算表（一部）と決算整理事項にもとづいて，(1)決算整理仕訳，(2)保険料勘定を締め切るための仕訳，(3)転記を行い，各勘定を締め切りなさい。

〈指定勘定科目〉

前払保険料　　保険料　　損益

決算整理前残高試算表
×3年3月31日

| 借　　方 | 勘 定 科 目 | 貸　　方 |
|---|---|---|
|  |  |  |
| 1,500 | 保　　険　　料 |  |
|  |  |  |

[決算整理事項]

保険料は前期より，毎年7月1日に向こう1年分（毎期同額）の契約で支払った金額である。

✎ 解 答 欄

解答〈45〉ページ

(1)

| 日　　付 | 借 方 科 目 | 金　　額 | 貸 方 科 目 | 金　　額 |
|---|---|---|---|---|
| 3/31 |  |  |  |  |

(2)

| 日　　付 | 借 方 科 目 | 金　　額 | 貸 方 科 目 | 金　　額 |
|---|---|---|---|---|
| 3/31 |  |  |  |  |

(3)

| 保　険　料 | | | |
|---|---|---|---|
| 4/1 前払保険料 | 300 | | |
| 7/1 現　金 | 1,200 | | |
|  |  |  |  |

| 前 払 保 険 料 | | | |
|---|---|---|---|
| 4/1 前期繰越 | 300 | 4/1 保険料 | 300 |
|  |  |  |  |

　次の決算整理前残高試算表（一部）と決算整理事項にもとづいて，⑴決算整理仕訳，⑵保険料勘定を締め切るための仕訳，⑶転記を行い，各勘定を締め切りなさい。

**〈指定勘定科目〉**

　　前払保険料　　保険料　　損益

決算整理前残高試算表

×3年3月31日

| 借　　　方 | 勘 定 科 目 | 貸　　　方 |
|---|---|---|
| 1,500 | 保　　険　　料 | |

**[決算整理事項]**

　保険料は当期の7月1日に向こう1年分を支払った金額である。

◆ 解 答 欄　　　　　　　　　　　　　　　　　　　　　　　　　解答〈46〉ページ

(1)

| 日　　付 | 借 方 科 目 | 金　　額 | 貸 方 科 目 | 金　　額 |
|---|---|---|---|---|
| 3/31 | | | | |

(2)

| 日　　付 | 借 方 科 目 | 金　　額 | 貸 方 科 目 | 金　　額 |
|---|---|---|---|---|
| 3/31 | | | | |

(3)

| 保　　険　　料 | | 前 払 保 険 料 | |
|---|---|---|---|
| 7/1 現 金 1,500 | | | |

## 問題 23-4 ★★★

次の一連の取引資料にもとづいて, イ. (1)〜(5)の仕訳を示し, ロ. 転記を行い, 各勘定を締め切りなさい。

**〈指定勘定科目〉**

現金　前受家賃　受取家賃　損益

(1) ×1年7月1日　建物の賃貸借契約を結び, 向こう1年分の家賃18,000円を現金で受け取った。
(2) ×2年3月31日　本日決算にあたり, 家賃の前受分について決算整理を行った。
(3) ×2年3月31日　受取家賃勘定を締め切るための仕訳を行った。
(4) ×2年4月1日　期首にあたり, 前期末の家賃前受処理に関する再振替仕訳を行った。
(5) ×2年7月1日　賃貸借契約を更新し, 向こう1年分の家賃（前年と同額）を現金で受け取った。

### ✏ 解 答 欄

解答〈46〉ページ

イ.

|  | 借 方 科 目 | 金 額 | 貸 方 科 目 | 金 額 |
|---|---|---|---|---|
| (1) |  |  |  |  |
| (2) |  |  |  |  |
| (3) |  |  |  |  |
| (4) |  |  |  |  |
| (5) |  |  |  |  |

ロ.

| 受 取 家 賃 | | 前 受 家 賃 | |
|---|---|---|---|
|  |  |  |  |
|  |  |  |  |
|  |  |  |  |
|  |  |  |  |

次の決算整理前残高試算表（一部）と決算整理事項にもとづいて，(1)決算整理仕訳，(2)受取家賃勘定を締め切るための仕訳，(3)転記を行い，各勘定を締め切りなさい。

**〈指定勘定科目〉**

　　前受家賃　　受取家賃　　損益

決算整理前残高試算表

×3年3月31日

| 借　　方 | 勘 定 科 目 | 貸　　方 |
|---|---|---|
| | 受 取 家 賃 | 22,500 |

**[決算整理事項]**

　　受取家賃は，前期より7月1日に向こう1年分（毎期同額）の契約で受け取った金額である。

---

✏ **解 答 欄**　　　　　　　　　　　　　　　　　　　　解答〈47〉ページ ▶

(1)

| 日　　付 | 借 方 科 目 | 金　　額 | 貸 方 科 目 | 金　　額 |
|---|---|---|---|---|
| 3/31 | | | | |

(2)

| 日　　付 | 借 方 科 目 | 金　　額 | 貸 方 科 目 | 金　　額 |
|---|---|---|---|---|
| 3/31 | | | | |

(3)

受 取 家 賃

| | | |
|---|---|---|
| | 4/1 前受家賃 | 4,500 |
| | 7/1 現　金 | 18,000 |

前 受 家 賃

| | | | |
|---|---|---|---|
| 4/1 受取家賃 | 4,500 | 4/1 前期繰越 | 4,500 |

## 問題 23-6 ★★★

次の決算整理前残高試算表（一部）と決算整理事項にもとづいて，(1)決算整理仕訳，(2)受取家賃勘定を締め切るための仕訳，(3)転記を行い，各勘定を締め切りなさい。

**〈指定勘定科目〉**

前受家賃　　受取家賃　　損益

### 決算整理前残高試算表
#### ×3年3月31日

| 借　　方 | 勘 定 科 目 | 貸　　方 |
|---|---|---|
| | | |
| | 受 取 家 賃 | 22,500 |
| | | |

**[決算整理事項]**

受取家賃は当期の7月1日に向こう1年分を受け取った金額である。

---

✎ **解 答 欄**

解答〈48〉ページ

(1)

| 日　付 | 借 方 科 目 | 金　　額 | 貸 方 科 目 | 金　　額 |
|---|---|---|---|---|
| 3/31 | | | | |

(2)

| 日　付 | 借 方 科 目 | 金　　額 | 貸 方 科 目 | 金　　額 |
|---|---|---|---|---|
| 3/31 | | | | |

(3)

| 受 取 家 賃 | | | 前 受 家 賃 | |
|---|---|---|---|---|
| | 7/1 現 金 22,500 | | | |
| | | | | |
| | | | | |

次の一連の取引資料にもとづいて，イ．(1)〜(5)の仕訳を示し，ロ．転記を行い，各勘定を締め切りなさい。なお，仕訳が不要な場合，借方科目欄に仕訳なしと記入すること。

〈指定勘定科目〉

現金　　未払地代　　支払地代　　損益

(1)　×1年7月1日　駐車場用の土地の賃貸借契約（期間1年，年額6,000円）を結び，契約期間満了時（毎期6月30日）にまとめて支払う。

(2)　×2年3月31日　本日決算にあたり，支払地代の当期未払分について決算整理を行った。

(3)　×2年3月31日　支払地代勘定を締め切るための仕訳を行った。

(4)　×2年4月1日　期首にあたり，前期末の地代の未払処理に関する再振替仕訳を行った。

(5)　×2年6月30日　契約期間満了にともない6,000円を現金で支払った。

✎ 解 答 欄　　　　　　　　　　　　　　　　　　　　　　解答〈48〉ページ

イ.

| | 借 方 科 目 | 金 額 | 貸 方 科 目 | 金 額 |
|---|---|---|---|---|
| (1) | | | | |
| (2) | | | | |
| (3) | | | | |
| (4) | | | | |
| (5) | | | | |

ロ.

| 支 払 地 代 | | 未 払 地 代 | |
|---|---|---|---|
| | | | |
| | | | |

## 問題 23-8 ★★☆

次の決算整理前残高試算表（一部）と決算整理事項にもとづいて，(1)決算整理仕訳，(2)支払地代勘定を締め切るための仕訳，(3)転記を行い，各勘定を締め切りなさい。

〈指定勘定科目〉

    未払地代　　支払地代　　損益

### 決算整理前残高試算表
### ×3年3月31日

| 借　　方 | 勘 定 科 目 | 貸　　方 |
|---|---|---|
|  |  |  |
| 1,500 | 支 払 地 代 |  |
|  |  |  |

[決算整理事項]

支払地代は，契約により毎期同額を過去1年分，6月30日に現金で後払いしており，当期の7月1日に契約を更新している。

✎ 解 答 欄

解答〈49〉ページ▶

(1)

| 日　付 | 借 方 科 目 | 金　　額 | 貸 方 科 目 | 金　　額 |
|---|---|---|---|---|
| 3/31 |  |  |  |  |

(2)

| 日　付 | 借 方 科 目 | 金　　額 | 貸 方 科 目 | 金　　額 |
|---|---|---|---|---|
| 3/31 |  |  |  |  |

(3)

| 支　払　地　代 | | | |
|---|---|---|---|
| 6/30 現　金 | 6,000 | 4/1 未払地代 | 4,500 |
|  |  |  |  |
|  |  |  |  |

| 未　払　地　代 | | | |
|---|---|---|---|
| 4/1 支払地代 | 4,500 | 4/1 前期繰越 | 4,500 |
|  |  |  |  |
|  |  |  |  |

次の決算整理前残高試算表（一部）と決算整理事項にもとづいて，(1)決算整理仕訳，(2)支払地代勘定を締め切るための仕訳，(3)転記を行い，各勘定を締め切りなさい。

〈指定勘定科目〉

未払地代　　支払地代　　損益

決算整理前残高試算表
×3年3月31日

| 借　　方 | 勘　定　科　目 | 貸　　方 |
|---|---|---|
| 5,500 | 支　払　地　代 | |

[決算整理事項]

支払地代は，当期の4月分から2月分までの11か月分を計上したもので，3月分を未払費用として計上する。

✎ 解　答　欄　　　　　　　　　　　　　　　　解答〈49〉ページ ▶

(1)

| 日　付 | 借　方　科　目 | 金　　額 | 貸　方　科　目 | 金　　額 |
|---|---|---|---|---|
| 3/31 | | | | |

(2)

| 日　付 | 借　方　科　目 | 金　　額 | 貸　方　科　目 | 金　　額 |
|---|---|---|---|---|
| 3/31 | | | | |

(3)

| 支　払　地　代 | | | 未　払　地　代 | |
|---|---|---|---|---|
| 4～2月分合計　5,500 | | | | |

## 問題 23-10　★★★

次の一連の取引資料にもとづいて，イ．(1)〜(5)の仕訳を示し，ロ．転記を行い，各勘定を締め切りなさい。なお，仕訳が不要な場合，借方科目欄に仕訳なしと記入すること。

**〈指定勘定科目〉**

　　現金　　未収地代　　受取地代　　損益

- (1)　×1年7月1日　駐車場用の土地の賃貸借契約（期間1年，年額6,000円）を結び，契約期間満了時（毎期6月30日）にまとめて受け取る。
- (2)　×2年3月31日　本日決算にあたり，受取地代の当期未収分について決算整理を行った。
- (3)　×2年3月31日　受取地代勘定を締め切るための仕訳を行った。
- (4)　×2年4月1日　期首にあたり，前期末の地代の未収処理に関する再振替仕訳を行った。
- (5)　×2年6月30日　契約期間満了にともない，6,000円を現金で受け取った。

✎ **解 答 欄**

解答〈50〉ページ

イ．

| | 借 方 科 目 | 金 額 | 貸 方 科 目 | 金 額 |
|---|---|---|---|---|
| (1) | | | | |
| (2) | | | | |
| (3) | | | | |
| (4) | | | | |
| (5) | | | | |

ロ．

| 受 取 地 代 | | 未 収 地 代 | |
|---|---|---|---|
| | | | |
| | | | |

次の決算整理前残高試算表（一部）と決算整理事項にもとづいて，(1)決算整理仕訳，(2)受取地代勘定を締め切るための仕訳，(3)転記を行い，各勘定を締め切りなさい。

**〈指定勘定科目〉**

　　未収地代　　　受取地代　　　損益

決算整理前残高試算表
×3年3月31日

| 借　　　方 | 勘　定　科　目 | 貸　　　方 |
|---|---|---|
|  | 受　取　地　代 | 1,500 |

**［決算整理事項］**

受取地代は，契約により毎期同額を過去1年分，6月30日に現金で受け取っており，当期の7月1日に契約を更新している。

✎ **解答欄**

解答〈50〉ページ

(1)

| 日　　付 | 借　方　科　目 | 金　　額 | 貸　方　科　目 | 金　　額 |
|---|---|---|---|---|
| 3/31 |  |  |  |  |

(2)

| 日　　付 | 借　方　科　目 | 金　　額 | 貸　方　科　目 | 金　　額 |
|---|---|---|---|---|
| 3/31 |  |  |  |  |

(3)

| 受　取　地　代 | | | |
|---|---|---|---|
| 4/1 未収地代 | 4,500 | 6/30 現　金 | 6,000 |
|  |  |  |  |
|  |  |  |  |

| 未　収　地　代 | | | |
|---|---|---|---|
| 4/1 前期繰越 | 4,500 | 4/1 受取地代 | 4,500 |
|  |  |  |  |
|  |  |  |  |

## 問題 23 - 12 ★★★

次の決算整理前残高試算表（一部）と決算整理事項にもとづいて、(1)決算整理仕訳、(2)受取地代勘定を締め切るための仕訳、(3)転記を行い、各勘定を締め切りなさい。

〈指定勘定科目〉

　　未収地代　　　受取地代　　　損益

決算整理前残高試算表

×3年3月31日

| 借　　方 | 勘 定 科 目 | 貸　　方 |
|---|---|---|
| | | |
| | 受 取 地 代 | 5,500 |
| | | |

[決算整理事項]

受取地代は、当期の4月分から2月分までの11か月分を計上したもので、3月分を未収収益として計上する。

✎ 解答欄

解答〈51〉ページ

(1)

| 日　　付 | 借 方 科 目 | 金　　額 | 貸 方 科 目 | 金　　額 |
|---|---|---|---|---|
| 3/31 | | | | |

(2)

| 日　　付 | 借 方 科 目 | 金　　額 | 貸 方 科 目 | 金　　額 |
|---|---|---|---|---|
| 3/31 | | | | |

(3)

| 受　取　地　代 | | 未　収　地　代 | |
|---|---|---|---|
| | 4～2月分合計　　5,500 | | |
| | | | |
| | | | |

# THEME 24 決算整理後残高試算表

## 問題 24-1　★★★

次の(1)決算整理前残高試算表と(2)決算整理事項等にもとづいて，解答欄の決算整理後残高試算表を完成しなさい。なお，会計期間は×1年4月1日から×2年3月31日までの1年間である。

### (1) 決算整理前残高試算表

決算整理前残高試算表
×2年3月31日　（単位：円）

| 借　方 | 勘定科目 | 貸　方 |
|---:|:---:|---:|
| 955,000 | 現　　　　金 | |
| 1,070,000 | 当 座 預 金 | |
| 360,000 | 売　掛　金 | |
| | 貸 倒 引 当 金 | 300 |
| 178,000 | 繰 越 商 品 | |
| 1,500,000 | 備　　　　品 | |
| | 備品減価償却累計額 | 375,000 |
| | 買　掛　金 | 314,000 |
| | 借　入　金 | 220,000 |
| | 資　本　金 | 2,000,000 |
| | 繰越利益剰余金 | 125,000 |
| | 売　　　上 | 4,920,000 |
| | 受 取 手 数 料 | 45,700 |
| 1,754,000 | 仕　　　入 | |
| 925,000 | 給　　　料 | |
| 120,600 | 通　信　費 | |
| 111,000 | 旅 費 交 通 費 | |
| 1,024,000 | 支 払 家 賃 | |
| 2,400 | 保　険　料 | |
| 8,000,000 | | 8,000,000 |

### (2) 決算整理事項等

1．決算日に売掛金の回収として当座振込み20,000円があったが，未記帳であった。

2．現金の実際手許有高は954,000円であり，過不足の原因が不明であるため適切な処理を行う。

3．売上債権期末残高に対して2％の貸倒引当金を差額補充法により設定する。

4．期末商品棚卸高は211,000円である。売上原価の計算は仕入勘定上で行う。

5．備品について定額法（残存価額ゼロ，耐用年数8年）で減価償却を行う。

6．受取手数料のうち6,200円は次期分（前受分）である。

7．保険料は×1年12月1日に向こう1年分を支払ったものである。

8．借入金は×1年10月1日に年利率3％（期間1年）で借り入れたもので，利息は元金とともに返済時に支払うことになっている。利息の計算は月割りによる。

決算整理後残高試算表

×2年3月31日　　　　　　（単位：円）

| 借　　方 | 勘　定　科　目 | 貸　　方 |
|---|---|---|
| | 現　　　　　　　金 | |
| | 当　座　預　金 | |
| | 売　　掛　　金 | |
| | 貸　倒　引　当　金 | |
| | 繰　越　商　品 | |
| | 備　　　　　品 | |
| | 備品減価償却累計額 | |
| | 買　　掛　　金 | |
| | 借　　入　　金 | |
| | 資　　本　　金 | |
| | 繰　越　利　益　剰　余　金 | |
| | 売　　　　　上 | |
| | 受　取　手　数　料 | |
| | 仕　　　　　入 | |
| | 給　　　　　料 | |
| | 通　　信　　費 | |
| | 旅　費　交　通　費 | |
| | 支　払　家　賃 | |
| | 保　　険　　料 | |
| | 雑　　　　　損 | |
| | 貸　倒　引　当　金　繰　入 | |
| | 減　価　償　却　費 | |
| | 前　受　手　数　料 | |
| | 前　払　保　険　料 | |
| | 支　払　利　息 | |
| | 未　払　利　息 | |
| | | |

　次の(1)決算整理前の各勘定残高と(2)決算整理事項等にもとづいて，解答欄の決算整理後残高試算表を完成しなさい。なお，会計期間は×1年4月1日から×2年3月31日までの1年間である。

**(1)　決算整理前の各勘定残高**（単位：円）

　イ．借方残高の勘定科目

| | | | | | |
|---|---|---|---|---|---|
| 現　　　　金 | 363,500 | 当座預金A銀行 | 410,000 | 受 取 手 形 | 231,500 |
| 売　掛　金 | 157,500 | 繰 越 商 品 | 345,000 | 備　　　品 | 300,000 |
| 仕　　　　入 | 3,600,000 | 給　　　料 | 454,500 | 通　信　費 | 12,000 |
| 租 税 公 課 | 24,000 | 支 払 家 賃 | 520,000 | 保　険　料 | 165,000 |
| 支 払 利 息 | 5,000 | | | | |

　ロ．貸方残高の勘定科目

| | | | | | |
|---|---|---|---|---|---|
| 当座預金B銀行 | 25,000 | 支 払 手 形 | 173,500 | 買　掛　金 | 107,500 |
| 借　入　金 | 250,000 | 仮　受　金 | 14,000 | 貸倒引当金 | 6,000 |
| 減価償却累計額 | 90,000 | 資　本　金 | 1,300,000 | 繰越利益剰余金 | 220,000 |
| 売　　　上 | 4,402,000 | | | | |

**(2)　決算整理事項等**

1．仮受金14,000円は，得意先からの売掛金の回収であることが判明した。

2．現金の実際有高は363,000円であり，帳簿残高との差額原因は不明であるため雑損とする。

3．当座預金B銀行勘定の貸方残高25,000円は，当座借越契約にもとづく期末借越額を表しており，当座借越勘定（負債）に振り替える。

4．受取手形および売掛金の期末残高に対し実績率法により4％の貸倒れを見積る。貸倒引当金の設定は差額補充法によること。

5．期末商品棚卸高は617,000円である。売上原価は仕入勘定で計算すること。

6．備品について定額法により減価償却を行う。なお，備品のうち100,000円は当期の1月1日に購入し，使用しており，新備品の減価償却は月割計算による。耐用年数は旧備品が8年，新備品が5年であり，残存価額はいずれもゼロである。

7．通信費のうち未使用の切手代5,000円が，また，租税公課のうち未使用の収入印紙代10,000円が含まれていたため，これをあわせて貯蔵品勘定に振り替える。

8．保険料は，毎年同額（1年分）を7月1日に前払いしている。

9．借入金は×1年7月1日に借入期間1年，利率年4％で借り入れたもので，利息は12月末日と6月末日に各半年分を支払うことになっている。利息は月割計算による。

解答〈54〉ページ

決算整理後残高試算表

×2年3月31日　　　　（単位：円）

| 借　方 | 勘 定 科 目 | 貸　方 |
|---|---|---|
| | 現　　　　　　金 | |
| | 当 座 預 金 A 銀 行 | |
| | 受 　取 　手 　形 | |
| | 売 　　掛 　　金 | |
| | 貸 倒 引 当 金 | |
| | 繰 越 商 品 | |
| | 貯 　　蔵 　　品 | |
| | 前 払 保 険 料 | |
| | 備 　　　　　品 | |
| | 減 価 償 却 累 計 額 | |
| | 支 　払 　手 　形 | |
| | 買 　　掛 　　金 | |
| | 借 　　入 　　金 | |
| | 当 　座 　借 　越 | |
| | 未 　払 　利 　息 | |
| | 資 　　本 　　金 | |
| | 繰 越 利 益 剰 余 金 | |
| | 売 　　　　　上 | |
| | 仕 　　　　　入 | |
| | 給 　　　　　料 | |
| | 通 　　信 　　費 | |
| | 租 　税 　公 　課 | |
| | 支 　払 　家 　賃 | |
| | 保 　　険 　　料 | |
| | 貸 倒 引 当 金 繰 入 | |
| | 減 価 償 却 費 | |
| | 支 　払 　利 　息 | |
| | 雑 　　　　　損 | |
| | | |

第3編

THEME 24

決算整理後残高試算表

次に示す［資料Ⅰ］決算整理前残高試算表，［資料Ⅱ］未処理事項および［資料Ⅲ］決算整理事項にもとづいて，解答欄の決算整理後残高試算表を完成しなさい。なお，会計期間は×1年4月1日から×2年3月31日までの1年である。

### ［資料Ⅰ］決算整理前残高試算表

決算整理前残高試算表

×2年3月31日　（単位：円）

| 借　　方 | 勘 定 科 目 | 貸　　方 |
|---:|:---:|---:|
| 500,000 | 現　　　　　金 | |
| 320,000 | 当座預金神奈川Y銀行 | |
| | 当座預金栃木Z銀行 | 20,000 |
| 104,000 | 普通預金埼玉W銀行 | |
| 122,000 | 普通預金東京X銀行 | |
| 200,000 | 受 取 手 形 | |
| 300,000 | 売 　掛 　金 | |
| | 貸 倒 引 当 金 | 2,000 |
| 90,000 | 繰 越 商 品 | |
| 100,000 | 仮 　払 　金 | |
| 800,000 | 建　　　　　物 | |
| | 建物減価償却累計額 | 48,000 |
| 300,000 | 備　　　　　品 | |
| | 備品減価償却累計額 | 60,000 |
| 1,000,000 | 土　　　　　地 | |
| | 支 払 手 形 | 90,000 |
| | 買 　掛 　金 | 120,000 |
| | 借 　入 　金 | 150,000 |
| | 資 　本 　金 | 2,850,000 |
| | 繰越利益剰余金 | 150,000 |
| | 売　　　　　上 | 2,000,000 |
| | 受 取 地 代 | 30,000 |
| 1,200,000 | 仕　　　　　入 | |
| 369,000 | 給　　　　　料 | |
| 16,000 | 保 　険 　料 | |
| 70,000 | 消 耗 品 費 | |
| 20,000 | 租 税 公 課 | |
| 9,000 | 支 払 利 息 | |
| 5,520,000 | | 5,520,000 |

### ［資料Ⅱ］未処理事項

1．売掛金のうち5,000円について，得意先より東京X銀行の当社普通預金口座へ入金があったが，その記帳が行われていなかった。

2．固定資産税4,000円が，神奈川Y銀行の当社当座預金口座から引き落とされていたが，その記帳が行われていなかった。

3．仮払金100,000円は，当期10月1日に備品を取得した際，その購入額を記帳したものである。なお，この備品は同日より使用している。

### ［資料Ⅲ］決算整理事項

1．現金の実際有高を確認したところ，次のものが保管されていた。よって，現金過不足額を雑損または雑益として処理する。

　　紙幣・硬貨　　　　　476,000円
　　他社振出の小切手　　 25,000円

2．当座預金栃木Z銀行勘定の貸方残高は，当座借越契約にもとづく期末借越額を表しており，これを当座借越勘定に振り替える。

3．受取手形および売掛金の期末残高に対し差額補充法により2％の貸倒引当金を設定する。

4．期末商品棚卸高は120,000円である。売上原価の計算は売上原価勘定を設けて行う。

5．建物について耐用年数30年，残存価額は取得原価の10％の定額法，備品について耐用年数5年，残存価額ゼロの定額法によりそれぞれ減価償却を行う。なお，期中取得の備品については，月割計算すること。

6．収入印紙の期末未使用高は9,000円である。

7．受取地代は偶数月の月末に向こう2か月分として毎回5,000円を受け取っている。

8．保険料は，前々期に加入した保険に対するもので，毎期8月1日と2月1日に向こう半年分を支払っている。よって，当期未経過分を月割計算して前払処理を行う。

解答〈55〉ページ

決算整理後残高試算表

×2年3月31日　　　　（単位：円）

| 借　　方 | 勘 定 科 目 | 貸　　方 |
|---|---|---|
| | 現　　　　　金 | |
| | 当座預金神奈川Y銀行 | |
| | 普通預金埼玉W銀行 | |
| | 普通預金東京X銀行 | |
| | 受　取　手　形 | |
| | 売　　掛　　金 | |
| | 繰　越　商　品 | |
| | 貯　　蔵　　品 | |
| | 前　払　保　険　料 | |
| | 建　　　　　物 | |
| | 備　　　　　品 | |
| | 土　　　　　地 | |
| | 支　払　手　形 | |
| | 買　　掛　　金 | |
| | 借　　入　　金 | |
| | 当　座　借　越 | |
| | 前　受　地　代 | |
| | 貸　倒　引　当　金 | |
| | 建物減価償却累計額 | |
| | 備品減価償却累計額 | |
| | 資　　本　　金 | |
| | 繰　越　利　益　剰　余　金 | |
| | 売　　　　　上 | |
| | 受　取　地　代 | |
| | 雑　　　　　益 | |
| | 売　上　原　価 | |
| | 給　　　　　料 | |
| | 保　　険　　料 | |
| | 消　耗　品　費 | |
| | 租　税　公　課 | |
| | 貸　倒　引　当　金　繰　入 | |
| | 減　価　償　却　費 | |
| | 支　払　利　息 | |

## THEME 25　精算表

解答〈57〉ページ

問 題 25 - 1　★☆☆　理解度チェック ☐ ☐ ☐

次の解答欄に示す精算表について，各行（横一列）に必要な金額を記入しなさい。

◆ 解答欄

### 精　算　表

| 勘 定 科 目 | 残高試算表 | | 修 正 記 入 | | 損益計算書 | | 貸借対照表 | |
|---|---|---|---|---|---|---|---|---|
| | 借 方 | 貸 方 | 借 方 | 貸 方 | 借 方 | 貸 方 | 借 方 | 貸 方 |
| 資 産 の 科 目 A | 130,000 | | | 10,000 | | | | |
| 資 産 の 科 目 B | 240,000 | | 12,000 | | | | | |
| 資 産 の 科 目 C | 150,000 | | 65,000 | 73,000 | | | | |
| 負 債 の 科 目 D | | 100,000 | 1,000 | | | | | |
| 負 債 の 科 目 E | | 85,000 | | 3,000 | | | | |
| 負 債 の 科 目 F | | 50,000 | 4,000 | 5,000 | | | | |
| 資 本 の 科 目 | | 800,000 | | | | | | |
| 収 益 の 科 目 G | | 250,000 | 5,000 | | | | | |
| 収 益 の 科 目 H | | 160,000 | | 6,600 | | | | |
| 収 益 の 科 目 I | | 33,000 | 500 | 12,000 | | | | |
| 費 用 の 科 目 J | 48,000 | | | 9,000 | | | | |
| 費 用 の 科 目 K | 185,000 | | 1,800 | | | | | |
| 費 用 の 科 目 L | 135,000 | | 4,200 | 2,800 | | | | |

MEMO

　次の決算整理事項等にもとづいて，解答欄の精算表を完成しなさい。なお，会計期間は×1年4月1日から×2年3月31日までの1年間である。

[決算整理事項等]

1．決算日に売掛金の回収として当座振込み20,000円があったが，未記帳であった。

2．現金の実際手許有高は954,000円であり，過不足の原因が不明であるため適切な処理を行う。

3．売上債権期末残高に対して2％の貸倒引当金を差額補充法により設定する。

4．期末商品棚卸高は211,000円である。売上原価の計算は仕入勘定上で行う。

5．備品について定額法（残存価額ゼロ，耐用年数8年）で減価償却を行う。

6．受取手数料のうち6,200円は次期分（前受分）である。

7．保険料は×1年12月1日に向こう1年分を支払ったものである。

8．借入金は×1年10月1日に年利率3％（期間1年）で借り入れたもので，利息は元金とともに返済時に支払うことになっている。利息の計算は月割りによる。

精 算 表

| 勘定科目 | 残高試算表 | | 修正記入 | | 損益計算書 | | 貸借対照表 | |
|---|---|---|---|---|---|---|---|---|
| | 借 方 | 貸 方 | 借 方 | 貸 方 | 借 方 | 貸 方 | 借 方 | 貸 方 |
| 現 金 | 955,000 | | | | | | | |
| 当 座 預 金 | 1,070,000 | | | | | | | |
| 売 掛 金 | 360,000 | | | | | | | |
| 貸 倒 引 当 金 | | 300 | | | | | | |
| 繰 越 商 品 | 178,000 | | | | | | | |
| 備 品 | 1,500,000 | | | | | | | |
| 備品減価償却累計額 | | 375,000 | | | | | | |
| 買 掛 金 | | 314,000 | | | | | | |
| 借 入 金 | | 220,000 | | | | | | |
| 資 本 金 | | 2,000,000 | | | | | | |
| 繰越利益剰余金 | | 125,000 | | | | | | |
| 売 上 | | 4,920,000 | | | | | | |
| 受 取 手 数 料 | | 45,700 | | | | | | |
| 仕 入 | 1,754,000 | | | | | | | |
| 給 料 | 925,000 | | | | | | | |
| 通 信 費 | 120,600 | | | | | | | |
| 旅 費 交 通 費 | 111,000 | | | | | | | |
| 支 払 家 賃 | 1,024,000 | | | | | | | |
| 保 険 料 | 2,400 | | | | | | | |
| | 8,000,000 | 8,000,000 | | | | | | |
| 雑 （ ） | | | | | | | | |
| 貸倒引当金繰入 | | | | | | | | |
| 減 価 償 却 費 | | | | | | | | |
| （ ）手数料 | | | | | | | | |
| （ ）保険料 | | | | | | | | |
| 支 払 利 息 | | | | | | | | |
| 未 払 利 息 | | | | | | | | |
| 当 期 純（ ） | | | | | | | | |
| | | | | | | | | |

　次の決算整理事項等にもとづいて，解答欄の精算表を完成しなさい。なお，会計期間は×1年4月1日から×2年3月31日までの1年である。

[決算整理事項等]

1．仮受金14,000円は得意先からの売掛金の回収であることが判明した。

2．現金の実際有高は363,000円であり，帳簿残高との差額原因は不明であるため，雑損とする。

3．当座預金B銀行勘定の貸方残高は，当座借越契約にもとづく期末借越額を表しており，当座借越勘定（負債）に振り替える。

4．受取手形および売掛金の期末残高に対し実績率法により4％の貸倒れを見積る。貸倒引当金の設定は差額補充法によること。

5．期末商品棚卸高は617,000円である。売上原価は「仕入」の行で計算すること。

6．備品について定額法により減価償却を行う。なお，備品のうち100,000円は当期の1月1日に購入し，使用しており，新備品の減価償却は月割計算による。耐用年数は旧備品が8年，新備品が5年であり，残存価額はいずれもゼロである。

7．通信費のうち未使用の切手代5,000円が，また，租税公課のうち未使用の収入印紙代10,000円が含まれていたため，これをあわせて貯蔵品勘定に振り替える。

8．保険料は毎年同額を7月1日に向こう1年分を前払いしている。

9．借入金は×1年7月1日に借入期間1年，利率年4％で借り入れたもので，利息は12月末日と6月末日に各半年分を支払うことになっている。利息は月割計算による。

解答〈60〉ページ

**◆ 解答欄**

## 精 算 表

| 勘定科目 | 残高試算表 借方 | 残高試算表 貸方 | 修正記入 借方 | 修正記入 貸方 | 損益計算書 借方 | 損益計算書 貸方 | 貸借対照表 借方 | 貸借対照表 貸方 |
|---|---|---|---|---|---|---|---|---|
| 現　　　　金 | 363,500 | | | | | | | |
| 当座預金A銀行 | 410,000 | | | | | | | |
| 当座預金B銀行 | | 25,000 | | | | | | |
| 受　取　手　形 | 231,500 | | | | | | | |
| 売　　掛　　金 | 157,500 | | | | | | | |
| 繰　越　商　品 | 345,000 | | | | | | | |
| 備　　　　品 | 300,000 | | | | | | | |
| 支　払　手　形 | | 173,500 | | | | | | |
| 買　　掛　　金 | | 107,500 | | | | | | |
| 借　　入　　金 | | 250,000 | | | | | | |
| 仮　　受　　金 | | 14,000 | | | | | | |
| 貸　倒　引　当　金 | | 6,000 | | | | | | |
| 減価償却累計額 | | 90,000 | | | | | | |
| 資　　本　　金 | | 1,300,000 | | | | | | |
| 繰越利益剰余金 | | 220,000 | | | | | | |
| 売　　　　上 | | 4,402,000 | | | | | | |
| 仕　　　　入 | 3,600,000 | | | | | | | |
| 給　　　　料 | 454,500 | | | | | | | |
| 通　　信　　費 | 12,000 | | | | | | | |
| 租　税　公　課 | 24,000 | | | | | | | |
| 支　払　家　賃 | 520,000 | | | | | | | |
| 保　　険　　料 | 165,000 | | | | | | | |
| 支　払　利　息 | 5,000 | | | | | | | |
| | 6,588,000 | 6,588,000 | | | | | | |
| 雑　　　　損 | | | | | | | | |
| 当　座　借　越 | | | | | | | | |
| （　　　　） | | | | | | | | |
| 貸倒引当金繰入 | | | | | | | | |
| 減　価　償　却　費 | | | | | | | | |
| （　　　）保険料 | | | | | | | | |
| （　　　）利　息 | | | | | | | | |
| 当　期　純（　　） | | | | | | | | |
| | | | | | | | | |

　次の［資料Ⅰ］未処理事項と［資料Ⅱ］決算整理事項にもとづいて，解答欄の精算表を完成させなさい。会計期間は×1年4月1日から×2年3月31日までの1年である。

**［資料Ⅰ］未処理事項**

1．売掛金のうち5,000円について得意先より東京X銀行の当社普通預金口座へ入金があったが，その記帳が行われていなかった。

2．固定資産税4,000円が神奈川Y銀行の当社当座預金口座から引き落とされていたが，その記帳が行われていなかった。

3．仮払金100,000円は，当期10月1日に備品を取得した際，その購入額を記帳したものである。なお，この備品は同日より使用している。

**［資料Ⅱ］決算整理事項**

1．現金の実際有高を確認したところ，次のものが保管されていた。よって，現金過不足額を雑損または雑益として処理する。

　　紙幣・硬貨 476,000円　他社振出の小切手 25,000円

2．当座預金栃木Z銀行勘定の貸方残高は，当座借越契約にもとづく期末借越額を表しており，これを当座借越勘定に振り替える。

3．受取手形および売掛金の期末残高に対して差額補充法により2％の貸倒引当金を設定する。

4．期末商品棚卸高は120,000円である。売上原価は「売上原価」の行で計算すること。

5．建物について耐用年数30年，残存価額は取得原価の10％の定額法，備品について耐用年数5年，残存価額ゼロの定額法によりそれぞれ減価償却を行う。なお，期中取得の備品については，月割計算すること。

6．収入印紙の期末未使用高は9,000円である。

7．受取地代は，偶数月の月末に向こう2か月分として毎回5,000円を受け取っている。

8．保険料は，前々期に加入した保険に対するもので，毎期8月1日と2月1日に向こう半年分を支払っている。よって，当期未経過分を月割計算して前払処理を行う。

精　算　表

| 勘定科目 | 残高試算表 | | 修正記入 | | 損益計算書 | | 貸借対照表 | |
|---|---|---|---|---|---|---|---|---|
| | 借　方 | 貸　方 | 借　方 | 貸　方 | 借　方 | 貸　方 | 借　方 | 貸　方 |
| 現　　　　　金 | 500,000 | | | | | | | |
| 当座預金神奈川Y銀行 | 320,000 | | | | | | | |
| 当座預金栃木Z銀行 | | 20,000 | | | | | | |
| 普通預金埼玉W銀行 | 104,000 | | | | | | | |
| 普通預金東京X銀行 | 122,000 | | | | | | | |
| 受　取　手　形 | 200,000 | | | | | | | |
| 売　掛　金 | 300,000 | | | | | | | |
| 繰　越　商　品 | 90,000 | | | | | | | |
| 仮　払　金 | 100,000 | | | | | | | |
| 建　　　　　物 | 800,000 | | | | | | | |
| 備　　　　　品 | 300,000 | | | | | | | |
| 土　　　　　地 | 1,000,000 | | | | | | | |
| 支　払　手　形 | | 90,000 | | | | | | |
| 買　掛　金 | | 120,000 | | | | | | |
| 借　入　金 | | 150,000 | | | | | | |
| 貸倒引当金 | | 2,000 | | | | | | |
| 建物減価償却累計額 | | 48,000 | | | | | | |
| 備品減価償却累計額 | | 60,000 | | | | | | |
| 資　本　金 | | 2,850,000 | | | | | | |
| 繰越利益剰余金 | | 150,000 | | | | | | |
| 売　　　　　上 | | 2,000,000 | | | | | | |
| 受　取　地　代 | | 30,000 | | | | | | |
| 仕　　　　　入 | 1,200,000 | | | | | | | |
| 給　　　　　料 | 369,000 | | | | | | | |
| 保　険　料 | 16,000 | | | | | | | |
| 消　耗　品　費 | 70,000 | | | | | | | |
| 租　税　公　課 | 20,000 | | | | | | | |
| 支　払　利　息 | 9,000 | | | | | | | |
| | 5,520,000 | 5,520,000 | | | | | | |
| 雑　　（　　　） | | | | | | | | |
| 当　座　借　越 | | | | | | | | |
| 貸倒引当金繰入 | | | | | | | | |
| 売　上　原　価 | | | | | | | | |
| | | | | | | | | |
| 減　価　償　却　費 | | | | | | | | |
| （　　　　） | | | | | | | | |
| （　　　）地　代 | | | | | | | | |
| （　　　）保険料 | | | | | | | | |
| 当期純（　　　） | | | | | | | | |
| | | | | | | | | |

131

## THEME 26 帳簿の締め切り（英米式決算）

### 問題 26-1 ★★★                    理解度チェック ☐☐☐

　決算整理後の諸勘定は，解答欄に示したとおりである。よって，決算振替仕訳を行い，これを転記したのち各勘定を締め切りなさい。なお，転記にあたっては日付，相手科目，金額を記入すること。決算日は3月31日である。

**〈指定勘定科目〉**

　繰越利益剰余金　　売上　　仕入　　減価償却費　　支払利息　　損益

✏ **解答欄**                    解答〈64〉ページ

**〈決算振替仕訳〉**

① 収益の振り替え

| 日　付 | 借 方 科 目 | 金　　　額 | 貸 方 科 目 | 金　　　額 |
|---|---|---|---|---|
| | | | | |

② 費用の振り替え

| 日　付 | 借 方 科 目 | 金　　　額 | 貸 方 科 目 | 金　　　額 |
|---|---|---|---|---|
| | | | | |
| | | | | |

③ 当期純利益の振り替え

| 日　付 | 借 方 科 目 | 金　　　額 | 貸 方 科 目 | 金　　　額 |
|---|---|---|---|---|
| | | | | |

現　　金

| 4/1 | 前 期 繰 越 | 8,600 | 6/3 | 仕　　　入 | 7,000 |
|---|---|---|---|---|---|
| 7/3 | 売　　　上 | 10,000 | 9/6 | 支 払 利 息 | 800 |
| 10/7 | 売　　　上 | 8,000 | | | |

繰 越 商 品

| 4/1 | 前 期 繰 越 | 800 | 3/31 | 仕　　　入 | 800 |
|---|---|---|---|---|---|
| 3/31 | 仕　　　入 | 1,600 | | | |

### 備　　　　品

| 4/ 1 | 前 期 繰 越 | 6,000 | | | |

### 借　　入　　金

| | | | 4/ 1 | 前 期 繰 越 | 7,400 |

### 減価償却累計額

| | | | 4/ 1 | 前 期 繰 越 | 1,000 |
| | | | 3 /31 | 減 価 償 却 費 | 1,000 |

### 資　　本　　金

| | | | 4/ 1 | 前 期 繰 越 | 5,000 |

### 繰越利益剰余金

| | | | 4/ 1 | 前 期 繰 越 | 2,000 |

### 売　　　　上

| | | | 7/ 3 | 現　　　　金 | 10,000 |
| | | | 10/ 7 | 現　　　　金 | 8,000 |

### 仕　　　　入

| 6/ 3 | 現　　　　金 | 7,000 | 3/31 | 繰 越 商 品 | 1,600 |
| 3 /31 | 繰 越 商 品 | 800 | | | |

### 減 価 償 却 費

| 3 /31 | 減価償却累計額 | 1,000 | | | |

### 支　払　利　息

| 9/ 6 | 現　　　　金 | 800 | | | |

### 損　　　　益

133

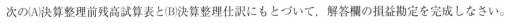

次の(A)決算整理前残高試算表と(B)決算整理仕訳にもとづいて，解答欄の損益勘定を完成しなさい。

(A)　決算整理前残高試算表

決算整理前残高試算表
×1年3月31日

| 借　　方 | 勘 定 科 目 | 貸　　方 |
|---:|:---:|---:|
| 118,000 | 現　　　　　　　金 | |
| | 現 金 過 不 足 | 3,000 |
| 858,000 | 当 座 預 金 | |
| 340,000 | 売 　 掛 　 金 | |
| 184,000 | 繰 越 商 品 | |
| 800,000 | 建　　　　　物 | |
| 550,000 | 備　　　　　品 | |
| | 買 　 掛 　 金 | 372,000 |
| | 借 　 入 　 金 | 950,000 |
| | 貸 倒 引 当 金 | 2,000 |
| | 建物減価償却累計額 | 216,000 |
| | 備品減価償却累計額 | 99,000 |
| | 資 　 本 　 金 | 900,000 |
| | 繰 越 利 益 剰 余 金 | 100,000 |
| | 売　　　　　上 | 2,025,000 |
| | 受 取 手 数 料 | 124,000 |
| 1,244,000 | 仕　　　　　入 | |
| 310,000 | 給　　　　　料 | |
| 287,000 | 支 払 家 賃 | |
| 43,000 | 消 耗 品 費 | |
| 57,000 | 支 払 利 息 | |
| 4,791,000 | | 4,791,000 |

(B) 決算整理仕訳

(1) 現金過不足の整理

| （現 金 過 不 足） | 3,000 | （雑　　　　　　益） | 3,000 |

(2) 貸倒引当金の設定

| （貸倒引当金繰入） | 4,800 | （貸 倒 引 当 金） | 4,800 |

(3) 売上原価の計算

| （仕　　　　　　入） | 184,000 | （繰 越 商 品） | 184,000 |
| （繰 越 商 品） | 256,000 | （仕　　　　　　入） | 256,000 |

(4) 減価償却費の計上

| （減 価 償 却 費） | 171,000 | （建物減価償却累計額） | 72,000 |
| | | （備品減価償却累計額） | 99,000 |

(5) 前受手数料の計上

| （受 取 手 数 料） | 21,200 | （前 受 手 数 料） | 21,200 |

(6) 未払家賃の計上

| （支 払 家 賃） | 26,000 | （未 払 家 賃） | 26,000 |

✐ 解答欄

解答〈65〉ページ

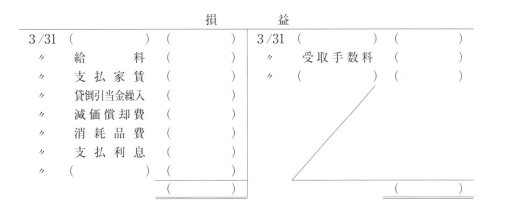

損　　益

| 3/31 | （　　　　　　） | （　　　　） | 3/31 | （　　　　　　） | （　　　　） |
| 〃 | 給　　　料 | （　　　　） | 〃 | 受 取 手 数 料 | （　　　　） |
| 〃 | 支 払 家 賃 | （　　　　） | 〃 | （　　　　　　） | （　　　　） |
| 〃 | 貸倒引当金繰入 | （　　　　） | | | |
| 〃 | 減 価 償 却 費 | （　　　　） | | | |
| 〃 | 消 耗 品 費 | （　　　　） | | | |
| 〃 | 支 払 利 息 | （　　　　） | | | |
| 〃 | （　　　　　　） | （　　　　） | | | |
| | | （　　　　） | | | （　　　　） |

次の(1)決算整理前残高試算表と(2)決算整理事項等にもとづいて，解答欄の損益勘定，資本金勘定および繰越利益剰余金勘定を完成しなさい。なお，会計期間は×1年4月1日から×2年3月31日までの1年間である。

## (1) 決算整理前残高試算表

### 決算整理前残高試算表

×2年3月31日　（単位：円）

| 借　方 | 勘 定 科 目 | 貸　方 |
|---:|:---:|---:|
| 955,000 | 現　　　　金 | |
| 1,070,000 | 当 座 預 金 | |
| 360,000 | 売　　掛　　金 | |
| | 貸 倒 引 当 金 | 300 |
| 178,000 | 繰 越 商 品 | |
| 1,500,000 | 備　　　　品 | |
| | 備品減価償却累計額 | 375,000 |
| | 買　　掛　　金 | 314,000 |
| | 借　　入　　金 | 220,000 |
| | 資　　本　　金 | 2,000,000 |
| | 繰越利益剰余金 | 125,000 |
| | 売　　　　上 | 4,920,000 |
| | 受 取 手 数 料 | 45,700 |
| 1,754,000 | 仕　　　　入 | |
| 925,000 | 給　　　　料 | |
| 120,600 | 通　　信　　費 | |
| 111,000 | 旅 費 交 通 費 | |
| 1,024,000 | 支 払 家 賃 | |
| 2,400 | 保　　険　　料 | |
| 8,000,000 | | 8,000,000 |

## (2) 決算整理事項等

1．決算日に売掛金の回収として当座振込み20,000円があったが，未記帳であった。

2．現金の実際手許有高は954,000円であり，過不足の原因が不明であるため適切な処理を行う。

3．売上債権期末残高に対して2％の貸倒引当金を差額補充法により設定する。

4．期末商品棚卸高は211,000円である。売上原価の計算は仕入勘定上で行う。

5．備品について定額法（残存価額ゼロ，耐用年数8年）で減価償却を行う。

6．受取手数料のうち6,200円は次期分（前受分）である。

7．保険料は×1年12月1日に向こう1年分を支払ったものである。

8．借入金は×1年10月1日に年利率3％（期間1年）で借り入れたもので，利息は元金とともに返済時に支払うことになっている。利息の計算は月割りによる。

損　　　益

| 日付 | 摘　　要 | 金　　額 | 日付 | 摘　　要 | 金　　額 |
|---|---|---|---|---|---|
| 3/31 | 仕　　　　入 | | 3/31 | 売　　　　上 | |
| 〃 | 給　　　料 | | 〃 | 受 取 手 数 料 | |
| 〃 | 通　信　費 | | | | |
| 〃 | 旅 費 交 通 費 | | | | |
| 〃 | 支 払 家 賃 | | | | |
| 〃 | 保　険　料 | | | | |
| 〃 | 雑　　　損 | | | | |
| 〃 | 貸倒引当金繰入 | | | | |
| 〃 | 減 価 償 却 費 | | | | |
| 〃 | 支 払 利 息 | | | | |
| 〃 | (　　　　　　) | | | | |
| | | | | | |

資　　本　　金

| 日付 | 摘　　要 | 金　　額 | 日付 | 摘　　要 | 金　　額 |
|---|---|---|---|---|---|
| 3/31 | 次 期 繰 越 | | 4/1 | 前 期 繰 越 | |

繰越利益剰余金

| 日付 | 摘　　要 | 金　　額 | 日付 | 摘　　要 | 金　　額 |
|---|---|---|---|---|---|
| 3/31 | 次 期 繰 越 | | 4/1 | 前 期 繰 越 | 125,000 |
| | | | 3/31 | (　　　　　　) | |

　解答欄に示した商品売買関係の諸勘定と損益勘定について（　）内に必要な記入を行いなさい。なお，売上原価は仕入勘定で計算している。また，期中における仕入，仕入戻し，売上および売上戻りは，便宜上まとめて記帳してある。

**◆ 解 答 欄**　　　　　　　　　　　　　　　　　　　　解答〈67〉ページ

繰 越 商 品

| 4/1 前 期 繰 越 | 80,000 | 3/31 （　　　　　） | （　　　　　） |
|---|---|---|---|
| 3/31 （　　　　　） | （　　　　　） | 〃 次 期 繰 越 | （　　　　　） |
| | （　　　　　） | | （　　　　　） |

仕　　　入

| 当期総仕入高 | 500,000 | 当期仕入戻し | 3,000 |
|---|---|---|---|
| 3/31 （　　　　　） | （　　　　　） | 3/31 繰 越 商 品 | （　　　　　） |
| | | 〃 （　　　　　） | 520,000 |
| | （　　　　　） | | （　　　　　） |

売　　　上

| 当期売上戻り | 16,000 | 当期総売上高 | （　　　　　） |
|---|---|---|---|
| 3/31 （　　　　　） | （　　　　　） | | |
| | （　　　　　） | | （　　　　　） |

損　　　益

| 3/31 （　　　　　） | （　　　　　） | 3/31 （　　　　　） | 740,000 |
|---|---|---|---|

MEMO

THEME
27

# 損益計算書と貸借対照表

次の(1)決算整理前残高試算表と(2)決算整理事項等にもとづいて，解答欄の貸借対照表および損益計算書を完成しなさい。なお，会計期間は×1年4月1日から×2年3月31日までの1年間である。

## (1)　決算整理前残高試算表

### 決算整理前残高試算表

×2年3月31日　　（単位：円）

| 借　　方 | 勘 定 科 目 | 貸　　方 |
|---:|:---:|---:|
| 955,000 | 現　　　　　金 | |
| 1,070,000 | 当 座 預 金 | |
| 360,000 | 売 　掛 　金 | |
| | 貸 倒 引 当 金 | 300 |
| 178,000 | 繰 越 商 品 | |
| 1,500,000 | 備　　　　　品 | |
| | 備品減価償却累計額 | 375,000 |
| | 買 　掛 　金 | 314,000 |
| | 借 　入 　金 | 220,000 |
| | 資 　本 　金 | 2,000,000 |
| | 繰越利益剰余金 | 125,000 |
| | 売　　　　　上 | 4,920,000 |
| | 受 取 手 数 料 | 45,700 |
| 1,754,000 | 仕　　　　　入 | |
| 925,000 | 給　　　　　料 | |
| 120,600 | 通 　信 　費 | |
| 111,000 | 旅 費 交 通 費 | |
| 1,024,000 | 支 払 家 賃 | |
| 2,400 | 保 　険 　料 | |
| 8,000,000 | | 8,000,000 |

## (2)　決算整理事項等

1．決算日に売掛金の回収として当座振込み20,000円があったが，未記帳であった。

2．現金の実際手許有高は954,000円であり，過不足の原因が不明であるため適切な処理を行う。

3．売上債権期末残高に対して2％の貸倒引当金を差額補充法により設定する。

4．期末商品棚卸高は211,000円である。

5．備品について定額法（残存価額ゼロ，耐用年数8年）で減価償却を行う。

6．受取手数料のうち6,200円は次期分（前受分）である。

7．保険料は×1年12月1日に向こう1年分を支払ったものである。

8．借入金は×1年10月1日に年利率3％（期間1年）で借り入れたもので，利息は元金とともに返済時に支払うことになっている。利息の計算は月割りによる。

解答〈68〉ページ

貸 借 対 照 表
×2年（　　）月（　　）日　　　　　　　　　（単位：円）

| 資　　産 | 金　　額 | 負債及び純資産 | 金　　額 |
|---|---|---|---|
| 現　　金 | （　　　） | 買　掛　金 | （　　　） |
| 当 座 預 金 | （　　　） | 借　入　金 | （　　　） |
| 売　掛　金 | （　　） | 前 受 収 益 | （　　　） |
| （　　　） | （△　　）（　　） | （　　　） | （　　　） |
| （　　　） | （　　　） | 資　本　金 | （　　　） |
| 前 払 費 用 | （　　　） | （　　　） | （　　　） |
| 備　　品 | （　　） | | |
| （　　　） | （△　　）（　　） | | |
| | （　　　） | | （　　　） |

損 益 計 算 書
×1年（　　）月（　　）日～×2年（　　）月（　　）日　　　　（単位：円）

| 費　　用 | 金　　額 | 収　　益 | 金　　額 |
|---|---|---|---|
| （　　　） | （　　　） | （　　　） | （　　　） |
| 給　　料 | （　　　） | 受 取 手 数 料 | （　　　） |
| 通　信　費 | （　　　） | | |
| 旅 費 交 通 費 | （　　　） | | |
| 支 払 家 賃 | （　　　） | | |
| 保　険　料 | （　　　） | | |
| 貸倒引当金繰入 | （　　　） | | |
| 減 価 償 却 費 | （　　　） | | |
| 支 払 利 息 | （　　　） | | |
| 雑　　損 | （　　　） | | |
| （　　　） | （　　　） | | |
| | （　　　） | | （　　　） |

## 問題 27‐2 ★★★

次の(1)決算整理前の各勘定残高と(2)決算整理事項等にもとづいて，解答欄の貸借対照表および損益計算書を完成しなさい。なお，会計期間は×1年4月1日から×2年3月31日までの1年間である。

### (1) 決算整理前の各勘定残高（単位：円）

イ．借方残高の勘定科目

| | | | | | |
|---|---|---|---|---|---|
| 現　　　金 | 363,500 | 当座預金A銀行 | 410,000 | 受 取 手 形 | 231,500 |
| 売　掛　金 | 157,500 | 繰 越 商 品 | 345,000 | 備　　　品 | 300,000 |
| 仕　　　入 | 3,600,000 | 給　　　料 | 454,500 | 通　信　費 | 12,000 |
| 租 税 公 課 | 24,000 | 支 払 家 賃 | 520,000 | 保　険　料 | 165,000 |
| 支 払 利 息 | 5,000 | | | | |

ロ．貸方残高の勘定科目

| | | | | | |
|---|---|---|---|---|---|
| 当座預金B銀行 | 25,000 | 支 払 手 形 | 173,500 | 買　掛　金 | 107,500 |
| 借　入　金 | 250,000 | 仮　受　金 | 14,000 | 貸倒引当金 | 6,000 |
| 減価償却累計額 | 90,000 | 資　本　金 | 1,300,000 | 繰越利益剰余金 | 220,000 |
| 売　　　上 | 4,402,000 | | | | |

### (2) 決算整理事項等

1．仮受金14,000円は，得意先からの売掛金の回収であることが判明した。

2．現金の実際有高は363,000円であり，帳簿残高との差額原因は不明であるため雑損とする。

3．当座預金B銀行勘定の貸方残高25,000円は，当座借越契約にもとづく期末借越額を表しており，当座借越勘定（負債）に振り替える。

4．受取手形および売掛金の期末残高に対し実績率法により4％の貸倒れを見積もる。貸倒引当金の設定は差額補充法によること。

5．期末商品棚卸高は617,000円である。

6．備品について定額法により減価償却を行う。なお，備品のうち100,000円は当期の1月1日に購入し，使用しており，新備品の減価償却は月割計算による。耐用年数は旧備品が8年，新備品が5年であり，残存価額はいずれもゼロである。

7．通信費のうち未使用の切手代5,000円が，また，租税公課のうち未使用の収入印紙代10,000円が含まれていたため，これをあわせて貯蔵品勘定に振り替える。

8．保険料は，毎年同額（1年分）を7月1日に前払いしている。

9．借入金は×1年7月1日に借入期間1年，利率年4％で借り入れたもので，利息は12月末日と6月末日に各半年分を支払うことになっている。利息は月割計算による。

解答〈69〉ページ

## 貸 借 対 照 表

×2年（　　）月（　　）日　　　　　　　　　（単位：円）

| | | | |
|---|---|---|---|
| 現　　　　　　金 | （　　　　） | 支 払 手 形 | （　　　　） |
| 当 座 預 金 | （　　　　） | 買 　 掛 　 金 | （　　　　） |
| 受 取 手 形 （　　） | | 借 　 入 　 金 | （　　　　） |
| 貸 倒 引 当 金 （△　　） | （　　　　） | 当 座 借 越 | （　　　　） |
| 売 　 掛 　 金 （　　） | | 未 払 費 用 | （　　　　） |
| 貸 倒 引 当 金 （△　　） | （　　　　） | 資 　 本 　 金 | （　　　　） |
| 商 　 　 　 品 | （　　　　） | 繰 越 利 益 剰 余 金 | （　　　　） |
| 貯 　 蔵 　 品 | （　　　　） | | |
| 前 払 費 用 | （　　　　） | | |
| 備 　 　 　 品 （　　） | | | |
| 減 価 償 却 累 計 額 （△　　） | （　　　　） | | |
| | （　　　　） | | （　　　　） |

## 損 益 計 算 書

×1年（　　）月（　　）日から×2年（　　）月（　　）日まで　　（単位：円）

| | | | |
|---|---|---|---|
| 売 上 原 価 | （　　　　） | 売 　 上 　 高 | （　　　　） |
| 給 　 　 　 料 | （　　　　） | 当 期 純 損 失 | （　　　　） |
| 通 　 信 　 費 | （　　　　） | | |
| 租 税 公 課 | （　　　　） | | |
| 支 払 家 賃 | （　　　　） | | |
| 保 　 険 　 料 | （　　　　） | | |
| 貸 倒 引 当 金 繰 入 | （　　　　） | | |
| 減 価 償 却 費 | （　　　　） | | |
| 支 払 利 息 | （　　　　） | | |
| 雑 　 　 　 損 | （　　　　） | | |
| | （　　　　） | | （　　　　） |

次に示す［資料Ⅰ］決算整理前残高試算表，［資料Ⅱ］未処理事項および［資料Ⅲ］決算整理事項にもとづいて，解答欄の貸借対照表および損益計算書を完成しなさい。なお，会計期間は×1年4月1日から×2年3月31日までの1年である。

### ［資料Ⅰ］決算整理前残高試算表

決算整理前残高試算表

×2年3月31日　　　（単位：円）

| 借　　方 | 勘 定 科 目 | 貸　　方 |
|---:|:---:|---:|
| 500,000 | 現　　　　　金 | |
| 320,000 | 当座預金神奈川Y銀行 | |
| | 当座預金栃木Z銀行 | 20,000 |
| 104,000 | 普通預金埼玉W銀行 | |
| 122,000 | 普通預金東京X銀行 | |
| 200,000 | 受 取 手 形 | |
| 300,000 | 売 　 掛 　 金 | |
| | 貸 倒 引 当 金 | 2,000 |
| 90,000 | 繰 越 商 品 | |
| 100,000 | 仮 　 払 　 金 | |
| 800,000 | 建　　　　　物 | |
| | 建物減価償却累計額 | 48,000 |
| 300,000 | 備　　　　　品 | |
| | 備品減価償却累計額 | 60,000 |
| 1,000,000 | 土　　　　　地 | |
| | 支 払 手 形 | 90,000 |
| | 買 　 掛 　 金 | 120,000 |
| | 借 　 入 　 金 | 150,000 |
| | 資 　 本 　 金 | 2,850,000 |
| | 繰越利益剰余金 | 150,000 |
| | 売　　　　　上 | 2,000,000 |
| | 受 取 地 代 | 30,000 |
| 1,200,000 | 仕　　　　　入 | |
| 369,000 | 給　　　　　料 | |
| 16,000 | 保 　 険 　 料 | |
| 70,000 | 消 耗 品 費 | |
| 20,000 | 租 税 公 課 | |
| 9,000 | 支 払 利 息 | |
| 5,520,000 | | 5,520,000 |

### ［資料Ⅱ］未処理事項

1．売掛金のうち5,000円について，得意先より東京X銀行の当社普通預金口座へ入金があったが，その記帳が行われていなかった。

2．固定資産税4,000円が，神奈川Y銀行の当社当座預金口座から引き落とされていたが，その記帳が行われていなかった。

3．仮払金100,000円は，当期10月1日に備品を取得した際，その購入額を記帳したものである。なお，この備品は同日より使用している。

### ［資料Ⅲ］決算整理事項

1．現金の実際有高を確認したところ，次のものが保管されていた。よって，現金過不足額を雑損または雑益として処理する。

　　紙幣・硬貨　　　　　476,000円
　　他社振出の小切手　　 25,000円

2．当座預金栃木Z銀行勘定の貸方残高は，当座借越契約にもとづく期末借越額を表しており，これを当座借越勘定に振り替える。

3．受取手形および売掛金の期末残高に対し差額補充法により2%の貸倒引当金を設定する。

4．期末商品棚卸高は120,000円である。

5．建物について耐用年数30年，残存価額は取得原価の10%の定額法，備品について耐用年数5年，残存価額ゼロの定額法によりそれぞれ減価償却を行う。なお，期中取得の備品については，月割計算すること。

6．収入印紙の期末未使用高は9,000円である。

7．受取地代は偶数月の月末に向こう2か月分として毎回5,000円を受け取っている。

8．保険料は，前々期に加入した保険に対するもので，毎期8月1日と2月1日に向こう半年分を支払っている。よって，当期未経過分を月割計算して前払処理を行う。

解答〈71〉ページ

## 貸 借 対 照 表

×2年（　　）月（　　）日　　　　　　　　　　（単位：円）

| | | | |
|---|---|---|---|
| 現　　　　　金 | （　　　） | 支 払 手 形 | （　　　） |
| 当 座 預 金 | （　　　） | 買 掛 金 | （　　　） |
| 普 通 預 金 | （　　　） | 借 入 金 | （　　　） |
| 受 取 手 形（　　） | | 当 座 借 越 | （　　　） |
| 貸倒引当金（△　　） | （　　　） | 前 受 収 益 | （　　　） |
| 売 掛 金（　　） | | 資 本 金 | （　　　） |
| 貸倒引当金（△　　） | （　　　） | 繰越利益剰余金 | （　　　） |
| 商　　　　品 | （　　　） | | |
| 貯 蔵 品 | （　　　） | | |
| 前 払 費 用 | （　　　） | | |
| 建　　　物（　　） | | | |
| 減価償却累計額（△　　） | （　　　） | | |
| 備　　　品（　　） | | | |
| 減価償却累計額（△　　） | （　　　） | | |
| 土　　　　地 | （　　　） | | |
| | （　　　） | | （　　　） |

## 損 益 計 算 書

×1年（　　）月（　　）日から×2年（　　）月（　　）日まで　（単位：円）

| | | | |
|---|---|---|---|
| 売 上 原 価 | （　　　） | 売 上 高 | （　　　） |
| 給　　　料 | （　　　） | 受 取 地 代 | （　　　） |
| 保 険 料 | （　　　） | 雑 益 | （　　　） |
| 消 耗 品 費 | （　　　） | | |
| 租 税 公 課 | （　　　） | | |
| 貸倒引当金繰入 | （　　　） | | |
| 減 価 償 却 費 | （　　　） | | |
| 支 払 利 息 | （　　　） | | |
| 当 期 純 利 益 | （　　　） | | |
| | （　　　） | | （　　　） |

　次に示す［資料Ⅰ］決算整理前の各勘定残高，［資料Ⅱ］未処理事項および［資料Ⅲ］決算整理事項にもとづいて，解答欄の貸借対照表を完成しなさい。なお，会計期間は×1年4月1日から×2年3月31日までの1年である。

### ［資料Ⅰ］決算整理前の各勘定残高

イ．借方残高の勘定科目

| | | | | | |
|---|---|---|---|---|---|
| 現　　金 | 500,000 | 当座預金神奈川Y銀行 | 320,000 | 普通預金埼玉W銀行 | 104,000 |
| 普通預金東京X銀行 | 122,000 | 受 取 手 形 | 200,000 | 売 掛 金 | 300,000 |
| 繰 越 商 品 | 90,000 | 仮 払 金 | 100,000 | 建　　物 | 800,000 |
| 備　　品 | 300,000 | 土 　 地 | 1,000,000 | 仕 　 入 | 1,200,000 |
| 給　　料 | 369,000 | 保 険 料 | 16,000 | 消 耗 品 費 | 70,000 |
| 租 税 公 課 | 20,000 | 支 払 利 息 | 9,000 | | |

ロ．貸方残高の勘定科目

| | | | | | |
|---|---|---|---|---|---|
| 当座預金栃木Z銀行 | 20,000 | 支 払 手 形 | 90,000 | 買 掛 金 | 120,000 |
| 借 入 金 | 150,000 | 貸倒引当金 | 2,000 | 建物減価償却累計額 | 48,000 |
| 備品減価償却累計額 | 60,000 | 資 本 金 | 2,850,000 | 繰越利益剰余金 | 150,000 |
| 売　　上 | 2,000,000 | 受 取 地 代 | 30,000 | | |

### ［資料Ⅱ］未処理事項

1．売掛金5,000円が東京X銀行の当社普通預金口座に振り込まれていたが未処理であった。
2．固定資産税4,000円が神奈川Y銀行の当社当座預金口座から引き落とされていたが未処理であった。
3．仮払金100,000円は，当期10月1日に取得した備品の購入額を記帳したものである。なお，この備品は同日より使用を開始している。

### ［資料Ⅲ］決算整理事項

1．現金の実査により現金過不足（過剰）が1,000円生じていたが，これを雑益とした。
2．当座預金栃木Z銀行勘定の貸方残高は，当座借越契約にもとづく期末借越額を表しており，これを当座借越勘定に振り替える。
3．受取手形および売掛金の期末残高に対し差額補充法により2％の貸倒引当金を設定する。
4．期末商品棚卸高は120,000円である。
5．建物および備品について以下のとおり減価償却を行う。
　　　建物：定額法，耐用年数30年，残存価額は取得原価の10％
　　　備品：定額法，耐用年数5年，残存価額ゼロ
　　なお，備品については既存のものも当期購入したものも計算条件は同じとする。ただし，当期購入した備品については月割計算をすること。
6．収入印紙の期末未使用高9,000円を貯蔵品勘定に振り替える。
7．受取地代のうち1か月分（2,500円）を次期分として前受処理する。
8．保険料のうち4か月分（4,000円）を次期分として前払処理する。

**✏ 解 答 欄**

解答〈72〉ページ

貸 借 対 照 表

×2年（　　）月（　　）日　　　　　　　（単位：円）

| | | | | | |
|---|---|---|---|---|---|
| 現 金 預 金 | | （　　　　） | 支 払 手 形 | | （　　　　） |
| 受 取 手 形 | （　　　　） | | 買 掛 金 | | （　　　　） |
| 売 掛 金 | （　　　　） | | 借 入 金 | | （　　　　） |
| 貸 倒 引 当 金 | （△　　　） | （　　　　） | 当 座 借 越 | | （　　　　） |
| 商 品 | | （　　　　） | 前 受 地 代 | | （　　　　） |
| 貯 蔵 品 | | （　　　　） | 資 本 金 | | （　　　　） |
| 前 払 保 険 料 | | （　　　　） | 繰 越 利 益 剰 余 金 | | （　　　　） |
| 建 物 | （　　　　） | | | | |
| 備 品 | （　　　　） | | | | |
| 減 価 償 却 累 計 額 | （△　　　） | （　　　　） | | | |
| 土 地 | | （　　　　） | | | |
| | | （　　　　） | | | （　　　　） |

THEME
**28**

# 株式の発行

| 問題 28 - 1　★★★ | | 理解度チェック □□□ |

次の(1)～(5)の文章について，カッコ内に当てはまる適切な語句を下記の**〈語群〉**から選びなさい。

**〈語群〉**

　資産　　負債　　資本金　　純資産　　株主資本　　株主　　取締役　　株主総会　　株式
　会社法

(1)　株式会社とは，活動の資金を調達する際に（　①　）を交付し，会社の所有者としての地位を与える法人組織形態の一つです。（　①　）を取得・所有し，会社の所有者となった人を（　②　）と呼びます。

(2)　株式会社では，経営管理を（　②　）が選任した（　③　）に任せます。会社組織の運営は（　③　）または（　③　）会が行いますが，重要な事柄等については（　②　）を招集して行われる（　④　）で決議します。（　④　）は株式会社の最高意思決定機関です。

(3)　株式会社の資本は，（　⑤　）から（　⑥　）を差し引いた差額として求められます。資本は，基本的に（　②　）の持分を表しており，「（　⑦　）」とも呼ばれます。

(4)　株式会社の貸借対照表では，資本を（　⑦　）と表示し，（　⑧　）とその他の項目に分類します。（　⑧　）は，（　②　）からの出資額である，いわゆる「元手」と，経済活動等により獲得した，いわゆる「もうけ」からなります。

(5)　（　⑨　）の規定により，株式会社が（　①　）を発行して調達した資金は，設立時でも増資時でも，原則としてその払込金額の全額を（　⑩　）勘定で処理します。ただし，払込金額の一部を（　⑩　）としないで資本準備金勘定で処理することができる容認規定があります。

◆ **解 答 欄**　　　　　　　　　　　　　　　　　　　　　解答〈73〉ページ

| ① | ② | ③ | ④ | ⑤ |
|---|---|---|---|---|
|   |   |   |   |   |

| ⑥ | ⑦ | ⑧ | ⑨ | ⑩ |
|---|---|---|---|---|
|   |   |   |   |   |

## 問題 28-2 ★★★

次の株式会社に関する(1)～(8)の各内容について，最も関係が深いと思われる語句を下記語群A～Oの中から1つ選び，記号で答えなさい。

(1) 会社の目的，名称，組織概要等を定めた会社のルールをまとめたもの。

(2) 株式会社は，株主が資金を提供し，取締役が経営を行う等，権限等が区別されていること。

(3) すべての株式会社で必ず設置すべき最高意思決定機関であり，取締役やその他役員選任・解任など，組織運営や管理等に関する重要事項を決定する機関。

(4) 株式会社の資産総額から負債総額を差し引いて求められる金額。

(5) 株式会社設立後，取締役会等の決議により，新たに株式を発行して資金を調達すること。

(6) 会社法が定める法定資本の額であり，株式会社が最低限維持しなければならない金額。

(7) 株式会社の純資産のうち，株主からの出資額である元手部分と活動により獲得した利益部分からなり，資本金・資本剰余金・利益剰余金に分類される金額。

(8) 株式会社が獲得した利益のうち，処分等が決まっていないため留保されている金額。

〈語群〉

A. 株主の有限責任　　　　B. 株主資本　　　　　　C. 所有と経営の分離

D. 繰越利益剰余金　　　　E. 定款　　　　　　　　F. 資本（純資産）

G. 資本金　　　　　　　　H. 利益準備金　　　　　I. 証券取引所

J. 株券　　　　　　　　　K. 代表取締役　　　　　L. 設立

M. 増資　　　　　　　　　N. 株主総会　　　　　　O. 株式会社

✎ 解 答 欄

解答〈73〉ページ

| (1) | (2) | (3) | (4) | (5) | (6) |
|-----|-----|-----|-----|-----|-----|
|     |     |     |     |     |     |

| (7) | (8) |
|-----|-----|
|     |     |

## 問題 28-3 ★★★

理解度チェック □□□

次の取引について仕訳しなさい。

**〈指定勘定科目〉**

当座預金　　資本金

(1) 東京㈱は，会社の設立にあたり株式20株を1株の払込金額80,000円で発行し，全株式の払い込みを受け，払込金額は当座預金とした。

(2) 千葉㈱は，会社が発行する株式の総数200株のうち，会社設立に際してその4分の1の50株を1株の払込金額70,000円で発行し，全株式の払い込みを受け，払込金額は当座預金とした。

(3) 鹿児島㈱は，会社設立に際し，株式総数400株のうち100株を，1株の払込金額100,000円で発行し，払込金額を当座預金とした。

✎ **解 答 欄**

解答〈73〉ページ

| | 借 方 科 目 | 金 額 | 貸 方 科 目 | 金 額 |
|---|---|---|---|---|
| (1) | | | | |
| (2) | | | | |
| (3) | | | | |

## 問題 28-4 ★★☆

理解度チェック □□□

次の取引について仕訳しなさい。

**〈指定勘定科目〉**

当座預金　　資本金

(1) 鳥取商店㈱は，株式300株を1株の払込金額80,000円で新たに発行し，払込金額を当座預金とした。

(2) 和歌山電気㈱は，取締役会の決議により，未発行株式のうち30株を1株の払込金額70,000円で発行し，全株式について払い込みを受け，払込金額を当座預金に預け入れた。

✎ **解 答 欄**

解答〈73〉ページ

| | 借 方 科 目 | 金 額 | 貸 方 科 目 | 金 額 |
|---|---|---|---|---|
| (1) | | | | |
| (2) | | | | |

# THEME 29

## 剰余金の配当と処分

### 問題 29-1　★★★　理解度チェック □□□

次に示す株式会社の各取引について，仕訳しなさい。

**〈指定勘定科目〉**

　　繰越利益剰余金　　損益

(1)　当期純利益250,000円を計上した。

(2)　第×2期決算において当期純利益240,000円を計上した。なお，決算直前の繰越利益剰余金勘定の貸方残高は124,000円であった。

(3)　第×7期決算において当期純利益160,000円を計上した。なお，決算直前の繰越利益剰余金勘定の借方残高は50,000円であった。

(4)　第×4期決算において当期純利益65,000円を計上した。なお，決算直前の繰越利益剰余金勘定の借方残高は127,000円であった。

(5)　当期純損失140,000円を計上した。

(6)　第×3期決算において当期純損失140,000円を計上した。なお，決算直前の繰越利益剰余金勘定の貸方残高は32,000円であった。

(7)　第×6期決算において当期純損失222,000円を計上した。なお，決算直前の繰越利益剰余金勘定の借方残高は55,000円であった。

(8)　第×5期決算において当期純損失45,000円を計上した。なお，決算直前の繰越利益剰余金勘定の貸方残高は111,000円であった。

### ✎ 解答欄

 解答〈74〉ページ

| | 借　方　科　目 | 金　　額 | 貸　方　科　目 | 金　　額 |
|---|---|---|---|---|
| (1) | | | | |
| (2) | | | | |
| (3) | | | | |
| (4) | | | | |
| (5) | | | | |
| (6) | | | | |
| (7) | | | | |
| (8) | | | | |

次の一連の各取引について仕訳し，解答欄の第2期の繰越利益剰余金勘定（×1年4月1日〜×2年3月31日）に転記しなさい。なお，転記にあたっては，日付，相手科目，金額を記入し，締め切りなさい。

〈指定勘定科目〉

　　当座預金　　未払配当金　　利益準備金　　繰越利益剰余金　　損益

(1) ×1年3月31日　　　第1期決算において，当期純利益200,000円を計上した。
(2) ×1年6月24日　　　定時株主総会において，繰越利益剰余金200,000円を次のとおり配当および処分することが確定した。

　　　　　　　　　　利益準備金：　 10,000円
　　　　　　　　　　株主配当金：100,000円

(3) ×1年6月27日　　　株主配当金を当座預金口座より支払った。
(4) ×2年3月31日　　　第2期決算において，当期純利益250,000円を計上した。

---

✎ 解 答 欄　　　　　　　　　　　　　　　　　　　　　　解答〈75〉ページ

| | 借　方　科　目 | 金　　額 | 貸　方　科　目 | 金　　額 |
|---|---|---|---|---|
| (1) | | | | |
| (2) | | | | |
| (3) | | | | |
| (4) | | | | |

繰越利益剰余金

| | | | | |
|---|---|---|---|---|
| | | 4 / 1 | 前期繰越 | 200,000 |
| 3 /31 | 次期繰越 | | | |
| | | 4 / 1 | 前期繰越 | |

## 問 題 29 - 3　★★★

次の取引について仕訳しなさい。

**〈指定勘定科目〉**

　　未払配当金　　利益準備金　　繰越利益剰余金

×5年9月25日の定時株主総会において, 繰越利益剰余金2,000,000円を次のとおり配当および処分することが確定した。

　　利益準備金：150,000円　　　　株主配当金：1,500,000円

◆ 解 答 欄

解答〈75〉ページ

| 借 方 科 目 | 金 額 | 貸 方 科 目 | 金 額 |
|---|---|---|---|
| | | | |
| | | | |

次の一連の各取引について仕訳し，解答欄の繰越利益剰余金勘定（×5年4月1日～×6年3月31日）に転記しなさい。なお，転記にあたっては，日付，相手科目，金額を記入し，締め切りなさい。

**〈指定勘定科目〉**

　　利益準備金　　繰越利益剰余金　　損益

(1)　×5年3月31日　第5期決算において，当期純損失100,000円を計上した。なお，繰越利益剰余金勘定の残高はない。

(2)　×5年6月25日　定時株主総会において，繰越利益剰余金勘定の借方残高（損失）について，利益準備金60,000円を取り崩して補てんした。

(3)　×6年3月31日　第6期決算において，当期純利益55,000円を計上した。

✒ 解 答 欄　　　　　　　　　　　　　　　　　　　　解答〈75〉ページ

|     | 借　方　科　目 | 金　　額 | 貸　方　科　目 | 金　　額 |
|-----|------------|--------|------------|--------|
| (1) |            |        |            |        |
| (2) |            |        |            |        |
| (3) |            |        |            |        |

繰越利益剰余金

| 4 / 1 | 前期繰越 | | | |
|-------|--------|---|--------|---|
| 3 /31 | 次期繰越 | | | |
|       |        | | 4 / 1　前期繰越 | |

# 第4編
## THEME
## 30

# 税　金

## 問 題 30 - 1　　★ ★ ★

理解度チェック

次の一連の各取引（期中取引および決算）について仕訳しなさい。

**〈指定勘定科目〉**

当座預金　　仮払法人税等　　未払法人税等　　法人税，住民税及び事業税

(1) ×2年3月31日　第1期決算において，本年度の法人税，住民税及び事業税が16,000円と確定した。なお，本年度は中間納付を行っていない。

(2) ×2年5月20日　第1期の確定申告にあたり，未払法人税等を当座預金口座より支払った。

(3) ×2年11月10日　第2期の中間申告にあたり，前年度の実績にもとづいて仮払法人税等として8,000円を当座預金口座より支払った。

(4) ×3年3月31日　第2期決算において，本年度の法人税，住民税及び事業税が15,000円と確定した。この金額から中間納付額を差し引いた金額を未払分として計上した。

(5) ×3年5月22日　第2期の確定申告にあたり，未払法人税等を当座預金口座より支払った。

### 解 答 欄

解答〈76〉ページ

| | 借 方 科 目 | 金 額 | 貸 方 科 目 | 金 額 |
|---|---|---|---|---|
| (1) | | | | |
| (2) | | | | |
| (3) | | | | |
| (4) | | | | |
| (5) | | | | |

次の一連の取引（期中取引および決算）について仕訳しなさい。

**〈指定勘定科目〉**

　　当座預金　　仮払法人税等　　未払法人税等　　法人税, 住民税及び事業税

11月15日　法人税等の中間申告を行い, 270,000円を小切手を振り出して支払った。

3月31日　決算に際し, 今年度の法人税, 住民税及び事業税が620,000円と確定したため, 中間納付額を差し引いた金額を未払法人税等とした。

5月20日　確定申告を行い, 未払法人税等を小切手を振り出して納付した。

✎ **解 答 欄**　　　　　　　　　　　　　　　　　　　解答〈76〉ページ

| | 借 方 科 目 | 金　　額 | 貸 方 科 目 | 金　　額 |
|---|---|---|---|---|
| 11/15 | | | | |
| 3/31 | | | | |
| 5/20 | | | | |

次の決算における法人税等の計上処理について仕訳しなさい。

**〈指定勘定科目〉**

　　仮払法人税等　　未払法人税等　　法人税, 住民税及び事業税

　決算に際し, 法人税, 住民税及び事業税計600,000円を計上するとともに, その金額から中間納付額270,000円を控除した差額を未払分として計上した。

✎ **解 答 欄**　　　　　　　　　　　　　　　　　　　解答〈76〉ページ

| 借 方 科 目 | 金　　額 | 貸 方 科 目 | 金　　額 |
|---|---|---|---|
| | | | |

## 問題 30 - 4　★★★

理解度チェック

次の消費税に関する一連の取引（期中取引および決算）について，税抜方式による仕訳を示しなさい（消費税率は10％とする）。商品売買の記帳は三分法によること。

〈指定勘定科目〉

現金　　当座預金　　仮払消費税　　仮受消費税　　未払消費税　　売上　　仕入

2月1日　商品を税込価格39,600円で売り上げ，代金は現金で受け取った。

3月1日　商品を税込価格13,200円で仕入れ，代金は現金で支払った。

3月31日　本日決算につき，確定申告において納付する消費税額を未払計上する。

5月10日　確定申告を行い，未払消費税を小切手を振り出して納付した。

✏️ 解 答 欄

解答〈77〉ページ

| | 借 方 科 目 | 金 額 | 貸 方 科 目 | 金 額 |
|---|---|---|---|---|
| 2 / 1 | | | | |
| 3 / 1 | | | | |
| 3 /31 | | | | |
| 5 /10 | | | | |

次に示す決算整理前残高試算表の勘定記録（一部）から，必要な消費税（税抜方式）の決算仕訳を示しなさい。

**〈指定勘定科目〉**

　　仮払消費税　　　仮受消費税　　　未払消費税

決算整理前残高試算表
×年3月31日

| 借　　方 | 勘 定 科 目 | 貸　　方 |
|---|---|---|
| 2,680,000 | 仮 払 消 費 税 | |
| | 仮 受 消 費 税 | 4,200,000 |

✎ 解 答 欄　　　　　　　　　　　　　　　　　　解答〈77〉ページ

| | 借 方 科 目 | 金　　額 | 貸 方 科 目 | 金　　額 |
|---|---|---|---|---|
| 3/31 | | | | |

# MEMO

次の(1)決算整理前残高試算表と(2)決算整理事項等にもとづいて，解答欄の決算整理後残高試算表を作成し，備品の帳簿価額を答えなさい。なお，消費税は(2)決算整理事項等の 6 . 以外は考慮しないものとする。会計期間は×1年 4 月 1 日から×2年 3 月31日までの 1 年間である。

(1)　決算整理前残高試算表

決算整理前残高試算表

×2年 3 月31日　　（単位：円）

| 借　　方 | 勘 定 科 目 | 貸　　方 |
|---:|:---:|---:|
| 74,750 | 現　　　　　金 | |
| 333,150 | 当 座 預 金 | |
| 172,500 | 受 取 手 形 | |
| 32,000 | クレジット売掛金 | |
| 225,500 | 売 　 掛 　 金 | |
| 33,450 | 仮 払 消 費 税 | |
| 8,000 | 仮 払 法 人 税 等 | |
| 43,000 | 繰 越 商 品 | |
| 100,000 | 貸 　 付 　 金 | |
| 63,000 | 仮 　 払 　 金 | |
| 90,000 | 備 　 　 　 品 | |
| | 買 　 掛 　 金 | 160,240 |
| | 前 　 受 　 金 | 20,000 |
| | 仮 受 消 費 税 | 70,810 |
| | 借 　 入 　 金 | 180,000 |
| | 貸 倒 引 当 金 | 6,750 |
| | 減価償却累計額 | 45,000 |
| | 資 　 本 　 金 | 400,000 |
| | 繰越利益剰余金 | 100,000 |
| | 売 　 　 　 上 | 708,100 |
| | 受 取 手 数 料 | 97,100 |
| | 受 取 利 息 | 12,000 |
| 334,500 | 仕 　 　 　 入 | |
| 94,750 | 給 　 　 　 料 | |
| 1,500 | 支 払 手 数 料 | |
| 78,000 | 保 　 険 　 料 | |
| 82,900 | 旅 費 交 通 費 | |
| 11,000 | 消 耗 品 費 | |
| 7,750 | 租 税 公 課 | |
| 14,250 | 支 払 利 息 | |
| 1,800,000 | | 1,800,000 |

(2)　決算整理事項等

1．仮払金は従業員の出張旅費についての前渡分である。この従業員はすでに帰社しており，その精算をしたところ，旅費交通費の実際発生額59,000円を差し引いた残額について現金による返金を受けていたが，この記帳がまだ行われていない。

2．売掛金20,000円を現金で受け取った際に，以下の仕訳を行っていたことが判明したのでこれを適切に修正する。

　　（借）現 　 金　20,000　（貸）前 受 金　20,000

3．受取手形，クレジット売掛金および売掛金の期末残高に対し，実績率 2 ％を用いて貸倒れを見積る。貸倒引当金の設定は差額補充法によること。

4．期末商品棚卸高は44,000円である。売上原価は仕入勘定で計算すること。

5．備品について定額法により減価償却を行う。なお，備品のうち30,000円は当期の12月 1 日に購入し，使用しており，新備品の減価償却は月割計算による。耐用年数は旧備品が10年，新備品が 5 年であり，残存価額はいずれもゼロである。

6．消費税の処理（税抜方式）を行う。

7．租税公課のうち2,500円は未使用の収入印紙であったので，これを貯蔵品勘定に振り替える。

8．保険料78,000円は，×1年 7 月 1 日に向こう 1 年分を前払いしたものである。

9．受取手数料のうち64,800円を前受分として処理する。

10．借入金180,000円は×1年 6 月 1 日に借入期間 1 年，利率年 6 ％で借り入れたもので，利息は11月末日と返済日の 5 月末日に各半年分を支払うことになっている。利息は月割計算による。

11．貸付金に対する利息の未収分5,000円を計上する。

12．法人税，住民税及び事業税が20,000円と算定され，中間納付額を差し引いた金額を未払法人税等として計上する。

解答〈78〉ページ

決算整理後残高試算表
×2年3月31日　　　　（単位：円）

| 借　方 | 勘 定 科 目 | 貸　方 |
|---|---|---|
| | 現　　　　　金 | |
| | 当 座 預 金 | |
| | 受 取 手 形 | |
| | クレジット売掛金 | |
| | 売 　 掛 　 金 | |
| | 繰 越 商 品 | |
| | 貸 　 付 　 金 | |
| | 備　　　　　品 | |
| | 買 　 掛 　 金 | |
| | 借 　 入 　 金 | |
| | 貸 倒 引 当 金 | |
| | 減 価 償 却 累 計 額 | |
| | 資 　 本 　 金 | |
| | 繰 越 利 益 剰 余 金 | |
| | 売　　　　　上 | |
| | 受 取 手 数 料 | |
| | 受 取 利 息 | |
| | 仕　　　　　入 | |
| | 給　　　　　料 | |
| | 支 払 手 数 料 | |
| | 保 　 険 　 料 | |
| | 旅 費 交 通 費 | |
| | 消 耗 品 費 | |
| | 租 税 公 課 | |
| | 支 払 利 息 | |
| | 貸 倒 引 当 金 繰 入 | |
| | 減 価 償 却 費 | |
| | 貯 　 蔵 　 品 | |
| | 前 払 保 険 料 | |
| | 前 受 手 数 料 | |
| | 未 払 利 息 | |
| | 未 収 利 息 | |
| | 未 払 消 費 税 | |
| | 未 払 法 人 税 等 | |
| | 法人税, 住民税及び事業税 | |
| | | |

備品の帳簿価額：＿＿＿＿＿＿＿＿＿＿＿＿　円

次の決算整理事項等にもとづいて，解答欄の精算表を作成し，繰越利益剰余金勘定の次期繰越の金額を答えなさい。なお，消費税は決算整理事項等の6．以外は考慮しないものとする。会計期間は×1年4月1日から×2年3月31日までの1年である。

[決算整理事項等]

1．仮払金は，従業員の出張旅費についての前渡分である。この従業員はすでに帰社しており，その精算をしたところ，旅費交通費の実際発生額59,000円を差し引いた残額について現金による返金を受けていたが，この記帳がまだ行われていない。

2．売掛金20,000円を現金で受け取った際に，以下の仕訳を行っていたことが判明したのでこれを適切に修正する。

　　　（借）現　金　　　20,000　　　（貸）前受金　　　20,000

3．受取手形，クレジット売掛金および売掛金の期末残高に対し，実績率2％を用いて貸倒れを見積る。貸倒引当金の設定は差額補充法によること。

4．期末商品棚卸高は44,000円である。売上原価は「仕入」の行で計算すること。

5．備品について定額法により減価償却を行う。なお，備品のうち30,000円は当期の12月1日に購入し，使用しており，新備品の減価償却は月割計算による。耐用年数は旧備品が10年，新備品が5年であり，残存価額はいずれもゼロである。

6．消費税の処理（税抜方式）を行う。

7．租税公課のうち2,500円は未使用の収入印紙であったので，これを貯蔵品勘定に振り替える。

8．保険料78,000円は，×1年7月1日に向こう1年分を前払いしたものである。

9．受取手数料のうち64,800円を前受分として処理する。

10．借入金180,000円は×1年6月1日に借入期間1年，利率年6％で借り入れたもので，利息は11月末日と返済日の5月末日に各半年分を支払うことになっている。利息は月割計算による。

11．貸付金に対する利息の未収分5,000円を計上する。

12．法人税，住民税及び事業税が20,000円と算定され，中間納付額を差し引いた金額を未払法人税等として計上する。

精　算　表

| 勘定科目 | 残高試算表 | | 修正記入 | | 損益計算書 | | 貸借対照表 | |
|---|---|---|---|---|---|---|---|---|
| | 借　方 | 貸　方 | 借　方 | 貸　方 | 借　方 | 貸　方 | 借　方 | 貸　方 |
| 現　　　　　　金 | 74,750 | | | | | | | |
| 当 座 預 金 | 333,150 | | | | | | | |
| 受 取 手 形 | 172,500 | | | | | | | |
| クレジット売掛金 | 32,000 | | | | | | | |
| 売 　 掛 　 金 | 225,500 | | | | | | | |
| 仮 払 消 費 税 | 33,450 | | | | | | | |
| 仮 払 法 人 税 等 | 8,000 | | | | | | | |
| 繰 越 商 品 | 43,000 | | | | | | | |
| 貸 　 付 　 金 | 100,000 | | | | | | | |
| 仮 　 払 　 金 | 63,000 | | | | | | | |
| 備 　 　 　 品 | 90,000 | | | | | | | |
| 買 　 掛 　 金 | | 160,240 | | | | | | |
| 前 　 受 　 金 | | 20,000 | | | | | | |
| 仮 受 消 費 税 | | 70,810 | | | | | | |
| 借 　 入 　 金 | | 180,000 | | | | | | |
| 貸 倒 引 当 金 | | 6,750 | | | | | | |
| 減価償却累計額 | | 45,000 | | | | | | |
| 資 　 本 　 金 | | 400,000 | | | | | | |
| 繰越利益剰余金 | | 100,000 | | | | | | |
| 売 　 　 　 上 | | 708,100 | | | | | | |
| 受 取 利 息 | | 12,000 | | | | | | |
| 受 取 手 数 料 | | 97,100 | | | | | | |
| 仕 　 　 　 入 | 334,500 | | | | | | | |
| 給 　 　 　 料 | 94,750 | | | | | | | |
| 支 払 手 数 料 | 1,500 | | | | | | | |
| 保 　 険 　 料 | 78,000 | | | | | | | |
| 旅 費 交 通 費 | 82,900 | | | | | | | |
| 消 耗 品 費 | 11,000 | | | | | | | |
| 租 税 公 課 | 7,750 | | | | | | | |
| 支 払 利 息 | 14,250 | | | | | | | |
| | 1,800,000 | 1,800,000 | | | | | | |
| 貸倒引当金繰入 | | | | | | | | |
| 減 価 償 却 費 | | | | | | | | |
| 貯 　 蔵 　 品 | | | | | | | | |
| （　　　）保険料 | | | | | | | | |
| （　　　）手数料 | | | | | | | | |
| 未 払 利 息 | | | | | | | | |
| 未 収 利 息 | | | | | | | | |
| 未 払 消 費 税 | | | | | | | | |
| 法人税, 住民税及び事業税 | | | | | | | | |
| 未 払 法 人 税 等 | | | | | | | | |
| 当 期 純（　　　） | | | | | | | | |
| | | | | | | | | |

繰越利益剰余金勘定の次期繰越：＿＿＿＿＿＿＿＿＿ 円

163

次の(1)決算整理前残高試算表と(2)決算整理事項等にもとづいて，解答欄の貸借対照表および損益計算書を完成しなさい。なお，消費税は(2)決算整理事項等の6．以外は考慮しないものとする。会計期間は×1年4月1日から×2年3月31日までの1年間である。

## (1) 決算整理前残高試算表

決算整理前残高試算表

×2年3月31日　　（単位：円）

| 借　　方 | 勘 定 科 目 | 貸　　方 |
|---:|:---|---:|
| 74,750 | 現　　　　　金 | |
| 333,150 | 当 座 預 金 | |
| 172,500 | 受 取 手 形 | |
| 32,000 | クレジット売掛金 | |
| 225,500 | 売　　掛　　金 | |
| 33,450 | 仮 払 消 費 税 | |
| 8,000 | 仮 払 法 人 税 等 | |
| 43,000 | 繰 越 商 品 | |
| 100,000 | 貸　　付　　金 | |
| 63,000 | 仮　　払　　金 | |
| 90,000 | 備　　　　　品 | |
| | 買　　掛　　金 | 160,240 |
| | 前　　受　　金 | 20,000 |
| | 仮 受 消 費 税 | 70,810 |
| | 借　　入　　金 | 180,000 |
| | 貸 倒 引 当 金 | 6,750 |
| | 減価償却累計額 | 45,000 |
| | 資　　本　　金 | 400,000 |
| | 繰越利益剰余金 | 100,000 |
| | 売　　　　　上 | 708,100 |
| | 受 取 利 息 | 12,000 |
| | 受 取 手 数 料 | 97,100 |
| 334,500 | 仕　　　　　入 | |
| 94,750 | 給　　　　　料 | |
| 1,500 | 支 払 手 数 料 | |
| 78,000 | 保　　険　　料 | |
| 82,900 | 旅 費 交 通 費 | |
| 11,000 | 消 耗 品 費 | |
| 7,750 | 租 税 公 課 | |
| 14,250 | 支 払 利 息 | |
| 1,800,000 | | 1,800,000 |

## (2) 決算整理事項等

1．仮払金は従業員の出張旅費についての前渡分である。この従業員はすでに帰社しており，その精算をしたところ，旅費交通費の実際発生額59,000円を差し引いた残額について現金による返金を受けていたが，この記帳がまだ行われていない。

2．売掛金20,000円を現金で受け取った際に，以下の仕訳を行っていたことが判明したのでこれを適切に修正する。

　　（借）現　金　20,000　（貸）前受金　20,000

3．受取手形，クレジット売掛金および売掛金の期末残高に対し，実績率2％を用いて貸倒れを見積る。貸倒引当金の設定は差額補充法によること。

4．期末商品棚卸高は44,000円である。売上原価は仕入勘定で計算すること。

5．備品について定額法により減価償却を行う。なお，備品のうち30,000円は当期の12月1日に購入し，使用しており，新備品の減価償却は月割計算による。耐用年数は旧備品が10年，新備品が5年であり，残存価額はいずれもゼロである。

6．消費税の処理（税抜方式）を行う。

7．租税公課のうち2,500円は未使用の収入印紙であったので，これを貯蔵品勘定に振り替える。

8．保険料78,000円は，×1年7月1日に向こう1年分を前払いしたものである。

9．受取手数料のうち64,800円を前受分として処理する。

10．借入金180,000円は×1年6月1日に借入期間1年，利率年6％で借り入れたもので，利息は11月末日と返済日の5月末日に各半年分を支払うことになっている。利息は月割計算による。

11．貸付金に対する利息の未収分5,000円を計上する。

12．法人税，住民税及び事業税が20,000円と算定され，中間納付額を差し引いた金額を未払法人税等として計上する。

解答〈81〉ページ

## 貸 借 対 照 表
×2年3月31日 （単位：円）

| | | | | | |
|---|---|---|---|---|---|
| 現　　　　　金 | （　　　） | | 買　掛　　金 | （　　　） | |
| 当　座　預　金 | （　　　） | | 借　入　　金 | （　　　） | |
| 受　取　手　形 | （　　　） | | 未　払　消　費　税 | （　　　） | |
| 貸　倒　引　当　金 | （△　　）（　　　） | | 未　払　法　人　税　等 | （　　　） | |
| クレジット売掛金 | （　　　） | | 前　受　収　益 | （　　　） | |
| 貸　倒　引　当　金 | （△　　）（　　　） | | 未　払　費　用 | （　　　） | |
| 売　掛　　金 | （　　　） | | 資　本　　金 | （　　　） | |
| 貸　倒　引　当　金 | （△　　）（　　　） | | 繰　越　利　益　剰　余　金 | （　　　） | |
| 商　　　　　品 | （　　　） | | | | |
| 貯　蔵　　品 | （　　　） | | | | |
| 前　払　費　用 | （　　　） | | | | |
| 未　収　収　益 | （　　　） | | | | |
| 貸　付　　金 | （　　　） | | | | |
| 備　　　　　品 | （　　　） | | | | |
| 減　価　償　却　累　計　額 | （△　　）（　　　） | | | | |
| | （　　　） | | | （　　　） | |

## 損 益 計 算 書
×1年4月1日から×2年3月31日まで （単位：円）

| | | | | | |
|---|---|---|---|---|---|
| 売　上　原　価 | （　　　） | | 売　上　　高 | （　　　） | |
| 給　　　料 | （　　　） | | 受　取　手　数　料 | （　　　） | |
| 支　払　手　数　料 | （　　　） | | 受　取　利　息 | （　　　） | |
| 保　険　　料 | （　　　） | | | | |
| 旅　費　交　通　費 | （　　　） | | | | |
| 消　耗　品　費 | （　　　） | | | | |
| 租　税　公　課 | （　　　） | | | | |
| 貸　倒　引　当　金　繰　入 | （　　　） | | | | |
| 減　価　償　却　費 | （　　　） | | | | |
| 支　払　利　息 | （　　　） | | | | |
| 法人税, 住民税及び事業税 | （　　　） | | | | |
| 当　期　純　利　益 | （　　　） | | | | |
| | （　　　） | | | （　　　） | |

# THEME 31

## 証ひょう

　次に示す(1)〜(8)のそれぞれの内容について，最も関係が深いと思われる証ひょうを下記の**〈語群〉**から選び，A〜Kの記号で答えなさい。

(1)　注文していた商品を受け入れるとき「仕入れた商品の内容，数量，単価等」を記した書面を受け取る（梱包中に同封されている等）。

(2)　現金を支払った際，相手先より「支払日，支払先，金額等」を記した書面を受け取る。

(3)　当座預金口座を開設している銀行より，定期的に「口座の増減明細」が送られてくる。

(4)　小切手を振り出した際，手元の小切手帳に「振出日，相手先，小切手番号，金額等」を半券として残しておく。

(5)　商品の掛売上げについて，あとで得意先に対し「売上取引の明細，金額，支払日」等について記した書面を送付する。

(6)　現金を受け取った際，相手先に対し「受取日，当社の名称，金額等」を記した書面を渡し，その控を保存しておく。

(7)　従業員に対して行っていた出張旅費の仮払いについて，帰社後に精算する際に書面に支払内容等を記して提出してもらう。

(8)　法人税など国税を納付するときに記して提出する書面（複写したものを支払いを表す控えとして手元に残す）。

**〈語群〉**

| | | |
|---|---|---|
| A．領収書 | B．出張旅費報告書 | C．請求書控え |
| D．預金通帳 | E．請求書 | F．小切手帳の控え |
| G．国税資金納付書（領収証書） | H．領収書控え | I．注文書 |
| J．当座勘定照合表 | K．納品書 | |

✎ **解 答 欄**　　　　　　　　　　　　　　　　解答〈82〉ページ

| (1) | (2) | (3) | (4) | (5) | (6) |
|---|---|---|---|---|---|
| | | | | | |

| (7) | (8) |
|---|---|
| | |

## 問題 31-2 ★★★

次の取引について仕訳しなさい。

**〈指定勘定科目〉**

　　普通預金　　旅費交通費

3月25日　従業員が出張から帰社し，下記の領収書を提示したので，当社（株式会社長崎）の普通
　　　　　預金口座から従業員の普通預金口座へ振り込んで精算した。なお，出発前に前渡しは行っ
　　　　　ておらず，出張旅費の支払いは従業員の立替払いにより行ったとの報告を受けた。なお当
　　　　　社では，立替精算の出張旅費について，精算日に旅費交通費として処理することとしてい
　　　　　る。

No.×××
××年3月20日

領　収　書

株式会社長崎　様

¥25,000※

但し　旅客運賃として
上記金額を正に領収いたしました。

ＡＡ旅客鉄道株式会社（公印省略）
ＢＢ駅発行　取扱者　　（捺印省略）

✎ **解答欄**

解答〈82〉ページ

| 日　付 | 借 方 科 目 | 金　　額 | 貸 方 科 目 | 金　　額 |
|---|---|---|---|---|
| 3/25 | | | | |

次の取引について仕訳しなさい。

**〈指定勘定科目〉**

　未払金　　消耗品費

6月16日　株式会社東京商店は，横浜文具㈱より事務用消耗品を購入し，品物とともに次の請求書
　　　　　を受け取り，代金は後日支払うこととした。

---

### 請　求　書

株式会社東京商店　御中

×年6月16日

横浜文具㈱

| 品物 | 数量 | 単価 | 金額 |
|---|---|---|---|
| Ａ４紙（500枚入） | 2 | 640 | 1,280円 |
| Ｂ４紙（500枚入） | 2 | 750 | 1,500円 |
| ボールペン（10本入） | 5 | 540 | 2,700円 |
| クリアファイル（10枚入） | 5 | 200 | 1,000円 |
| | | 合　計 | 6,480円 |

×年6月30日までに合計額を下記口座へお振込み下さい。

ＹＹ銀行横浜支店　普通　1234567　ヨコハマブング（カ

---

✎ **解答欄**

解答〈82〉ページ

| 日　付 | 借 方 科 目 | 金　　額 | 貸 方 科 目 | 金　　額 |
|---|---|---|---|---|
| 6/16 | | | | |

## 問題 31-4 ★★★

理解度チェック ☐ ☐ ☐

次の取引について仕訳しなさい。

**〈指定勘定科目〉**

仮払金　　備品

11月30日　株式会社東京商店は，川崎K電気商会㈱より事務用パソコン（備品）を購入し，本日品物とともに次の領収書を受け取り，ただちにセッティング作業を施してもらい，同日より使用した。なお，代金は全額支払済みであり，仮払金勘定で処理してある。

<table>
<tr><td colspan="4" align="center">領　収　書</td></tr>
<tr><td colspan="4">株式会社東京商店　様　　　　　　　　　　　　　　　×年11月20日</td></tr>
<tr><td colspan="4" align="right">川崎K電気商会㈱</td></tr>
<tr><td align="center">品物</td><td align="center">数量</td><td align="center">単価</td><td align="center">金額</td></tr>
<tr><td>パソコンPPCC-2211</td><td align="center">2</td><td align="center">350,000</td><td align="right">700,000円</td></tr>
<tr><td>同上　付属用品</td><td align="center">—</td><td align="center">—</td><td align="right">42,000円</td></tr>
<tr><td>配送料</td><td align="center">—</td><td align="center">—</td><td align="right">10,200円</td></tr>
<tr><td>セッティング作業</td><td align="center">2</td><td align="center">5,400</td><td align="right">10,800円</td></tr>
<tr><td></td><td colspan="2" align="center">合　計</td><td align="right">763,000円</td></tr>
</table>

上記の合計額を領収いたしました。

㊞　収入印紙
　　××円

✎ **解 答 欄**

解答〈82〉ページ

| 日　付 | 借 方 科 目 | 金　　額 | 貸 方 科 目 | 金　　額 |
|--------|-----------|---------|-----------|---------|
| 11/30 | | | | |

次の取引について仕訳しなさい。なお，商品売買の記帳は三分法により，消費税を税抜方式で処理する。

**〈指定勘定科目〉**

　　仮払消費税　　買掛金　　仕入

5月29日　株式会社東京商店は，神奈川Ｋ物産株式会社より商品を仕入れ，品物とともに次の請求書（兼納品書）を受け取った。

<table>
<tr><td colspan="5" align="center">請 求 書</td></tr>
<tr><td colspan="2">株式会社東京商店　御中</td><td colspan="3" align="right">×年5月29日</td></tr>
<tr><td colspan="5" align="right">神奈川Ｋ物産株式会社</td></tr>
<tr><td align="center">品物</td><td align="center">数量</td><td align="center">単価</td><td align="center">金額</td></tr>
<tr><td>Ａ品</td><td>20</td><td>10,000</td><td>200,000円</td></tr>
<tr><td>Ｂ品</td><td>20</td><td>8,000</td><td>160,000円</td></tr>
<tr><td>Ｃ品</td><td>15</td><td>7,400</td><td>111,000円</td></tr>
<tr><td colspan="3" align="center">小　計</td><td>471,000円</td></tr>
<tr><td colspan="3" align="center">消費税（10％）</td><td>47,100円</td></tr>
<tr><td colspan="3" align="center">合　計</td><td>518,100円</td></tr>
</table>

×年6月29日までに合計額を下記口座へお振込み下さい。

　神奈川ＹＫ銀行××支店　普通　7654321　カナガワケイブッサン（カ

**✎ 解答欄**　　　　　　　　　　　　　　　　　　　解答〈82〉ページ

| 日　　付 | 借 方 科 目 | 金　　額 | 貸 方 科 目 | 金　　額 |
|---|---|---|---|---|
| 5 /29 | | | | |

## 問題 31-6　★★★

次の取引について仕訳しなさい。なお，商品売買の記帳は三分法により，消費税を税抜方式で処理する。

**〈指定勘定科目〉**

　売掛金　　仮受消費税　　売上

5月29日　神奈川K物産株式会社は，株式会社東京商店に商品を販売し，品物とともに次の請求書（兼納品書）を発送した。

### 請 求 書（控）

株式会社東京商店　御中　　　　　　　　　　　　　　　　　　　×年5月29日

　　　　　　　　　　　　　　　　　　　　　　　　　　神奈川K物産株式会社

| 品物 | 数量 | 単価 | 金額 |
|---|---|---|---|
| A品 | 20 | 10,000 | 200,000円 |
| B品 | 20 | 8,000 | 160,000円 |
| C品 | 15 | 7,400 | 111,000円 |
| | 小　計 | | 471,000円 |
| | 消費税（10%） | | 47,100円 |
| | 合　計 | | 518,100円 |

×年6月29日までに合計額を下記口座へお振込み下さい。

神奈川YK銀行××支店　普通　7654321　カナガワケイブッサン（カ

✎ **解 答 欄**

解答〈82〉ページ

| 日　付 | 借 方 科 目 | 金　　額 | 貸 方 科 目 | 金　　額 |
|---|---|---|---|---|
| 5/29 | | | | |

171

次の取引について仕訳しなさい。

**〈指定勘定科目〉**

　　現金　　仮払金　　旅費交通費

5月20日　従業員（東京大輔氏）が出張から戻り，次の「出張旅費報告書」を必要な領収書とともに受け取り，旅費交通費として計上した。この出張については出発前に20,000円を仮払いしており，支払額との差額を現金で受け取った。なお，当社では1回3,000円以下の電車賃は領収書の提出を不要としている。

| 領収書 |
|---|
| 運賃　¥4,320 |
| 上記のとおり領収いたしました |
| 静岡タクシー㈱ |

| 領収書 |
|---|
| 宿泊費（1名）¥9,720 |
| またのご利用をお待ちしております |
| ホテル静岡 |

**出張旅費報告書**　　×年5月20日
東京大輔

| 移動先 | 手段等 | 領収書 | 金　額 |
|---|---|---|---|
| 静岡ビル | 電車 | 無 | 1,080 |
| 静岡商店㈱ | タクシー | 有 | 4,320 |
| ホテル静岡 | 宿泊 | 有 | 9,720 |
| 帰社 | 電車 | 無 | 1,080 |
| | | 合　計 | 16,200円 |

✒ **解 答 欄**　　　　　　　　　　　　　　　　　　　　　解答〈82〉ページ

| 日　付 | 借 方 科 目 | 金　　額 | 貸 方 科 目 | 金　　額 |
|---|---|---|---|---|
| 5／20 | | | | |

## 問題 31-8 ★★★

次の取引について仕訳しなさい。

**〈指定勘定科目〉**

　　普通預金　　仮払法人税等

10月25日　東京都商事株式会社は，法人税等につき，以下の納付書のとおり，当社の普通預金口座から振り込んだ。

| （納　付　書）　　　　領　収　証　書 | | | |
|---|---|---|---|
| 科目　　　　　　　法人税 | 本　　税 | 620,000 | 納期等の区分 |
| | 重加算税 | | ×0401 ～ ×0331 |
| | 加　算　税 | | 中間申告　確定申告 |
| 住所　東京都××○○ | 利子税 | | |
| | 延滞税 | | |
| 氏名　東京都商事株式会社 | 合計額 | ￥620,000 | 印 |

---

### ✎ 解 答 欄

解答〈83〉ページ ▶

| 日　　付 | 借 方 科 目 | 金　　額 | 貸 方 科 目 | 金　　額 |
|---|---|---|---|---|
| 10/25 | | | | |

さいたまＳ商事株式会社は，取引銀行のインターネットバンキングサービスから，当座勘定照合表（入出金明細）を次のとおり出力した。そこで，解答欄に示した日付における仕訳を答えなさい。なお，当社にとって㈱群馬商店は仕入先，長野商店㈱は得意先である。

**〈指定勘定科目〉**

当座預金　　売掛金　　支払手形　　借入金　　支払利息

×年6月30日

当座勘定照合表

さいたまＳ商事株式会社　様

○○銀行△△支店

| 取引日 | 摘　　要 | お支払金額 | お預り金額 | 取引残高 |
|---|---|---|---|---|
| 6/20 | 融資ご返済 | 600,000 | | 省 |
| 6/20 | 融資ご返済お利息 | 2,000 | | |
| 6/21 | お振込　㈱群馬商店 | 725,000 | | |
| 6/21 | お振込手数料 | 324 | | |
| 6/24 | お振込　長野商店㈱ | | 540,000 | 略 |
| 6/25 | 小切手引落（No.222） | 300,000 | | |
| 6/30 | 約束手形引落（No.416） | 500,000 | | |

✎　解 答 欄

解答〈83〉ページ

| 日　　付 | 借 方 科 目 | 金　　額 | 貸 方 科 目 | 金　　額 |
|---|---|---|---|---|
| 6/20 | | | | |
| 6/24 | | | | |
| 6/30 | | | | |

第5編
THEME
**32**

# 伝　票

## 問 題 32 - 1　★★★

理解度チェック ☐ ☐ ☐

次の伝票について取引を推定し，仕訳を答えなさい。

**〈指定勘定科目〉**

　現金　売掛金　備品　支払手形　仕入

(1)

| 入　金　伝　票 | |
|---|---|
| 科　　　　目 | 金　　　額 |
| 売　掛　金 | 500,000 |

(2)

| 出　金　伝　票 | |
|---|---|
| 科　　　　目 | 金　　　額 |
| 備　　　品 | 300,000 |

(3)

| 振　替　伝　票 | | | |
|---|---|---|---|
| 借方科目 | 金　　　額 | 貸方科目 | 金　　　額 |
| 仕　　　入 | 400,000 | 支払手形 | 400,000 |

### ✏ 解 答 欄

解答〈84〉ページ

| | 借　方　科　目 | 金　　　額 | 貸　方　科　目 | 金　　　額 |
|---|---|---|---|---|
| (1) | | | | |
| (2) | | | | |
| (3) | | | | |

次の(1)および(2)に示した各2枚の伝票は，それぞれある1つの取引について作成されたものである。これらの伝票から取引を推定して，仕訳を答えなさい。

**〈指定勘定科目〉**

現金　　買掛金　　仕入

(1)

| 出 金 伝 票 | |
|---|---|
| 科　　　　目 | 金　　　額 |
| 仕　　　　入 | 200,000 |

| 振 替 伝 票 | | | |
|---|---|---|---|
| 借方科目 | 金　　　額 | 貸方科目 | 金　　　額 |
| 仕　　　入 | 300,000 | 買 掛 金 | 300,000 |

(2)

| 出 金 伝 票 | |
|---|---|
| 科　　　　目 | 金　　　額 |
| 買 掛 金 | 200,000 |

| 振 替 伝 票 | | | |
|---|---|---|---|
| 借方科目 | 金　　　額 | 貸方科目 | 金　　　額 |
| 仕　　　入 | 500,000 | 買 掛 金 | 500,000 |

✎ **解 答 欄**　　　　　　　　　　　　　　　　　　解答〈84〉ページ

| | 借 方 科 目 | 金　　　額 | 貸 方 科 目 | 金　　　額 |
|---|---|---|---|---|
| (1) | | | | |
| (2) | | | | |

## 問題 32 - 3　★★★

　商品を仕入れ，代金500,000円のうち200,000円を現金で支払い，残額を掛けとした取引について，出金伝票を(1)のように作成した場合と(2)のように作成した場合のそれぞれについて，解答欄の振替伝票の記入を示しなさい。

### 〈指定勘定科目〉

　　買掛金　　仕入

(1)

| 出 金 伝 票 | |
| --- | --- |
| 仕　　　入 | 200,000 |

(2)

| 出 金 伝 票 | |
| --- | --- |
| 買 掛 金 | 200,000 |

### ✎ 解 答 欄

解答〈84〉ページ

(1)

| 振　　替　　伝　　票 | | | |
| --- | --- | --- | --- |
| 借 方 科 目 | 金　　　額 | 貸 方 科 目 | 金　　　額 |
| | | | |

(2)

| 振　　替　　伝　　票 | | | |
| --- | --- | --- | --- |
| 借 方 科 目 | 金　　　額 | 貸 方 科 目 | 金　　　額 |
| | | | |

次の(1)および(2)に示した各2枚の伝票は，それぞれある1つの取引について作成されたものである。これらの伝票から取引を推定して，仕訳を答えなさい。

**〈指定勘定科目〉**

　　現金　　売掛金　　売上

(1)

| 入　金　伝　票 | |
|---|---|
| 科　　　　　目 | 金　　　　額 |
| 売　　　　　上 | 200,000 |

| 振　替　伝　票 | | | |
|---|---|---|---|
| 借方科目 | 金　　　額 | 貸方科目 | 金　　　額 |
| 売　掛　金 | 400,000 | 売　　　　上 | 400,000 |

(2)

| 入　金　伝　票 | |
|---|---|
| 科　　　　　目 | 金　　　　額 |
| 売　掛　金 | 200,000 |

| 振　替　伝　票 | | | |
|---|---|---|---|
| 借方科目 | 金　　　額 | 貸方科目 | 金　　　額 |
| 売　掛　金 | 600,000 | 売　　　　上 | 600,000 |

✎ **解 答 欄**　　　　　　　　　　　　　　　　　解答〈85〉ページ

| | 借　方　科　目 | 金　　　額 | 貸　方　科　目 | 金　　　額 |
|---|---|---|---|---|
| (1) | | | | |
| (2) | | | | |

## 問題 32-5　★★★

商品を売り上げ，代金600,000円のうち200,000円を現金で受け取り，残額を掛けとした取引について，入金伝票を(1)のように作成した場合と(2)のように作成した場合のそれぞれについて，解答欄の振替伝票の記入を示しなさい。

〈指定勘定科目〉

　　売掛金　　売上

(1)

| 入　金　伝　票 | |
| --- | --- |
| 売　　　上 | 200,000 |

(2)

| 入　金　伝　票 | |
| --- | --- |
| 売　掛　金 | 200,000 |

✎ 解　答　欄

解答〈85〉ページ

(1)

| 振　替　伝　票 | | | |
| --- | --- | --- | --- |
| 借　方　科　目 | 金　　　額 | 貸　方　科　目 | 金　　　額 |
| | | | |

(2)

| 振　替　伝　票 | | | |
| --- | --- | --- | --- |
| 借　方　科　目 | 金　　　額 | 貸　方　科　目 | 金　　　額 |
| | | | |

次の各取引について，下記のように入金伝票または出金伝票を作成したとして，解答欄の振替伝票の記入を示しなさい。

**〈指定勘定科目〉**

売掛金　　買掛金　　売上　　仕入

(1) 商品300,000円を売り上げ，代金のうち100,000円は現金で受け取り，残りは掛けとした。

| 入　金　伝　票 | |
|---|---|
| 売　　上 | 100,000 |

(2) 商品400,000円を仕入れ，代金のうち300,000円は現金で支払い，残りは掛けとした。

| 出　金　伝　票 | |
|---|---|
| 買　掛　金 | 300,000 |

✏ **解答欄**　　　　　　　　　　　　　　　　　　　　解答〈85〉ページ

(1)

| 振　替　伝　票 | | | |
|---|---|---|---|
| 借　方　科　目 | 金　　　額 | 貸　方　科　目 | 金　　　額 |
| | | | |

(2)

| 振　替　伝　票 | | | |
|---|---|---|---|
| 借　方　科　目 | 金　　　額 | 貸　方　科　目 | 金　　　額 |
| | | | |

## 問題 32 - 7　★★★

次の6月1日に作成された各伝票にもとづいて，仕訳日計表を作成し，現金勘定および売上勘定へ転記しなさい。

| 入　金　伝　票 | No. 101 |
| --- | --- |
| 売　掛　金 | 5,000 |

| 入　金　伝　票 | No. 102 |
| --- | --- |
| 売　　　上 | 12,000 |

| 出　金　伝　票 | No. 201 |
| --- | --- |
| 買　掛　金 | 4,000 |

| 出　金　伝　票 | No. 202 |
| --- | --- |
| 仕　　　入 | 9,500 |

| 振　替　伝　票 | No. 301 | |
| --- | --- | --- |
| 売　掛　金 | 15,000 | |
| | 売　　　上 | 15,000 |

| 振　替　伝　票 | No. 302 | |
| --- | --- | --- |
| 売　　　上 | 1,500 | |
| | 売　掛　金 | 1,500 |

### ✏ 解答欄

解答〈86〉ページ

仕　訳　日　計　表

×年6月1日　　　　　　　　　6

| 借　　方 | 元丁 | 勘　定　科　目 | 元丁 | 貸　　方 |
| --- | --- | --- | --- | --- |
| | | 現　　　　　金 | | |
| | | 売　　掛　　金 | | |
| | | 買　　掛　　金 | | |
| | | 売　　　　　上 | | |
| | | 仕　　　　　入 | | |

総　勘　定　元　帳

現　　　金　　　　　　　　　　1

| ×　年 | | 摘　　要 | 仕丁 | 借　　方 | ×　年 | | 摘　　要 | 仕丁 | 貸　　方 |
| --- | --- | --- | --- | --- | --- | --- | --- | --- | --- |
| 6 | 1 | 前 月 繰 越 | ✓ | 20,000 | | | | | |

売　　　　　上　　　　　　　　12

| ×　年 | | 摘　　要 | 仕丁 | 借　　方 | ×　年 | | 摘　　要 | 仕丁 | 貸　　方 |
| --- | --- | --- | --- | --- | --- | --- | --- | --- | --- |
| | | | | | | | | | |

　新潟商店㈱は，毎日の取引を入金伝票，出金伝票および振替伝票の3種類の伝票に記入し，これらを1日分ずつ集計して仕訳日計表を作成し，この日計表から各関係元帳に転記している。同社の×5年5月1日の取引について作成された次の伝票にもとづいて，⑴仕訳日計表を作成し，⑵解答欄に示した総勘定元帳と仕入先元帳の諸勘定に転記しなさい。

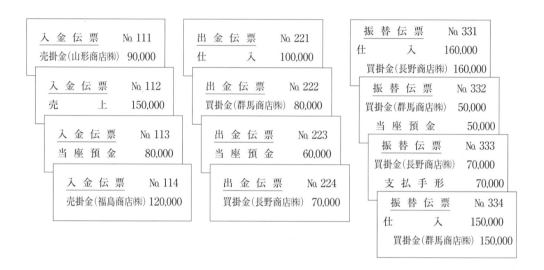

入　金　伝　票　　No. 111
売掛金(山形商店㈱)　90,000

入　金　伝　票　　No. 112
売　　　　　上　　150,000

入　金　伝　票　　No. 113
当　座　預　金　　80,000

入　金　伝　票　　No. 114
売掛金(福島商店㈱)　120,000

出　金　伝　票　　No. 221
仕　　　　　入　　100,000

出　金　伝　票　　No. 222
買掛金(群馬商店㈱)　80,000

出　金　伝　票　　No. 223
当　座　預　金　　60,000

出　金　伝　票　　No. 224
買掛金(長野商店㈱)　70,000

振　替　伝　票　　No. 331
仕　　　　　入　　160,000
　買掛金(長野商店㈱)　160,000

振　替　伝　票　　No. 332
買掛金(群馬商店㈱)　50,000
　当　座　預　金　　50,000

振　替　伝　票　　No. 333
買掛金(長野商店㈱)　70,000
　支　払　手　形　　70,000

振　替　伝　票　　No. 334
仕　　　　　入　　150,000
　買掛金(群馬商店㈱)　150,000

◆ 解 答 欄

解答〈86〉ページ

(1)

## 仕 訳 日 計 表
### ×5年5月1日

32

| 借　　方 | 元丁 | 勘 定 科 目 | 元丁 | 貸　　方 |
|---|---|---|---|---|
| | | 現　　　　　金 | | |
| | | 当 座 預 金 | | |
| | | 売 　 掛 　 金 | | |
| | | 支 払 手 形 | | |
| | | 買 　 掛 　 金 | | |
| | | 売　　　　　上 | | |
| | | 仕　　　　　入 | | |

(2)

## 総 勘 定 元 帳

### 現　　　　金　　　　11

| ×5 年 | | 摘　　要 | 仕丁 | 借　方 | 貸方 | 借/貸 | 残　高 |
|---|---|---|---|---|---|---|---|
| 5 | 1 | 前月繰越 | ✓ | 250,000 | | 借 | 250,000 |
| | | | | | | | |
| | | | | | | | |

### 売　　掛　　金　　　　15

| ×5 年 | | 摘　　要 | 仕丁 | 借　方 | 貸　方 | 借/貸 | 残　高 |
|---|---|---|---|---|---|---|---|
| 5 | 1 | 前月繰越 | ✓ | 300,000 | | 借 | 300,000 |
| | | | | | | | |
| | | | | | | | |

## 仕 入 先 元 帳

### 群 馬 商 店 ㈱　　　　仕3

| ×5 年 | | 摘　　要 | 仕丁 | 借　方 | 貸　方 | 借/貸 | 残　高 |
|---|---|---|---|---|---|---|---|
| 5 | 1 | 前月繰越 | ✓ | | 150,000 | 貸 | 150,000 |
| | | | | | | | |
| | | | | | | | |
| | | | | | | | |

### 長 野 商 店 ㈱　　　　仕6

| ×5 年 | | 摘　　要 | 仕丁 | 借　方 | 貸　方 | 借/貸 | 残　高 |
|---|---|---|---|---|---|---|---|
| 5 | 1 | 前月繰越 | ✓ | | 200,000 | 貸 | 200,000 |
| | | | | | | | |
| | | | | | | | |
| | | | | | | | |

MEMO

よくわかる簿記シリーズ

合格トレーニング 日商簿記3級 Ver.14.0

1999年12月10日 初 版 第1刷発行
2023年 2 月23日 第14版 第1刷発行
2024年 3 月31日 第4刷発行

編 著 者 T A C 株 式 会 社
(簿記検定講座)
発 行 者 多 田 敏 男
発 行 所 T A C 株式会社 出版事業部
(T A C 出版)

〒101－8383
東京都千代田区神田三崎町3－2－18
電話 03 (5276) 9492 (営業)
FAX 03 (5276) 9674
https://shuppan.tac-school.co.jp

組 版 朝日メディアインターナショナル株式会社
印 刷 株式会社 ワ コ ー
製 本 株式会社 常 川 製 本

# 解答解説

解答編冊子

厚紙

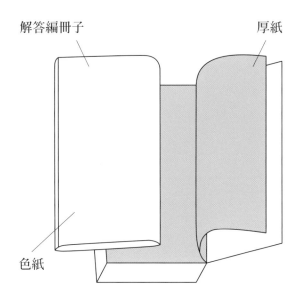

色紙

〈解答編ご利用時の注意〉

厚紙から，冊子を取り外します。

※　冊子と厚紙が，のりで接着されています。乱暴
　　に扱いますと，破損する危険性がありますので，
　　丁寧に抜き取るようにしてください。

※　抜き取る際の損傷についてのお取替えはご遠慮
　　願います。

合格トレーニング
日商簿記 **3**級
解答編

合格トレーニング
**日商簿記3**級 解 答 編

# CONTENTS

# 01 簿記の意義

## 問題 1 - 1

| ① | ② | ③ | ④ |
|---|---|---|---|
| 財　政 | 経　営 | 損益計算書 | 貸借対照表 |

### ❶ 解答への道

　貸借対照表（Balance Sheet：B/S）は，企業の期末における財政状態を明らかにする報告書です。

　損益計算書（Profit and Loss Statement：P/L）は，企業の一会計期間における経営成績を明らかにする報告書です。

## 問題 1 - 2

| ① | ② | ③ | ④ |
|---|---|---|---|
| 会計期間 | 期　首 | 期　末 | 期　中 |

| ⑤ | ⑥ | ⑦ |
|---|---|---|
| 当　期 | 前　期 | 次　期 |

### ❶ 解答への道

　簿記では，企業の会計期間中（期首から期末までの1年間＝期中）の活動を記録します。期末に1年間の記録を整理して報告書を作成します。

# THEME 02 財務諸表と簿記の5要素

## 問題 2-1

貸借対照表

損益計算書

### ❗ 解答への道 ⋯⋯⋯⋯⋯⋯⋯⋯⋯⋯⋯⋯⋯⋯⋯

　貸借対照表の左側には「資産」，右側には「負債」および「資本」の各要素を記載します。損益計算書の左側には「費用」，右側には「収益」の各要素を記載します。なお，「資本」は，貸借対照表では「純資産」と表示します。

## 問題 2-2

| ① | ② | ③ | ④ |
|---|---|---|---|
| 資　産 | 負　債 | 資　本 | 収　益 |
| ⑤ | ⑥ | ⑦ | |
| 費　用 | 貸借対照表 | 損益計算書 | |

### ❗ 解答への道 ⋯⋯⋯⋯⋯⋯⋯⋯⋯⋯⋯⋯⋯⋯⋯

　簿記の5要素について，資産は貸借対照表の左側に，負債および資本は貸借対照表の右側に記載します。また，収益は損益計算書の右側に，費用は損益計算書の左側に記載します。

# THEME 03 日常の手続き

## 問題 3-1

| (1) | (2) | (3) | (4) |
|---|---|---|---|
| × | ○ | × | ○ |
| (5) | (6) | (7) | (8) |
| ○ | × | ○ | ○ |

### ❗ 解答への道

　一般の「取引」は，「相手とのやりとり」を意味しますが，「簿記上の取引」は，「資産・負債および資本に増減変化が生じること」を意味します。

## 問題 3-2

| 資　　産 | |
|---|---|
| （ ＋ ） | （ － ） |

| 負　　債 | |
|---|---|
| （ － ） | （ ＋ ） |

| 資　　本 | |
|---|---|
| （ － ） | （ ＋ ） |

| 費　　用 | |
|---|---|
| （ ＋ ） | （ － ） |

| 収　　益 | |
|---|---|
| （ － ） | （ ＋ ） |

### ❗ 解答への道

　資産と費用の要素は，増加・発生を借方（減少・消滅を貸方）に記録し，負債，資本および収益の要素は，増加・発生を貸方（減少・消滅を借方）に記録します。

## 問題 3-3

| ① | ② | ③ | ④ | ⑤ | ⑥ |
|---|---|---|---|---|---|
| H | A | C | D | O | I |
| ⑦ | ⑧ | ⑨ | ⑩ | ⑪ | ⑫ |
| G | K | P | R | N | J |

## 問題 3-4

| 日付 | 借方科目 | 金　額 | 貸方科目 | 金　額 |
|---|---|---|---|---|
| 4／1 | 現　　金 | 100,000 | 資 本 金 | 100,000 |
| 9／10 | 現　　金 | 100,000 | 借 入 金 | 100,000 |
| 1／17 | 仕　　入 | 60,000 | 現　　金 | 60,000 |
| 3／23 | 現　　金 | 90,000 | 売　　上 | 90,000 |

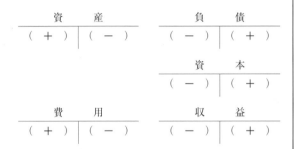

```
        現       金                借   入   金
4/1  100,000 │ 1/17  60,000                │ 9/10  100,000
9/10 100,000 │
3/23  90,000 │                資   本   金
                                           │ 4/1   100,000

        仕       入                売       上
1/17  60,000 │                             │ 3/23   90,000
```

### ❗ 解答への道

4月1日：株式の発行
　現金（資産）の増加＝借方
　資本金（資本）の増加＝貸方
9月10日：借入れ
　現金（資産）の増加＝借方
　借入金（負債）の増加＝貸方
1月17日：仕入れ
　仕入（費用）の発生（増加）＝借方
　現金（資産）の減少＝貸方
3月23日：売上げ
　現金（資産）の増加＝借方
　売上（収益）の発生（増加）＝貸方

## 問題 3-5

| 日付 | 借方科目 | 金　額 | 貸方科目 | 金　額 |
|---|---|---|---|---|
| 4／1 | 現　　金 | 50,000 | 資 本 金 | 50,000 |
| 6／1 | 現　　金 | 100,000 | 借 入 金 | 100,000 |
| 8／1 | 仕　　入 | 70,000 | 現　　金 | 70,000 |
| 10／1 | 現　　金 | 150,000 | 売　　上 | 150,000 |
| 12／1 | 借 入 金 | 80,000 | 現　　金 | 80,000 |

| 現 | | 金 | | | |
|---|---|---|---|---|---|
| 4/1 | 資本金 | 50,000 | 8/1 | 仕 入 | 70,000 |
| 6/1 | 借入金 | 100,000 | 12/1 | 借入金 | 80,000 |
| 10/1 | 売 上 | 150,000 | | | |

| 仕 | | 入 | |
|---|---|---|---|
| 8/1 | 現 金 | 70,000 | |

| 借 | | 入 | 金 | | |
|---|---|---|---|---|---|
| 12/1 | 現 金 | 80,000 | 6/1 | 現 金 | 100,000 |

| 資 | | 本 | 金 | | |
|---|---|---|---|---|---|
| | | | 4/1 | 現 金 | 50,000 |

| 売 | | 上 | | | |
|---|---|---|---|---|---|
| | | | 10/1 | 現 金 | 150,000 |

**❗ 解答への道** ⋯⋯⋯⋯⋯⋯⋯⋯⋯⋯⋯⋯⋯⋯⋯

　勘定への転記は，仕訳の借方であれば，その勘定口座の借方に「日付，相手勘定科目，金額」を書き移し，仕訳の貸方であれば，その勘定口座の貸方に「日付，相手勘定科目，金額」を書き移します。

## 問 題 3 - 6

### 残 高 試 算 表
×2年3月31日

| 借　　方 | 勘定科目 | 貸　　方 |
|---|---|---|
| 150,000 | 現　　金 | |
| | 借 入 金 | 20,000 |
| | 資 本 金 | 50,000 |
| | 売　　上 | 150,000 |
| 70,000 | 仕　　入 | |
| 220,000 | | 220,000 |

**❗ 解答への道** ⋯⋯⋯⋯⋯⋯⋯⋯⋯⋯⋯⋯⋯⋯⋯

　残高試算表は，一定時点の勘定記録の一覧表です。総勘定元帳から，勘定科目をすべて書き出し，勘定口座の借方と貸方の差額（残高）を記入します。最後に各欄の合計（試算表の一番下）を計算し，借方金額と貸方金額が一致していることを確認します。

## 問 題 3 - 7

### 貸 借 対 照 表
×2年3月31日

| 資　　産 | 金　額 | 負債及び純資産 | 金　　額 |
|---|---|---|---|
| 現　　金 | 150,000 | 借 入 金 | 20,000 |
| | | 資 本 金 | 50,000 |
| | | 繰越利益剰余金 | 80,000 |
| | 150,000 | | 150,000 |

### 損 益 計 算 書
×1年4月1日～×2年3月31日

| 費　　用 | 金　額 | 収　　益 | 金　　額 |
|---|---|---|---|
| 売 上 原 価 | 70,000 | 売 上 高 | 150,000 |
| 当 期 純 利 益 | 80,000 | | |
| | 150,000 | | 150,000 |

**❗ 解答への道** ⋯⋯⋯⋯⋯⋯⋯⋯⋯⋯⋯⋯⋯⋯⋯

　貸借対照表の借方に資産（現金）を，貸方に負債（借入金）および資本（資本金）を記載し，損益計算書の借方に費用を，貸方に収益を記載します。なお，損益計算書では仕入勘定残高は売上原価，売上勘定残高は売上高と表示します。損益計算書の貸借差額を当期純利益，貸借対照表では，繰越利益剰余金と表示します。

## 問 題 3 - 8

| | 期　　首 | | | 期　　末 | | | 収　　益 | 費　　用 | 純損益 |
|---|---|---|---|---|---|---|---|---|---|
| | 資　産 | 負　債 | 資　本 | 資　産 | 負　債 | 資　本 | | | |
| 1 | 25,000 | ( 1,000) | ( 24,000) | 30,000 | ( 5,000) | 25,000 | 9,000 | ( 8,000) | 1,000 |
| 2 | 60,000 | ( 15,000) | 45,000 | 55,000 | 12,000 | ( 43,000) | ( 20,000) | 22,000 | ( △ 2,000) |
| 3 | ( 43,000) | 26,000 | 17,000 | ( 39,000) | 20,000 | ( 19,000) | ( 16,000) | 14,000 | 2,000 |

〈6〉

## ❗解答への道 ·······························

　純損益(当期純利益または当期純損失)の計算方法には次の2つがあり，両者の結果は一致します。

　財産法：期末資本－期首資本＝当期純利益(マイナスの場合は当期純損失)

　損益法：収益－費用＝当期純利益(マイナスの場合は当期純損失)

1.

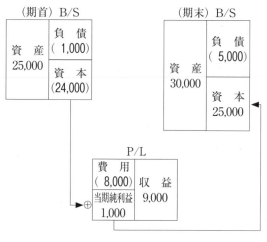

2.

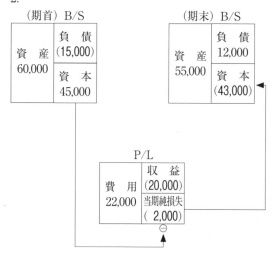

3.

| (期首) B/S | |
|---|---|
| 資産<br>(43,000) | 負債<br>26,000 |
| | 資本<br>17,000 |

| (期末) B/S | |
|---|---|
| 資産<br>(39,000) | 負債<br>20,000 |
| | 資本<br>(19,000) |

| P/L | |
|---|---|
| 費用<br>14,000 | 収益<br>(16,000) |
| 当期純利益<br>2,000 | |

# 商品売買Ⅰ

## 問題 4-1

| 日付 | 借方科目 | 金額 | 貸方科目 | 金額 |
|---|---|---|---|---|
| 5/2 | 仕　　入 | 30,000 | 現　　金 | 30,000 |
| 6 | 現　　金 | 41,000 | 売　　上 | 41,000 |
| 12 | 仕　　入 | 50,000 | 買　掛　金 | 50,000 |
| 16 | 売　掛　金 | 60,000 | 売　　上 | 60,000 |
| 25 | 買　掛　金 | 30,000 | 現　　金 | 30,000 |
| 30 | 現　　金 | 40,000 | 売　掛　金 | 40,000 |

現　　金

| | | | | | |
|---|---|---|---|---|---|
| | | 70,000 | 5/2 | 仕　入 | 30,000 |
| 5/6 | 売　上 | 41,000 | 25 | 買掛金 | 30,000 |
| 30 | 売掛金 | 40,000 | | | |

売　掛　金

| | | | | | |
|---|---|---|---|---|---|
| 5/16 | 売　上 | 60,000 | 5/30 | 現　金 | 40,000 |

仕　　入

| | | | |
|---|---|---|---|
| 5/2 | 現　金 | 30,000 | |
| 12 | 買掛金 | 50,000 | |

買　掛　金

| | | | | | |
|---|---|---|---|---|---|
| 5/25 | 現　金 | 30,000 | 5/12 | 仕　入 | 50,000 |

売　　上

| | | | | | |
|---|---|---|---|---|---|
| | | | 5/6 | 現　金 | 41,000 |
| | | | 16 | 売掛金 | 60,000 |

**❗ 解答への道**

　三分法では，商品を仕入れたときに仕入勘定の借方に原価を記入し，販売したときに売上勘定の貸方に売価を記入します。

## 問題 4-2

| 日付 | 借方科目 | 金額 | 貸方科目 | 金額 |
|---|---|---|---|---|
| 6/2 | 仕　　入 | 100,000 | 現　　金 | 30,000 |
| | | | 買　掛　金 | 70,000 |
| 8 | 現　　金 | 80,000 | 売　　上 | 160,000 |
| | 売　掛　金 | 80,000 | | |
| 25 | 買　掛　金 | 50,000 | 現　　金 | 50,000 |
| 30 | 現　　金 | 60,000 | 売　掛　金 | 60,000 |

現　　金

| | | | | | |
|---|---|---|---|---|---|
| | | 50,000 | 6/2 | 仕　入 | 30,000 |
| 6/8 | 売　上 | 80,000 | 25 | 買掛金 | 50,000 |
| 30 | 売掛金 | 60,000 | | | |

売　掛　金

| | | | | | |
|---|---|---|---|---|---|
| | | 70,000 | 6/30 | 現　金 | 60,000 |
| 6/8 | 売　上 | 80,000 | | | |

仕　　入

| | | | |
|---|---|---|---|
| 6/2 | 諸　口 | 100,000 | |

買　掛　金

| | | | | | |
|---|---|---|---|---|---|
| 6/25 | 現　金 | 50,000 | | | 40,000 |
| | | | 6/2 | 仕　入 | 70,000 |

売　　上

| | | | | | |
|---|---|---|---|---|---|
| | | | 6/8 | 諸　口 | 160,000 |

**❗ 解答への道**

　6/2仕入勘定借方と6/8売上勘定貸方の転記のように相手科目が2つ以上あるときは，相手科目のかわりに「諸口」と記入します。

## 問題 4 - 3

〔設問1〕売掛金勘定および買掛金勘定を用いて仕訳する場合

| 日付 | 借方科目 | 金額 | 貸方科目 | 金額 |
|---|---|---|---|---|
| 3/2 | 仕　入 | 25,000 | 現　金 | 10,000 |
| | | | 買　掛　金 | 15,000 |
| 19 | 買　掛　金 | 10,000 | 現　金 | 10,000 |
| 25 | 現　金 | 20,000 | 売　上 | 70,000 |
| | 売　掛　金 | 50,000 | | |
| 30 | 現　金 | 35,000 | 売　掛　金 | 35,000 |

〔設問2〕人名勘定を用いて仕訳する場合

| 日付 | 借方科目 | 金額 | 貸方科目 | 金額 |
|---|---|---|---|---|
| 3/2 | 仕　入 | 25,000 | 現　金 | 10,000 |
| | | | 福　岡　㈱ | 15,000 |
| 19 | 福　岡　㈱ | 10,000 | 現　金 | 10,000 |
| 25 | 現　金 | 20,000 | 売　上 | 70,000 |
| | 広　島　㈱ | 50,000 | | |
| 30 | 現　金 | 35,000 | 広　島　㈱ | 35,000 |

### ❗ 解 答 へ の 道

掛け取引について，人名勘定を使用するときは売掛金勘定，買掛金勘定に代えて，相手先の会社名を勘定科目とします。

## 問題 4 - 4

| 日付 | 借方科目 | 金額 | 貸方科目 | 金額 |
|---|---|---|---|---|
| 5/3 | 前　払　金 | 100,000 | 現　金 | 100,000 |
| 15 | 仕　入 | 800,000 | 前　払　金 | 100,000 |
| | | | 買　掛　金 | 700,000 |
| 20 | 現　金 | 60,000 | 前　受　金 | 60,000 |
| 26 | 前　受　金 | 60,000 | 売　上 | 600,000 |
| | 売　掛　金 | 540,000 | | |

前 払 金

| 5/3 | 現 金 | 100,000 | 5/15 | 仕 入 | 100,000 |
|---|---|---|---|---|---|

仕 入

| 5/15 | 諸 口 | 800,000 | | | |
|---|---|---|---|---|---|

前 受 金

| 5/26 | 売 上 | 60,000 | 5/20 | 現 金 | 60,000 |
|---|---|---|---|---|---|

売 上

| | | | 5/26 | 諸 口 | 600,000 |
|---|---|---|---|---|---|

### ❗ 解 答 へ の 道

商品売買において，商品代金の全部または一部を商品の受け渡し前に受け払いした場合の処理は，次の点に注意してください。

⑴ 手付金を支払ったときは，後日商品を受け取る権利が生じるため「前払金」勘定（資産）で処理します。

⑵ 後日，商品を受け取ったときは，商品を受け取る権利を表す前払金を減少させ，残額を買掛金で処理します。

⑶ 手付金を受け取ったときは，後日商品を引き渡す義務が生じるため「前受金」勘定（負債）で処理します。

⑷ 後日，商品を引き渡したときは，商品を引き渡す義務を表す前受金を減少させ，残額を売掛金で処理します。

## 問題 4 - 5

| 日付 | 借方科目 | 金 額 | 貸方科目 | 金 額 |
|---|---|---|---|---|
| 5/15 | 受取商品券 | 50,000 | 売　上 | 45,000 |
| | | | 現　金 | 5,000 |
| 31 | 現　金 | 50,000 | 受取商品券 | 50,000 |

### ❗ 解 答 へ の 道

受け取った商品券は，あとで代金を受け取る権利として，受取商品券勘定（資産）で処理します。

## 問題 4 - 6

| | 借方科目 | 金 額 | 貸方科目 | 金 額 |
|---|---|---|---|---|
| ⑴ | 受取商品券 | 50,000 | 売　上 | 80,000 |
| | 現　金 | 30,000 | | |
| ⑵ | 現　金 | 20,000 | 受取商品券 | 20,000 |

# THEME 05 商品売買Ⅱ

## 問題 5 - 1

| 日付 | 借方科目 | 金　額 | 貸方科目 | 金　額 |
|---|---|---|---|---|
| 4 / 2 | 仕　　　入 | 400,000 | 買　掛　金 | 400,000 |
| 8 | 売　掛　金 | 700,000 | 売　　　上 | 700,000 |
| 10 | 買　掛　金 | 30,000 | 仕　　　入 | 30,000 |
| 15 | 売　　　上 | 15,000 | 売　掛　金 | 15,000 |

### 売　掛　金

| 4 / 8 | 売　上 | 700,000 | 4 / 15 | 売　上 | 15,000 |
|---|---|---|---|---|---|

### 仕　　　入

| 4 / 2 | 買掛金 | 400,000 | 4 / 10 | 買掛金 | 30,000 |
|---|---|---|---|---|---|

### 買　掛　金

| 4 / 10 | 仕　入 | 30,000 | 4 / 2 | 仕　入 | 400,000 |
|---|---|---|---|---|---|

### 売　　　上

| 4 / 15 | 売掛金 | 15,000 | 4 / 8 | 売掛金 | 700,000 |
|---|---|---|---|---|---|

## 問題 5 - 2

| | 借方科目 | 金　額 | 貸方科目 | 金　額 |
|---|---|---|---|---|
| (1) | 仕　　　入 | 510,000 | 買　掛　金 | 300,000 |
| | | | 現　　　金 | 210,000 |
| (2) | 売　掛　金 | 604,500 | 売　　　上 | 604,500 |
| | 発　送　費 | 4,500 | 現　　　金 | 4,500 |

### ❗ 解答への道

(1) 引取運賃などの仕入諸掛りは商品代金の一部として，仕入原価に加算します。三分法では仕入勘定（費用）に含めます。

(2) 発送運賃などの売上諸掛りは，発送費勘定（費用）で処理します。なお，他の科目を用いる場合もあります。また，商品の配送費用4,500円は，指示に従って売上に含めます。

## 問題 5 - 3

### 売　掛　金　元　帳
#### 静　岡　商　店　㈱

| ×1 年 | | 摘　要 | 借　方 | 貸　方 | 借/貸 | 残　高 |
|---|---|---|---|---|---|---|
| 4 | 1 | 前月繰越 | ( 300,000) | | (借) | ( 300,000) |
| | (12) | (返　品) | | ( 25,000) | (〃) | ( 275,000) |
| | (24) | (売　上) | ( 90,000) | | (〃) | ( 365,000) |
| | (30) | (回　収) | | ( 100,000) | (〃) | ( 265,000) |
| | (〃) | 次月繰越 | | ( 265,000) | | |
| | | | ( 390,000) | ( 390,000) | | |
| 5 | 1 | 前月繰越 | ( 265,000) | | (借) | ( 265,000) |

### ❗ 解答への道

　本問は，静岡商店㈱の記入が求められているので，三重商店㈱に関する取引を記入しないように注意しましょう。なお，日付が同じときは，数字に代えて「〃」とします。

　以下，本問での取引について仕訳を示します。

4 / 1　前月繰越　静岡商店㈱ 300,000 円，
　　　　　　　　　三重商店㈱ 150,000 円
　12　(売　　　上) 25,000　(売掛金・静岡) 25,000
　24　(売掛金・静岡) 90,000　(売　　　上) 165,000
　　　(売掛金・三重) 75,000
　30　(現　　　金) 180,000　(売掛金・静岡) 100,000
　　　　　　　　　　　　　　　(売掛金・三重) 80,000

　売掛金勘定と売掛金元帳（相手先別の口座）の関係を示すと以下のとおりです。

#### 売　掛　金

| 4 / 1 | 繰越 | 450,000 | 4 / 12 | | 25,000 |
|---|---|---|---|---|---|
| | 24 | 165,000 | 30 | | 180,000 |

↓

#### 売　掛　金　元　帳
##### 静　岡　商　店　㈱

| 4 / 1 | 繰越 | 300,000 | 4 / 12 | | 25,000 |
|---|---|---|---|---|---|
| | 24 | 90,000 | 30 | | 100,000 |

##### 三　重　商　店　㈱

| 4 / 1 | 繰越 | 150,000 | 4 / 30 | | 80,000 |
|---|---|---|---|---|---|
| | 24 | 75,000 | | | |

## 問題 5-4

### 買 掛 金 元 帳
#### 長崎商店㈱

| ×1年 | | 摘 要 | 借 方 | 貸 方 | 借/貸 | 残 高 |
|---|---|---|---|---|---|---|
| 5 | 1 | 前月繰越 | | ( 450,000) | (貸) | ( 450,000) |
| | (11) | (仕　入) | | ( 200,000) | ( 〃 ) | ( 650,000) |
| | (18) | (返　品) | ( 50,000) | | ( 〃 ) | ( 600,000) |
| | (28) | (支　払) | ( 400,000) | | ( 〃 ) | ( 200,000) |
| | 31 | 次月繰越 | ( 200,000) | | | |
| | | | ( 650,000) | ( 650,000) | | |
| 6 | 1 | 前月繰越 | | ( 200,000) | (貸) | ( 200,000) |

### ❗ 解 答 へ の 道 ⋯⋯⋯⋯⋯⋯⋯⋯⋯⋯⋯⋯

本問は，長崎商店㈱の記入が求められているので，熊本商店㈱に関する取引を記入しないように注意しましょう。

以下，本問での取引について仕訳を示します。

```
5/1  前月繰越  長崎商店㈱ 450,000円,
            熊本商店㈱ 300,000円
  11 （仕      入）400,000  （買掛金・熊本）200,000
                          （買掛金・長崎）200,000
  18 （買掛金・長崎） 50,000  （仕      入） 50,000
  28 （買掛金・熊本）300,000  （現      金）700,000
     （買掛金・長崎）400,000
```

買掛金勘定と買掛金元帳（相手先別の口座）の関係を示すと以下のとおりです。

#### 買 掛 金

| 5/18 | 50,000 | 5/1 繰越 | 750,000 |
|---|---|---|---|
| 28 | 700,000 | 11 | 400,000 |

↓

### 買 掛 金 元 帳
#### 長崎商店㈱

| 5/18 | 50,000 | 5/1 繰越 | 450,000 |
|---|---|---|---|
| 28 | 400,000 | 11 | 200,000 |

#### 熊本商店㈱

| 5/28 | 300,000 | 5/1 繰越 | 300,000 |
|---|---|---|---|
| | | 11 | 200,000 |

## 問題 5-5

**(1) 売掛金**

### 総 勘 定 元 帳
#### 売 掛 金

| | 1,200 | 6/25 | 500 |
|---|---|---|---|
| 6/23 | 900 | | |
| 30 | 500 | | |

### 売 掛 金 元 帳

| 高 知 商 店 ㈱ | | | |
|---|---|---|---|
| | 400 | 6/25 | 200 |
| 6/23 | 400 | | |
| 30 | 300 | | |

| 横 浜 商 店 ㈱ | | | |
|---|---|---|---|
| | 800 | 6/25 | 300 |
| 6/23 | 500 | | |
| 30 | 200 | | |

**(2) 買掛金**

### 総 勘 定 元 帳
#### 買 掛 金

| 6/22 | 500 | | 350 |
|---|---|---|---|
| 27 | 150 | 6/21 | 900 |

### 買 掛 金 元 帳

| 京 都 商 店 ㈱ | | | |
|---|---|---|---|
| 6/22 | 300 | | 200 |
| | | 6/21 | 400 |

| 石 川 商 店 ㈱ | | | |
|---|---|---|---|
| 6/22 | 200 | | 150 |
| 27 | 150 | 6/21 | 500 |

掛け取引を相手先別に仕訳すると以下のとおりです。

| 日付 | 借方科目 | 金 額 | 貸方科目 | 金 額 |
|---|---|---|---|---|
| 6/21 | 仕　入 | 900 | 買掛金・京都 | 400 |
| | | | 買掛金・石川 | 500 |
| 22 | 買掛金・京都 | 300 | 現　金 | 500 |
| | 買掛金・石川 | 200 | | |
| 23 | 売掛金・高知 | 400 | 売　上 | 900 |
| | 売掛金・横浜 | 500 | | |
| 25 | 現　金 | 500 | 売掛金・高知 | 200 |
| | | | 売掛金・横浜 | 300 |
| 27 | 買掛金・石川 | 150 | 現　金 | 150 |
| 30 | 売掛金・高知 | 300 | 売　上 | 500 |
| | 売掛金・横浜 | 200 | | |

## 問 題 5 - 6

商 品 有 高 帳
ハンカチ（婦人用）

（先入先出法）

| ×1年 | | 摘 要 | 受 入 高 | | | 払 出 高 | | | 残 高 | | |
|---|---|---|---|---|---|---|---|---|---|---|---|
| | | | 数量 | 単価 | 金額 | 数量 | 単価 | 金額 | 数量 | 単価 | 金額 |
| （6） | （1） | （①前月繰越） | （120） | （ 150） | （ 18,000） | | | | （120） | （ 150） | （ 18,000） |
| | （6） | （仕　入） | （230） | （ 150） | （ 34,500） | | | | （350） | （②150） | （ 52,500） |
| | （12） | （売　上） | | | | （150） | （ 150） | （ 22,500） | （200） | （ 150） | （ 30,000） |
| | （18） | （仕　入） | （100） | （ 165） | （ 16,500） | | | | （（200） | （③150） | （ 30,000） |
| | | | | | | | | | （（100） | （③165） | （ 16,500） |
| | （24） | （売　上） | | | | （（200） | （④150） | （ 30,000） | | | |
| | | | | | | （（ 20） | （④165） | （ 3,300） | （ 80） | （ 165） | （ 13,200） |
| | （30） | （仕　入） | （ 40） | （ 170） | （ 6,800） | | | | （（ 80） | （ 165） | （ 13,200） |
| | | | | | | | | | （（ 40） | （ 170） | （ 6,800） |

**❗ 解 答 へ の 道**

〈商品有高帳の記入〉

　商品有高帳に売価を記入することはありません。売上時には払出高欄へ、原価（いくらで仕入れた商品を払い出したのか）を記入します。

（先入先出法）

① 前月繰越は、受入高欄と残高欄に記入します。

② 仕入単価が同じ場合は、まとめて記入します。

③ 仕入単価が異なるときは、残高欄に区別して記入します。

④ 6月18日の残高のうち、先に仕入れた単価150円の商品を払い出し、不足分は後に仕入れた単価165円の商品を払い出したとして記入します。

## 問 題 5 - 7

商 品 有 高 帳
ハンカチ（婦人用）

（移動平均法）

| ×1年 | | 摘 要 | 受 入 高 | | | 払 出 高 | | | 残 高 | | |
|---|---|---|---|---|---|---|---|---|---|---|---|
| | | | 数量 | 単価 | 金額 | 数量 | 単価 | 金額 | 数量 | 単価 | 金額 |
| （6） | （1） | （前月繰越） | （120） | （ 150） | （ 18,000） | | | | （120） | （ 150） | （ 18,000） |
| | （6） | （仕　入） | （230） | （ 150） | （ 34,500） | | | | （350） | （ 150） | （ 52,500） |
| | （12） | （売　上） | | | | （150） | （①150） | （ 22,500） | （200） | （ 150） | （ 30,000） |
| | （18） | （仕　入） | （100） | （ 165） | （ 16,500） | | | | （300） | （②155） | （ 46,500） |
| | （24） | （売　上） | | | | （220） | （③155） | （ 34,100） | （ 80） | （ 155） | （ 12,400） |
| | （30） | （仕　入） | （ 40） | （ 170） | （ 6,800） | | | | （120） | （④160） | （ 19,200） |

**❗ 解 答 へ の 道**

〈商品有高帳の記入〉

（移動平均法）

① 6月6日の残高欄の単価を用います。

② 平均単価を計算します。

$$\frac{30,000円＋16,500円}{200枚＋100枚}＝155円／枚$$

③ 6月18日の残高欄の単価を用います。

④ 平均単価を計算します。

$$\frac{12,400円＋6,800円}{80枚＋40枚}＝160円／枚$$

## 問題 5-8

商 品 有 高 帳
ネ ク タ イ

(先入先出法)

| ×1年 | | 摘 要 | 受 入 高 | | | 払 出 高 | | | 残 高 | | |
|---|---|---|---|---|---|---|---|---|---|---|---|
| | | | 数量 | 単価 | 金額 | 数量 | 単価 | 金額 | 数量 | 単価 | 金額 |
| 1 | 1 | 前月繰越 | 15 | 6,000 | 90,000 | | | | 15 | 6,000 | 90,000 |
| | (7) | (仕 入) | ( 15) | ( 6,000) | ( 90,000) | | | | ( 30) | ( 6,000) | (180,000) |
| | (14) | (売 上) | | | | ( 20) | ( 6,000) | (120,000) | ( 10) | ( 6,000) | ( 60,000) |
| | (21) | (仕 入) | ( 40) | ( 6,500) | (260,000) | | | | (( 10) | ( 6,000) | ( 60,000) |
| | | | | | | | | | (( 40) | ( 6,500) | (260,000) |
| | (28) | (売 上) | | | | (( 10) | ( 6,000) | ( 60,000) | | | |
| | | | | | | (( 10) | ( 6,500) | ( 65,000) | ( 30) | ( 6,500) | (195,000) |
| | (30) | (売上戻り) | ( 3) | ( 6,500) | ( 19,500) | | | | ( 33) | ( 6,500) | (214,500) |

売 上 高 　 321,600円
売 上 原 価 　 225,500円
売 上 総 利 益 　 96,100円

---

### ❗ 解 答 へ の 道

仕入および売上の取引内容から，日付順に商品有高帳に記入します。

〈商品有高帳の記入〉

1月28日の払出高欄は1月21日の残高のうち，先に仕入れた単価6,000円の商品を払い出し，不足分は後に仕入れた単価6,500円の商品を払い出したとして記入します。

1月30日の売上戻りは，1月21日仕入分が戻されることにより，在庫が増加するため，受入欄に記入します。

〈売上高・売上原価・売上総利益の計算〉

① 売上高は次のように求めます。

172,000円(1/14) + 176,000円(1/28)
− 26,400円(1/30)* = 321,600円

* 売上戻り：8,800円(売価) × 3本 = 26,400円

② 商品有高帳の払出高欄の合計額から売上戻り（原価）を控除した金額が売上原価（販売した商品の原価）です。

120,000円(1/14) + 60,000円(1/28)
+ 65,000円(1/28) − 19,500円(1/30)
= 225,500円

③ 売上高から売上原価を控除することにより売上総利益を求めます。

321,600円 − 225,500円 = 96,100円

THEME
# 06 現金・預金

## 問題 6 - 1

|  | 借方科目 | 金　額 | 貸方科目 | 金　額 |
|---|---|---|---|---|
| (1) | 現　　金 | 80,000 | 売　　上 | 80,000 |
| (2) | 仕　　入 | 50,000 | 現　　金 | 50,000 |
| (3) | 現　　金 | 40,000 | 売　掛　金 | 40,000 |

### ❗ 解 答 へ の 道

　他社振出の小切手，郵便為替証書，送金小切手は「通貨代用証券」であり，現金（資産）として取り扱います。

## 問題 6 - 2

| 日付 | 借方科目 | 金　額 | 貸方科目 | 金　額 |
|---|---|---|---|---|
| 4／10 | 当座預金 | 100,000 | 現　　金 | 100,000 |
| 5／3 | 買　掛　金 | 30,000 | 当座預金 | 30,000 |
| 6／6 | 当座預金 | 20,000 | 売　掛　金 | 20,000 |

現　　　金

| 4／1 | | 200,000 | 4／10 | 当座預金 | 100,000 |
|---|---|---|---|---|---|

売　掛　金

| 4／1 | | 70,000 | 6／6 | 当座預金 | 20,000 |
|---|---|---|---|---|---|

当　座　預　金

| 4／10 | 現　金 | 100,000 | 5／3 | 買掛金 | 30,000 |
|---|---|---|---|---|---|
| 6／6 | 売掛金 | 20,000 | | | |

買　掛　金

| 5／3 | 当座預金 | 30,000 | 4／1 | | 50,000 |
|---|---|---|---|---|---|

### ❗ 解 答 へ の 道

　小切手に関する問題は，以下の4パターンがあります。

① 自分が小切手を振り出した場合

（○　　　○）　×× 　（当座預金）　××

② 自分が振り出した小切手を受け取った場合

（当座預金）　×× 　（○　　　○）　××

考え方：小切手を振り出したときは，いずれ引き落とされるので当座預金を減少させましたが，これが戻ってきたので，結果的に銀行の当座預金残高は減少しないことが判明します。したがって，借方に「当座預金」を記入することで，元に戻します。

③ 他人が振り出した小切手を受け取る場合

（現　　金）　×× 　（○　　　○）　××

考え方：他人振出の小切手は銀行ですぐに通貨と引き換えることができるので，「現金」で処理します。

④ 他人が振り出した小切手で支払う場合

（○　　　○）　×× 　（現　　金）　××

考え方：他人振出の小切手は簿記上の現金なので「現金」を減少させます。

　上記のパターンを整理すると次のようになります。

| だれが振り出した小切手か？ | 処理する勘定 |
|---|---|
| 自　　　　分 | 当　座　預　金 |
| 他　　　　人 | 現　　　　金 |

　6月6日の取引は，上記③の他人振出の小切手の受け取りですが，問題文に「ただちに当座預金へ預け入れた」とあるので，現金の増加と減少の記入を同時に行ったと考えて，借方を当座預金とします。

## 問 題 6-3

| 日付 | 借方科目 | 金 額 | 貸方科目 | 金 額 |
|---|---|---|---|---|
| 4/5 | 当 座 預 金 | 300,000 | 売　　　上 | 500,000 |
| | 売 掛 金 | 200,000 | | |
| 10 | 現　　　金 | 480,000 | 売 掛 金 | 480,000 |
| 15 | 現　　　金 | 100,000 | 売　　　上 | 100,000 |
| 20 | 現　　　金 | 50,000 | 売 掛 金 | 50,000 |

**現　　　金**

| | | | | |
|---|---|---|---|---|
| 4/1 | | 400,000 | | |
| 10 | 売掛金 | 480,000 | | |
| 15 | 売上 | 100,000 | | |
| 20 | 売掛金 | 50,000 | | |

**売　掛　金**

| | | | | | | |
|---|---|---|---|---|---|---|
| 4/1 | | 500,000 | 4/10 | 現 金 | | 480,000 |
| 5 | 売上 | 200,000 | 20 | 現 金 | | 50,000 |

**当 座 預 金**

| | | |
|---|---|---|
| 4/1 | | 300,000 |
| 5 | 売上 | 300,000 |

**売　　　上**

| | | | | | |
|---|---|---|---|---|---|
| | | 4/5 | 諸　口 | | 500,000 |
| | | 15 | 現 金 | | 100,000 |

### ❗ 解 答 へ の 道

紙幣や硬貨のほかに，他人振出の小切手，郵便為替証書，送金小切手などの通貨代用証券は現金勘定で処理します。

## 問 題 6-4

| 日付 | 借方科目 | 金 額 | 貸方科目 | 金 額 |
|---|---|---|---|---|
| 3/1 | 当 座 預 金 | 100,000 | 現　　　金 | 100,000 |
| 9 | 買 掛 金 | 70,000 | 当 座 預 金 | 70,000 |
| 10 | 広告宣伝費 | 50,000 | 当 座 預 金 | 50,000 |
| 15 | 仕　　　入 | 61,000 | 当 座 預 金 | 61,000 |
| 17 | 当 座 預 金 | 70,000 | 売 掛 金 | 70,000 |

**当 座 預 金**

| | | | | |
|---|---|---|---|---|
| 3/1 | 100,000 | 3/9 | 70,000 | |
| 17 | 70,000 | 10 | 50,000 | |
| | | 15 | 61,000 | |

### ❗ 解 答 へ の 道

当座預金に関する取引は当座預金勘定（資産）で処理します。

当座借越契約を結んでいる場合，当座預金残高を超えて引き出したときも，その金額を当座預金勘定で処理します。

## 問 題 6-5

| 日付 | 借方科目 | 金 額 | 貸方科目 | 金 額 |
|---|---|---|---|---|
| 4/5 | 普 通 預 金 | 50,000 | 現　　　金 | 50,000 |
| 10 | 通 信 費 | 12,000 | 普 通 預 金 | 12,000 |
| 15 | 定 期 預 金 | 60,000 | 現　　　金 | 40,000 |
| | | | 普 通 預 金 | 20,000 |
| 20 | 現　　　金 | 15,000 | 普 通 預 金 | 15,000 |

**現　　　金**

| | | | | | |
|---|---|---|---|---|---|
| 4/1 | | 100,000 | 4/5 | 普通預金 | 50,000 |
| 20 | 普通預金 | 15,000 | 15 | 定期預金 | 40,000 |

**普 通 預 金**

| | | | | | |
|---|---|---|---|---|---|
| 4/5 | 現 金 | 50,000 | 4/10 | 通信費 | 12,000 |
| | | | 15 | 定期預金 | 20,000 |
| | | | 20 | 現 金 | 15,000 |

**定 期 預 金**

| | | | |
|---|---|---|---|
| 4/15 | 諸　口 | 60,000 | |

## 問 題 6-6

| 日付 | 借方科目 | 金 額 | 貸方科目 | 金 額 |
|---|---|---|---|---|
| 9/1 | 普通預金A銀行 | 120,000 | 現　　　金 | 170,000 |
| | 当座預金B銀行 | 50,000 | | |
| 10 | 普通預金C信用金庫 | 14,000 | 当座預金B銀行 | 14,000 |
| 20 | 現　　　金 | 20,000 | 普通預金A銀行 | 20,000 |

### ❗ 解 答 へ の 道

預金口座（当座預金，普通預金，定期預金等）について，当座預金○○銀行，当座預金□□信用金庫，普通預金××銀行，定期預金○○銀行のように取扱金融機関ごとに勘定科目を設ける場合があります。

# 小口現金

## 問題 7 - 1

| 日付 | 借方科目 | 金　額 | 貸方科目 | 金　額 |
|---|---|---|---|---|
| 4/1 | 小口現金 | 20,000 | 当座預金 | 20,000 |
| 30 | 通信費 | 7,000 | 小口現金 | 9,000 |
|  | 旅費交通費 | 2,000 |  |  |
| 5/1 | 小口現金 | 9,000 | 当座預金 | 9,000 |

## 問題 7 - 2

| 日付 | 借方科目 | 金　額 | 貸方科目 | 金　額 |
|---|---|---|---|---|
| 4/1 | 小口現金 | 20,000 | 当座預金 | 20,000 |
| 30 | 通　信　費 | 7,000 | 現　　金 | 9,000 |
|  | 旅費交通費 | 2,000 |  |  |

〈別解〉

| 4/30 | （通 信 費） | 7,000 | （小口現金） | 9,000 |
|---|---|---|---|---|
|  | （旅費交通費） | 2,000 |  |  |
|  | （小口現金） | 9,000 | （現　　金） | 9,000 |

### ❗解答への道

インプレスト・システムを採用している場合，報告を受けた支出額と補給額が同額であるため，報告と補給が同時に（「ただちに」）行われたときは小口現金勘定を用いずに仕訳します。

## 問題 7 - 3

(1)

### 小口現金出納帳

| 受入 | ×1年 | | 摘　要 | 支払 | 内　　訳 | | | |
|---|---|---|---|---|---|---|---|---|
| | | | | | 旅費交通費 | 通信費 | 水道光熱費 | 雑　費 |
| 20,000 | 10 | 15 | 前 週 繰 越 | | | | | |
| | | 〃 | 郵 便 切 手 | 600 | | 600 | | |
| | | 16 | 紅茶・コーヒー代 | 500 | | | | 500 |
| | | 17 | バ ス 回 数 券 | 1,500 | 1,500 | | | |
| | | 18 | 電 気 代 | 5,000 | | | 5,000 | |
| | | 19 | 新 聞 代 | 1,200 | | | | 1,200 |
| | | 20 | ガ ス 代 | 4,000 | | | 4,000 | |
| | | | 合　　　　計 | ①12,800 | 1,500 | 600 | 9,000 | 1,700 |
| ② 12,800 | | 20 | 本 日 補 給 | | | | | |
| | | 〃 | 次 週 繰 越 | ③20,000 | | | | |
| ④ 32,800 | | | | ④32,800 | | | | |
| 20,000 | 10 | 22 | 前 週 繰 越 | | | | | |

(2)

| 借方科目 | 金　額 | 貸方科目 | 金　　額 |
|---|---|---|---|
| 旅費交通費 | 1,500 | 当座預金 | 12,800 |
| 通　信　費 | 600 | | |
| 水道光熱費 | 9,000 | | |
| 雑　　費 | 1,700 | | |

### ❗解答への道

本問(1)では下記の点について注意してください。
① 土曜日（10/20）に合計と記した行に内訳の合計額を記入します。合計額は支払欄の合計と一致します。
② 資金の補給が土曜日（10/20）に行われるため，本日補給と記した行の受入欄に12,800円を記入します。
③ 受入欄の合計額と支払合計額との差額20,000円が次週繰越額となります。週末補給の場合，次週繰越額が定額（20,000円）となります。
④ 受入欄の合計と支払欄の合計は一致します。

## 第2編 THEME 08 クレジット売掛金

### 問題 8 - 1

| 日付 | 借方科目 | 金　額 | 貸方科目 | 金　額 |
|---|---|---|---|---|
| 6/10 | クレジット売掛金 | 29,400 | 売　　　上 | 30,000 |
| | 支払手数料 | 600 | | |
| 7/20 | 当 座 預 金 | 29,400 | クレジット売掛金 | 29,400 |

### ❗ 解 答 へ の 道 ……………………………

　クレジットカード決済により商品を販売したときは，クレジット売掛金勘定（資産）で処理します。なお，信販会社に対する手数料の支払額は，原則として自社で負担するため，売上高から支払手数料を差し引いた金額をクレジット売掛金とします。

　支払手数料：30,000円 × 2 ％ ＝ 600円

# 手形取引

## 問題 9 - 1

〔仙台商店㈱〕

| 日付 | 借方科目 | 金　額 | 貸方科目 | 金　額 |
|---|---|---|---|---|
| 5／1 | 仕　　　入 | 3,000 | 支払手形 | 3,000 |
| 31 | 支払手形 | 3,000 | 当座預金 | 3,000 |

〔群馬商店㈱〕

| 日付 | 借方科目 | 金　額 | 貸方科目 | 金　額 |
|---|---|---|---|---|
| 5／1 | 受取手形 | 3,000 | 売　　　上 | 3,000 |
| 31 | 当座預金 | 3,000 | 受取手形 | 3,000 |

**❗ 解答への道**

　手形取引は，支払う義務を負う者が支払手形勘定を，受け取る権利をもつ者が受取手形勘定を用います。

① 約束手形を振り出したとき

（○　　　○）× ×　**（支 払 手 形）** × ×

② 約束手形の代金を支払ったとき

**（支 払 手 形）** × ×　（当 座 預 金）× ×

③ 約束手形を受け取ったとき

**（受 取 手 形）** × ×　（○　　　○）× ×

④ 約束手形の代金を受け取ったとき

（当 座 預 金）× ×　**（受 取 手 形）** × ×

## 問題 9 - 2

〔鳥取商店㈱〕

| 日付 | 借方科目 | 金　額 | 貸方科目 | 金　額 |
|---|---|---|---|---|
| 7／1 | 仕　　　入 | 50,000 | 買　掛　金 | 50,000 |
| 31 | 買　掛　金 | 50,000 | 支払手形 | 50,000 |
| 9／20 | 支払手形 | 50,000 | 当座預金 | 50,000 |

〔佐賀商店㈱〕

| 日付 | 借方科目 | 金　額 | 貸方科目 | 金　額 |
|---|---|---|---|---|
| 7／1 | 売　掛　金 | 50,000 | 売　　　上 | 50,000 |
| 31 | 受取手形 | 50,000 | 売　掛　金 | 50,000 |
| 9／20 | 当座預金 | 50,000 | 受取手形 | 50,000 |

## 問題 9 - 3

| | 借方科目 | 金　額 | 貸方科目 | 金　額 |
|---|---|---|---|---|
| (1) | 仕　　　入 | 220,000 | 支払手形 | 200,000 |
| | | | 買　掛　金 | 20,000 |
| (2) | 買　掛　金 | 25,000 | 当座預金 | 10,000 |
| | | | 支払手形 | 15,000 |
| (3) | 買　掛　金 | 65,000 | 現　　　金 | 45,000 |
| | | | 支払手形 | 20,000 |
| (4) | 受取手形 | 300,000 | 売　　　上 | 350,000 |
| | 売　掛　金 | 50,000 | | |
| (5) | 現　　　金 | 60,000 | 売　　　上 | 100,000 |
| | 受取手形 | 40,000 | | |
| (6) | 受取手形 | 70,000 | 売　掛　金 | 90,000 |
| | 当座預金 | 20,000 | | |

# 第2編 THEME 10

# 電子記録債権・債務

## 問題 10-1

| 日付 | 借方科目 | 金額 | 貸方科目 | 金額 |
|---|---|---|---|---|
| 11/5 | 電子記録債権 | 150,000 | 売 掛 金 | 150,000 |
| 30 | 当 座 預 金 | 150,000 | 電子記録債権 | 150,000 |

### ❗ 解 答 へ の 道 ························

　売掛金について，電子記録債権の発生記録を行った場合，債権者（富山商店㈱）は売掛金を減少させ，電子記録債権勘定（資産）の借方に記入します。電子記録債権は，支払期日に取扱銀行等を通じて自動的に決済されます。

## 問題 10-2

| 日付 | 借方科目 | 金額 | 貸方科目 | 金額 |
|---|---|---|---|---|
| 11/5 | 買 掛 金 | 150,000 | 電子記録債務 | 150,000 |
| 30 | 電子記録債務 | 150,000 | 当 座 預 金 | 150,000 |

### ❗ 解 答 へ の 道 ························

　買掛金について，電子記録債務の発生記録を行った場合，債務者（福井商店㈱）は買掛金を減少させ，電子記録債務勘定（負債）の貸方に記入します。電子記録債務は，支払期日に取扱銀行等を通じて自動的に決済されます。

## THEME 11　その他の取引Ⅰ

### 問題 11-1

| 日付 | 借方科目 | 金 額 | 貸方科目 | 金 額 |
|---|---|---|---|---|
| 5/1 | 貸 付 金 | 1,000,000 | 現　　金 | 1,000,000 |
| 1/31 | 現　　金 | 1,026,250 | 貸 付 金 | 1,000,000 |
| | | | 受 取 利 息 | 26,250 |

**❗ 解答への道** ‥‥‥‥‥‥‥‥‥‥‥‥‥

受取利息の計算：

$$1,000,000円 \times 3.5\% \times \frac{9か月}{12か月} = 26,250円$$

（9か月分の利息）

### 問題 11-2

| 日付 | 借方科目 | 金 額 | 貸方科目 | 金 額 |
|---|---|---|---|---|
| 6/1 | 現　　金 | 300,000 | 借 入 金 | 300,000 |
| 8/31 | 借 入 金 | 300,000 | 当 座 預 金 | 301,500 |
| | 支 払 利 息 | 1,500 | | |

### 問題 11-3

| | 借方科目 | 金 額 | 貸方科目 | 金 額 |
|---|---|---|---|---|
| (1) | 役 員 貸 付 金 | 3,000,000 | 当 座 預 金 | 3,000,000 |
| (2) | 当 座 預 金 | 3,048,000 | 役 員 貸 付 金 | 3,000,000 |
| | | | 受 取 利 息 | 48,000 |
| (3) | 普 通 預 金 | 2,000,000 | 役 員 借 入 金 | 2,000,000 |

**❗ 解答への道** ‥‥‥‥‥‥‥‥‥‥‥‥‥

(2) 受取利息の計算
3,000,000円 × 1.6% = 48,000円

### 問題 11-4

| | 借方科目 | 金 額 | 貸方科目 | 金 額 |
|---|---|---|---|---|
| (1) | 手 形 貸 付 金 | 100,000 | 現　　金 | 100,000 |
| (2) | 現　　金 | 200,000 | 手 形 借 入 金 | 200,000 |

**❗ 解答への道** ‥‥‥‥‥‥‥‥‥‥‥‥‥

(1) 金銭の貸し付けの際に約束手形を受け取った場合は，受取手形勘定ではなく，手形貸付金勘定（資産）で処理します。

(2) 金銭の借り入れの際に約束手形を振り出した場合は，支払手形勘定ではなく，手形借入金勘定（負債）で処理します。

### 問題 11-5

| | 借方科目 | 金 額 | 貸方科目 | 金 額 |
|---|---|---|---|---|
| (1) | 当 座 預 金 | 493,000 | 手 形 借 入 金 | 500,000 |
| | 支 払 利 息 | 7,000 | | |
| (2) | 手 形 借 入 金 | 700,000 | 当 座 預 金 | 700,000 |
| (3) | 手 形 貸 付 金 | 1,000,000 | 当 座 預 金 | 980,000 |
| | | | 受 取 利 息 | 20,000 |
| (4) | 当 座 預 金 | 500,000 | 手 形 貸 付 金 | 500,000 |

**❗ 解答への道** ‥‥‥‥‥‥‥‥‥‥‥‥‥

(1)の貸方および(2)の借方を「借入金」，(3)の借方および(4)の貸方を「貸付金」とすることもあります。

(1) 約束手形の振り出しによる借入れの際，利息を借入時に支払うパターンと返済時に支払うパターンがありますが，本問は前者で，次の①と②を相殺した仕訳になります。

（当座預金）500,000　（手形借入金）500,000
①

（支払利息）　7,000　（当座預金）　7,000
②

(注) 支払利息の計算

$$500,000円 \times 7\% \times \frac{73日}{365日} = 7,000円$$

(3) 約束手形の受け入れによる貸付けの際，利息を貸付時に受け取るパターンと，返済時に受け取るパターンがありますが，本問は前者で，次の①と②を相殺した仕訳になります。

（手形貸付金）1,000,000　（当座預金）1,000,000
①

（当座預金）　20,000　（受取利息）　20,000
②

(注) 受取利息の計算

$$1,000,000円 \times 6\% \times \frac{4か月}{12か月} = 20,000円$$

第2編 期中取引

THEME
12

# その他の取引Ⅱ

## 問題 12 - 1

| | 借方科目 | 金 額 | 貸方科目 | 金 額 |
|---|---|---|---|---|
| (1) | 建 物 | 5,000,000 | 当 座 預 金 | 5,000,000 |
| (2) | 備 品 | 110,000 | 当 座 預 金 | 100,000 |
| | | | 現 金 | 10,000 |
| (3) | 車両運搬具 | 800,000 | 現 金 | 800,000 |
| (4) | 土 地 | 4,150,000 | 当 座 預 金 | 4,000,000 |
| | | | 現 金 | 150,000 |
| (5) | 土 地 | 35,000 | 現 金 | 35,000 |

### ❗ 解答への道

(2) 備品の取得原価110,000円は購入代金100,000円＋付随費用10,000円です。

(4) 固定資産の取得原価は次のように計算します。
取得原価
＝購入代価＋付随費用
＝20,000円/㎡×200㎡＋100,000円＋50,000円
＝4,150,000円

(5) 後日支払った整地費用は，取得原価に含めます。

## 問題 12 - 2

| | 借方科目 | 金 額 | 貸方科目 | 金 額 |
|---|---|---|---|---|
| (1) | 支払手数料 | 150,000 | 当 座 預 金 | 450,000 |
| | 差入保証金 | 300,000 | | |
| (2) | 支 払 家 賃 | 120,000 | 普 通 預 金 | 480,000 |
| | 差入保証金 | 240,000 | | |
| | 支払手数料 | 120,000 | | |
| (3) | 普 通 預 金 | 140,000 | 差入保証金 | 240,000 |
| | 修 繕 費 | 100,000 | | |

### ❗ 解答への道

支払家賃および支払手数料は費用として処理しますが，敷金（保証金）については，解約時等に精算のうえ返金を受ける権利として，差入保証金勘定（資産）で処理します。

なお，契約解除の際の原状回復にかかる金額は修繕費勘定（費用）で処理します。

## 問題 12 - 3

| 日付 | 借方科目 | 金 額 | 貸方科目 | 金 額 |
|---|---|---|---|---|
| 4/10 | 土 地 | 3,400,000 | 未 払 金 | 3,400,000 |
| 5/20 | 未 払 金 | 3,400,000 | 当 座 預 金 | 3,400,000 |
| 7/31 | 未 収 入 金 | 4,000,000 | 土 地 | 3,400,000 |
| | | | 固定資産売却益 | 600,000 |

### ❗ 解答への道

土地の取得原価3,400,000円は，購入代価3,000,000円＋付随費用400,000円です。なお，固定資産としての土地は商品ではないので，購入代金を後で支払うときは未払金勘定（負債）の貸方に，売却代金を後で受け取るときは，未収入金勘定（資産）の借方に記入します。

## 問題 12 - 4

〔船橋商店㈱〕

| 日付 | 借方科目 | 金 額 | 貸方科目 | 金 額 |
|---|---|---|---|---|
| 6/1 | 車両運搬具 | 3,000,000 | 未 払 金 | 3,000,000 |
| 30 | 未 払 金 | 250,000 | 当 座 預 金 | 250,000 |

〔水戸モータース㈱〕

| 日付 | 借方科目 | 金 額 | 貸方科目 | 金 額 |
|---|---|---|---|---|
| 6/1 | 売 掛 金 | 3,000,000 | 売 上 | 3,000,000 |
| 30 | 現 金 | 250,000 | 売 掛 金 | 250,000 |

### ❗ 解答への道

船橋商店㈱が購入したトラックは，商品運送用に使うものであり，販売を目的とした商品の仕入れではありません。

これに対して，自動車販売業（ディーラー）を営む水戸モータース㈱では，トラックの販売は売上げです。

## 問題 12 - 5

| 借方科目 | 金額 | 貸方科目 | 金額 |
|---|---|---|---|
| 修　繕　費 | 1,000 | 当　座　預　金 | 51,000 |
| 建　　　物 | 50,000 | | |

**❶ 解答への道** ·······················································

　固定資産に対する支出のうち，破損部分の修理のための金額は収益的支出として修繕費勘定（費用）で，改築に係る（資産価値の増加）金額は資本的支出として固定資産の勘定で処理します。

# 第2編 THEME 13 その他の取引Ⅲ

## 問題 13-1

| 日付 | 借方科目 | 金 額 | 貸方科目 | 金 額 |
|---|---|---|---|---|
| 7/1 | 仮 払 金 | 35,000 | 現　　金 | 35,000 |
| 7 | 旅費交通費 | 36,000 | 仮 払 金 | 35,000 |
|  |  |  | 現　　金 | 1,000 |

### ❗ 解答への道

　出張前に渡す金額は内容が未確定なため仮払金勘定で処理し，後日，確定したときに適切な勘定（旅費交通費）へ振り替えます。

## 問題 13-2

| 日付 | 借方科目 | 金 額 | 貸方科目 | 金 額 |
|---|---|---|---|---|
| 11/1 | 仮 払 金 | 10,000 | 現　　金 | 10,000 |
| 5 | 旅費交通費 | 840 | 仮 払 金 | 1,340 |
|  | 消 耗 品 費 | 500 |  |  |

### ❗ 解答への道

　ICカードにチャージした金額は，従業員から報告を受けるまで内容が未確定なため，仮払金勘定で処理し，後日，報告により内容が確定したときに適切な勘定（旅費交通費と消耗品費）へ振り替えます。

## 問題 13-3

| 日付 | 借方科目 | 金 額 | 貸方科目 | 金 額 |
|---|---|---|---|---|
| 7/4 | 当 座 預 金 | 95,000 | 仮 受 金 | 95,000 |
| 7 | 仮 受 金 | 95,000 | 売 掛 金 | 95,000 |

### ❗ 解答への道

　内容不明の入金は処理すべき勘定科目が不明なため仮受金勘定で処理し，後日，処理すべき勘定科目が判明したときに適切な勘定（売掛金）へ振り替えます。

## 問題 13-4

|  | 借方科目 | 金 額 | 貸方科目 | 金 額 |
|---|---|---|---|---|
| (1) | 旅費交通費 | 44,000 | 仮 払 金 | 66,000 |
|  | 現　　金 | 22,000 |  |  |
| (2) | 仮 受 金 | 150,000 | 売 掛 金 | 80,000 |
|  |  |  | 前 受 金 | 70,000 |

## 問題 13-5

| 日付 | 借方科目 | 金 額 | 貸方科目 | 金 額 |
|---|---|---|---|---|
| 12/1 | 従業員立替金 | 1,500 | 現　　金 | 1,500 |
| 2 | 現　　金 | 1,500 | 従業員立替金 | 1,500 |
| 5 | 現　　金 | 100,000 | 従業員預り金 | 100,000 |
| 10 | 従業員預り金 | 100,000 | 現　　金 | 100,000 |

### ❗ 解答への道

　従業員立替金勘定（資産）は立替金勘定（資産），従業員預り金勘定（負債）は預り金勘定（負債）とすることもあります。立替金や預り金は，一般的に相手先や内容を表す名称を付して用います。

## 問題 13-6

| 日付 | 借方科目 | 金 額 | 貸方科目 | 金 額 |
|---|---|---|---|---|
| 2/25 | 給　　料 | 300,000 | 所得税預り金 | 12,000 |
|  |  |  | 住民税預り金 | 15,000 |
|  |  |  | 社会保険料預り金 | 30,000 |
|  |  |  | 普 通 預 金 | 243,000 |
| 3/2 | 社会保険料預り金 | 30,000 | 普 通 預 金 | 60,000 |
|  | 法定福利費 | 30,000 |  |  |
| 10 | 所得税預り金 | 12,000 | 現　　金 | 12,000 |

### ❗ 解答への道

　所得税預り金は，税務署に，住民税預り金は地方自治体に納付します。社会保険料は，従業員から預かった個人負担分と会社負担分を合わせて支払います。なお，会社負担分は法定福利費勘定（費用）で処理します。

## 問題 13 - 7

| 日付 | 借方科目 | 金額 | 貸方科目 | 金額 |
|---|---|---|---|---|
| 8/20 | 従業員立替金 | 80,000 | 現 金 | 80,000 |
| 25 | 給 料 | 870,000 | 所得税預り金 | 35,000 |
| | | | 住民税預り金 | 45,000 |
| | | | 社会保険料預り金 | 100,000 |
| | | | 従業員立替金 | 80,000 |
| | | | 現 金 | 610,000 |
| 9/10 | 所得税預り金 | 35,000 | 現 金 | 35,000 |

### ❗ 解 答 へ の 道 ·······················

8/20 従業員の給料を前払いしたときは従業員立
替金勘定（資産）で処理します。

8/25 給料の総額870,000円から，前払いしてい
た分と源泉所得税等の預り分を差し引いた残
額610,000円を現金で渡します。

## 問題 13 - 8

| 日付 | 借方科目 | 金額 | 貸方科目 | 金額 |
|---|---|---|---|---|
| 10/15 | 諸 会 費 | 6,000 | 現 金 | 6,000 |
| 11/10 | 諸 会 費 | 18,000 | 未 払 金 | 18,000 |
| 12/15 | 未 払 金 | 18,000 | 当 座 預 金 | 18,000 |

### ❗ 解 答 へ の 道 ·······················

同業者団体や，商工会，商友会，町内会，納税協会
等の様々な団体が発行する納入通知書（請求書）によ
り支払う年会費や組合費等は諸会費勘定（費用）で処
理します。

# さまざまな帳簿の関係

## 問題 14 - 1

|  | 1 | 2 | 3 | 4 | 5 |
|---|---|---|---|---|---|
| 当座預金出納帳 | ○ | ○ |  | ○ |  |
| 仕　入　帳 |  | ○ |  |  |  |
| 売　上　帳 |  |  |  |  | ○ |
| 商 品 有 高 帳 |  | ○ |  |  | ○ |
| 売 掛 金 元 帳 |  |  |  |  | ○ |
| 買 掛 金 元 帳 | ○ | ○ | ○ |  |  |
| 受取手形記入帳 |  |  |  | ○ |  |
| 支払手形記入帳 |  |  | ○ |  |  |

### ❗ 解 答 へ の 道 ······················

仕訳の勘定科目から，記帳する補助簿が判明します。

1. 買掛金元帳 ←（買 掛 金）×× （当座預金）×× → 当座預金出納帳

2. 仕入帳と
商品有高帳 ←（仕　　入）×× （当座預金）×× → 当座預金出納帳
　　　　　　　　　　　　　　　（買 掛 金）×× → 買掛金元帳

3. 買掛金元帳 ←（買 掛 金）×× （支払手形）×× → 支払手形記入帳

4. 当座預金出納帳 ←（当座預金）×× （受取手形）×× → 受取手形記入帳

5. 売上帳と
商品有高帳 ←（売　　上）×× （売 掛 金）×× → 売掛金元帳

## 問題 14 - 2

### 当 座 預 金 出 納 帳

| ×1 年 | | 摘　要 | 預　入 | 引　出 | 借/貸 | 残　高 |
|---|---|---|---|---|---|---|
| 4 | 1 | 当座預金開設 | 100,000 | | 借 | 100,000 |
| | 3 | 買掛金支払 | | 70,000 | 〃 | 30,000 |
| | 6 | 広告費支払 | | 50,000 | 貸 | 20,000 |
| | 10 | 売掛金回収 | 80,000 | | 借 | 60,000 |
| | 13 | 売掛金回収 | 30,000 | | 〃 | 90,000 |
| | 15 | 売掛金回収 | 50,000 | | 〃 | 140,000 |

### ❗ 解 答 へ の 道 ······················

| | | | | | | |
|---|---|---|---|---|---|---|
| 4/1 | （当 座 預 金） | 100,000 | （現　　　　金） | 100,000 |
| 3 | （買　掛　金） | 70,000 | （当 座 預 金） | 70,000 |
| 6 | （広 告 宣 伝 費） | 50,000 | （当 座 預 金） | 50,000 |
| 10 | （当 座 預 金） | 80,000 | （売　掛　金） | 80,000 |
| 13 | （当 座 預 金） | 30,000 | （売　掛　金） | 30,000 |
| 15 | （当 座 預 金） | 50,000 | （売　掛　金） | 50,000 |

## 問題 14 - 3

| 日付 | 借方科目 | 金　額 | 貸方科目 | 金　額 |
|---|---|---|---|---|
| 4／1 | 当 座 預 金 | 100,000 | 現　　　金 | 100,000 |
| 3 | 買　掛　金 | 70,000 | 当 座 預 金 | 70,000 |
| 6 | 広告宣伝費 | 50,000 | 当 座 預 金 | 50,000 |
| 10 | 当 座 預 金 | 80,000 | 売　掛　金 | 80,000 |
| 13 | 当 座 預 金 | 30,000 | 売　掛　金 | 30,000 |
| 15 | 当 座 預 金 | 50,000 | 売　掛　金 | 50,000 |

### 当 座 預 金

| 4/1 | 現　金 | 100,000 | 4/3 | 買掛金 | 70,000 |
|---|---|---|---|---|---|
| 10 | 売掛金 | 80,000 | 6 | 広告宣伝費 | 50,000 |
| 13 | 売掛金 | 30,000 | | | |
| 15 | 売掛金 | 50,000 | | | |

| 日付 | 借方科目 | 金 額 | 貸方科目 | 金 額 |
|---|---|---|---|---|
| 3/1 | 仕　　入 | 160,000 | 買　掛　金 | 160,000 |
| 12 | 買　掛　金 | 40,000 | 仕　　入 | 40,000 |
| 15 | 仕　　入 | 195,000 | 買　掛　金 | 195,000 |
| 29 | 仕　　入 | 240,000 | 現　　金 | 80,000 |
|  |  |  | 買　掛　金 | 160,000 |

現　　金

|  | | | 100,000 | 3/29 | 仕　入 | 80,000 |
|---|---|---|---|---|---|---|

仕　　入

| 3/1 | 買掛金 | 160,000 | 3/12 | 買掛金 | 40,000 |
|---|---|---|---|---|---|
| 15 | 買掛金 | 195,000 | | | |
| 29 | 諸　口 | 240,000 | | | |

買　掛　金

| 3/12 | 仕　入 | 40,000 | | | 200,000 |
|---|---|---|---|---|---|
| | | | 3/1 | 仕　入 | 160,000 |
| | | | 15 | 仕　入 | 195,000 |
| | | | 29 | 仕　入 | 160,000 |

| 日付 | 借方科目 | 金 額 | 貸方科目 | 金 額 |
|---|---|---|---|---|
| 8/2 | 売　掛　金 | 300,000 | 売　　上 | 300,000 |
| 15 | 売　掛　金 | 300,000 | 売　　上 | 300,000 |
| 18 | 売　　上 | 120,000 | 売　掛　金 | 120,000 |
| 30 | 売　掛　金 | 380,000 | 売　　上 | 380,000 |

売　　上

| 8/18 | 売掛金 | 120,000 | 8/2 | 売掛金 | 300,000 |
|---|---|---|---|---|---|
| | | | 15 | 売掛金 | 300,000 |
| | | | 30 | 売掛金 | 380,000 |

帳簿の名称（受取手形記入帳）

| 取引日 | | 仕　　訳 | | | |
|---|---|---|---|---|---|
| | | 借方科目 | 金 額 | 貸方科目 | 金 額 |
| 9 | 15 | 受取手形 | 300,000 | 売　掛　金 | 300,000 |
| 10 | 12 | 受取手形 | 350,000 | 売　掛　金 | 350,000 |
| 11 | 12 | 当座預金 | 300,000 | 受取手形 | 300,000 |

**❗ 解 答 へ の 道** ⋯⋯⋯⋯⋯⋯⋯⋯⋯⋯⋯⋯⋯⋯⋯⋯

1．帳簿の名称

　　摘要欄の売掛金，てん末欄の取立等の記入から，受取手形記入帳と判明するので，仕訳の借方または貸方に受取手形勘定を用います。

2．仕訳

　　9月15日…相手勘定を記入する摘要欄に「売掛金」とあるので，売掛金の回収取引です。

　　10月12日…相手勘定を記入する摘要欄に「売掛金」とあるので，売掛金の回収取引です。

　　11月12日…てん末欄の記入内容により，当座預金による決済取引です。

帳簿の名称（支払手形記入帳）

| 取引日 | | 仕　　訳 | | | |
|---|---|---|---|---|---|
| | | 借方科目 | 金 額 | 貸方科目 | 金 額 |
| 3 | 15 | 秋田商店㈱ | 200,000 | 支払手形 | 200,000 |
| 5 | 20 | 青森商店㈱ | 300,000 | 支払手形 | 300,000 |
| | 31 | 支払手形 | 200,000 | 当座預金 | 200,000 |

**❗ 解 答 へ の 道** ⋯⋯⋯⋯⋯⋯⋯⋯⋯⋯⋯⋯⋯⋯⋯⋯

1．帳簿の名称

　　摘要欄の買掛金，てん末欄の支払済等の記入から，支払手形記入帳と判明するので，仕訳の借方または貸方に支払手形勘定を用います。また，買掛金については問題の指示により人名勘定を用います。

2．仕訳

　　3月15日…当社が秋田商店㈱の買掛金を約束手形で支払うため，借方科目は秋田商店㈱勘定です。

　　5月20日…当社が青森商店㈱の買掛金を約束手形で支払うため，借方科目は青森商店㈱勘定です。

　　5月31日…てん末欄の記入内容により，当座預金による決済取引です。

# THEME 15 試算表

## 問題 15 - 1

| 日付 | | 借方科目 | 金額 | 貸方科目 | 金額 |
|---|---|---|---|---|---|
| 7/26 | イ | 仕　　入 | 17,600 | 買　掛　金 | 17,600 |
| | ロ | 当座預金 | 14,000 | 売　掛　金 | 14,000 |
| | ハ | 買　掛　金 | 7,000 | 支払手形 | 7,000 |
| 27 | イ | 売　掛　金 | 23,000 | 売　　上 | 23,000 |
| | ロ | 買　掛　金 | 2,000 | 仕　　入 | 2,000 |
| | ハ | 受取手形 | 6,000 | 売　掛　金 | 6,000 |
| 28 | イ | 仕　　入 | 16,000 | 買　掛　金 | 16,000 |
| | ロ | 買　掛　金 | 4,000 | 当座預金 | 4,000 |
| 29 | イ | 売　掛　金 | 15,000 | 売　　上 | 15,000 |
| | ロ | 買　掛　金 | 7,000 | 支払手形 | 7,000 |
| 30 | イ | 仕　　入 | 21,000 | 買　掛　金 | 21,000 |
| 31 | イ | 売　掛　金 | 22,000 | 売　　上 | 22,000 |
| | ロ | 買　掛　金 | 26,000 | 支払手形 | 26,000 |

| 現　金 | |
|---|---|
| 24,100 | 10,600 |
| 14,000 | 4,000 |

| 当座預金 | |
|---|---|
| 346,000 | 133,000 |
| 14,000 | 4,000 |

| 受取手形 | |
|---|---|
| 230,000 | 50,000 |
| 6,000 | |

| 売　掛　金 | |
|---|---|
| 363,000 | 192,000 |
| 23,000 | 14,000 |
| 15,000 | 6,000 |
| 22,000 | |

| 支払手形 | |
|---|---|
| 41,000 | 59,700 |
| | 7,000 |
| | 7,000 |
| | 26,000 |

| 買　掛　金 | |
|---|---|
| 124,000 | 264,000 |
| 7,000 | 17,600 |
| 2,000 | 16,000 |
| 4,000 | 21,000 |
| 7,000 | |
| 26,000 | |

| 資　本　金 | |
|---|---|
| | 200,000 |

| 繰越利益剰余金 | |
|---|---|
| | 100,000 |

| 売　上 | |
|---|---|
| 11,000 | 350,000 |
| | 23,000 |
| | 15,000 |
| | 22,000 |

| 仕　入 | |
|---|---|
| 222,000 | 1,800 |
| 17,600 | 2,000 |
| 16,000 | |
| 21,000 | |

### 残高試算表
×1年7月31日

| 借　方 | 勘定科目 | 貸　方 |
|---|---|---|
| 13,500 | 現　　金 | |
| 223,000 | 当座預金 | |
| 186,000 | 受取手形 | |
| 211,000 | 売　掛　金 | |
| | 支払手形 | 58,700 |
| | 買　掛　金 | 148,600 |
| | 資　本　金 | 200,000 |
| | 繰越利益剰余金 | 100,000 |
| | 売　　上 | 399,000 |
| 272,800 | 仕　　入 | |
| 906,300 | | 906,300 |

## 問題 15 - 2

合計試算表

### 合計試算表
×1年10月31日

| 借　方 | 勘定科目 | 貸　方 |
|---|---|---|
| 1,650,000 | 現　　金 | 725,000 |
| 1,100,000 | 売　掛　金 | 450,000 |
| 475,000 | 買　掛　金 | 850,000 |
| | 資　本　金 | 650,000 |
| 150,000 | 売　　上 | 2,225,000 |
| 1,200,000 | 仕　　入 | 50,000 |
| 375,000 | 給　　料 | |
| 4,950,000 | | 4,950,000 |

残高試算表

### 残高試算表
×1年10月31日

| 借　方 | 勘定科目 | 貸　方 |
|---|---|---|
| 925,000 | 現　　金 | |
| 650,000 | 売　掛　金 | |
| | 買　掛　金 | 375,000 |
| | 資　本　金 | 650,000 |
| | 売　　上 | 2,075,000 |
| 1,150,000 | 仕　　入 | |
| 375,000 | 給　　料 | |
| 3,100,000 | | 3,100,000 |

**❶ 解 答 へ の 道** ···········································

(A)に示された合計試算表をもとにT字勘定を作り，試算表の金額を書き移します（「T/B」と表記）。次に，(B)に示された取引の仕訳を行い，転記します。転記後の勘定記録をもとに，各勘定科目ごとの(1)借方合計および貸方合計を合計試算表に，(2)貸借差額による残高を残高試算表に記入します。

（仕訳）

2日　現金仕入れ

（仕　　　入）　150,000　　（現　　　金）　150,000

7日　現金売上げ

（現　　　金）　375,000　　（売　　　上）　375,000

15日　給料の支払い

（給　　　料）　75,000　　（現　　　金）　75,000

20日　掛けによる仕入れ

（仕　　　入）　450,000　　（買　掛　金）　450,000

22日　掛けによる売上げ

（売　掛　金）　350,000　　（売　　　上）　350,000

25日　売掛金の回収

（現　　　金）　300,000　　（売　掛　金）　300,000

31日　買掛金の支払い

（買　掛　金）　250,000　　（現　　　金）　250,000

（勘定記入）※日付と金額のみ表示

|  | 現 | 金 |  |
|---|---|---|---|
| T/B | 975,000 | T/B | 250,000 |
| 7日 | 375,000 | 2日 | 150,000 |
| 25日 | 300,000 | 15日 | 75,000 |
|  |  | 31日 | 250,000 |

|  | 売 | 掛 | 金 |  |
|---|---|---|---|---|
| T/B | 750,000 | T/B | 150,000 |
| 22日 | 350,000 | 25日 | 300,000 |

|  | 買 | 掛 | 金 |  |
|---|---|---|---|---|
| T/B | 225,000 | T/B | 400,000 |
| 31日 | 250,000 | 20日 | 450,000 |

|  | 資 | 本 | 金 |  |
|---|---|---|---|---|
|  |  | T/B | 650,000 |

|  | 売 |  | 上 |  |
|---|---|---|---|---|
|  |  | T/B | 150,000 |
| T/B | 150,000 | 7日 | 375,000 |
|  |  | 22日 | 350,000 |

（売　上　T/B 1,500,000）

|  | 仕 |  | 入 |  |
|---|---|---|---|---|
| T/B | 600,000 | T/B | 50,000 |
| 2日 | 150,000 |  |  |
| 20日 | 450,000 |  |  |

|  | 給 |  | 料 |  |
|---|---|---|---|---|
| T/B | 300,000 |  |  |
| 15日 | 75,000 |  |  |

## THEME 16　決　算

### 問題 16 - 1

| ① | ② | ③ | ④ |
|---|---|---|---|
| 貸借対照表 | 損益計算書 | 決算整理 | 精算表 |
| ⑤ | | | |
| 一　致 | | | |

### 問題 16 - 2

| | 借方科目 | 金　　額 | 貸方科目 | 金　　額 |
|---|---|---|---|---|
| (1) | 収益の勘定 | 100,000 | 損　　益 | 100,000 |
| (2) | 損　　益 | 60,000 | 費用の勘定 | 60,000 |
| (3) | 損　　益 | 40,000 | 繰越利益剰余金 | 40,000 |

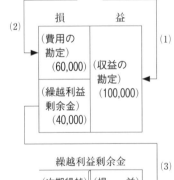

### ❗ 解答への道

　決算整理後の(1)売上等の収益の勘定残高は，損益勘定の貸方へ振り替えることにより締め切り，(2)仕入等の費用の勘定残高は，損益勘定の借方へ振り替えることにより締め切ります。次に(3)損益勘定の貸借差額として把握した純損益（本問では純利益）を繰越利益剰余金に振り替え，次期に繰り越すことにより締め切ります。

### 問題 16 - 3

| | 借方科目 | 金　額 | 貸方科目 | 金　額 |
|---|---|---|---|---|
| (1) | 旅費交通費 | 400 | 現　　　金 | 400 |
| (2) | 現　　　金 | 700,000 | 当座預金 | 700,000 |
| (3) | 売　掛　金 | 50,000 | 前　受　金 | 50,000 |
| (4) | 売　　　上 | 200,000 | 売　掛　金 | 200,000 |
| (5) | 現　　　金 | 1,000,000 | 売　掛　金 | 1,000,000 |
| (6) | 買　掛　金 | 54,000 | 当座預金 | 54,000 |

### ❗ 解答への道

(1) ①誤った仕訳の逆仕訳：（現　　金）24,000（旅費交通費）24,000
　　②正しい仕訳：（旅費交通費）24,400（現　　金）24,400
　　①＋②＝訂正仕訳：（旅費交通費）400（現　　金）400

(2) ①誤った仕訳の逆仕訳：（現　　金）700,000（買　掛　金）700,000
　　②正しい仕訳：（買　掛　金）700,000（当座預金）700,000
　　①＋②＝訂正仕訳：（現　　金）700,000（当座預金）700,000

(3) ①誤った仕訳の逆仕訳：（売　掛　金）50,000（現　　金）50,000
　　②正しい仕訳：（現　　金）50,000（前　受　金）50,000
　　①＋②＝訂正仕訳：（売　掛　金）50,000（前　受　金）50,000

(4) ①誤った仕訳の逆仕訳：（売　　上）200,000（現　　金）200,000
　　②正しい仕訳：（現　　金）200,000（売　掛　金）200,000
　　①＋②＝訂正仕訳：（売　　上）200,000（売　掛　金）200,000

(5) ①誤った仕訳の逆仕訳：（現　　金）500,000（売　掛　金）500,000
　　②正しい仕訳：（現　　金）500,000（売　掛　金）500,000
　　①＋②＝訂正仕訳：（現　　金）1,000,000（売　掛　金）1,000,000

(6) ①誤った仕訳の逆仕訳：（当座預金）206,000（買　掛　金）206,000
　　②正しい仕訳：（買　掛　金）260,000（当座預金）260,000
　　①＋②＝訂正仕訳：（買　掛　金）54,000（当座預金）54,000

## 問題 16 - 4

(1)

| | 借方科目 | 金 額 | 貸方科目 | 金 額 |
|---|---|---|---|---|
| 1 | 当 座 預 金 | 20,000 | 売 掛 金 | 20,000 |
| 2 | 売 掛 金 | 4,000 | 前 受 金 | 4,000 |
| 3 | 備 品 | 100,000 | 仮 払 金 | 100,000 |
| 4 | 仮 受 金 | 30,000 | 売 掛 金 | 30,000 |

(2)

### 残 高 試 算 表

| 借 方 | 勘 定 科 目 | 貸 方 |
|---|---|---|
| 170,000 | 当 座 預 金 | |
| 154,000 | 売 掛 金 | |
| | | |
| 520,000 | 備 品 | |
| | | |
| | 仮 払 金 | |
| | | |
| | 前 受 金 | 19,000 |
| | 仮 受 金 | |

### ❗ 解 答 へ の 道 ........................................................

　決算にあたり，決算整理に先立って記入もれの追加
や誤りの訂正を行った後，決算整理を行います。

## 第3編 THEME 17

# 決算整理Ⅰ　現金過不足

### 問題 17 - 1

| 日付 | 借方科目 | 金　額 | 貸方科目 | 金　額 |
|---|---|---|---|---|
| 7／3 | 現金過不足 | 500 | 現　　金 | 500 |
| 5 | 買　掛　金 | 500 | 現金過不足 | 500 |

#### 🗲 解 答 へ の 道

7／3　現金が500円不足しているので，帳簿残高を実際有高に修正するために現金勘定を減少させます。借方の科目は不明のため，現金過不足勘定（仮の勘定）を使用します。

7／5　現金過不足勘定（借方：不足）の原因が判明したときは，貸方に記入して消去し，相手科目の借方に振り替えます。

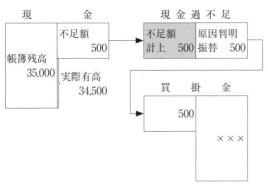

### 問題 17 - 2

| 日付 | 借方科目 | 金　額 | 貸方科目 | 金　額 |
|---|---|---|---|---|
| 2／10 | 現　　金 | 2,000 | 現金過不足 | 2,000 |
| 15 | 現金過不足 | 2,000 | 売　掛　金 | 2,000 |

#### 🗲 解 答 へ の 道

2／10　現金が2,000円過剰なので，帳簿残高を実際有高に修正するために現金勘定を増加させます。貸方の科目は不明のため，現金過不足勘定（仮の勘定）を使用します。

2／15　現金過不足勘定（貸方：過剰）の原因が判明したときは，借方に記入して消去し，相手科目の貸方に振り替えます。

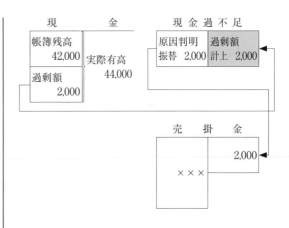

### 問題 17 - 3

| 日付 | 借方科目 | 金　額 | 貸方科目 | 金　額 |
|---|---|---|---|---|
| 1／31 | 現金過不足 | 600 | 現　　金 | 600 |
| 2／3 | 通　信　費 | 400 | 現金過不足 | 400 |

#### 🗲 解 答 へ の 道

1／31　現金過不足：実際有高13,400円－帳簿残高14,000円＝△600円（不足額）

2／3　現金過不足勘定（借方：不足）の原因が判明した400円は，貸方に記入して消去し，相手科目の借方に振り替えます。200円は引き続き原因を調査します。

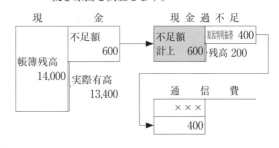

### 問題 17 - 4

| | 借方科目 | 金　額 | 貸方科目 | 金　額 |
|---|---|---|---|---|
| (1) | 支 払 利 息 | 1,500 | 現金過不足 | 1,500 |
| (2) | 現金過不足 | 800 | 受 取 利 息 | 800 |
| (3) | 旅費交通費 | 2,400 | 現金過不足 | 950 |
| | | | 受取手数料 | 1,450 |

## 解答への道

(1)(2)および(3)は，すでに不一致が生じたときの仕訳は行われているので，原因が判明したときの仕訳を行います。

(3) 現金過不足の生じる原因が，支払いの記帳もれ（実際額が不足）と入金の記帳もれ（実際額の過剰）のような場合，両方を相殺した差額が不一致金額となります。次のように仕訳することもできます。

| | | | |
|---|---|---|---|
| （旅費交通費） | 2,400 | （現金過不足） | 2,400 |
| （現金過不足） | 1,450 | （受取手数料） | 1,450 |

## 問題 17 - 5

| | 借方科目 | 金　額 | 貸方科目 | 金　額 |
|---|---|---|---|---|
| (1) | 買　掛　金 | 3,000 | 現金過不足 | 3,000 |
| (2) | 雑　　　損 | 3,000 | 現金過不足 | 3,000 |
| (3) | 買　掛　金 | 2,000 | 現金過不足 | 3,000 |
| | 雑　　　損 | 1,000 | | |

(3) 勘定記入

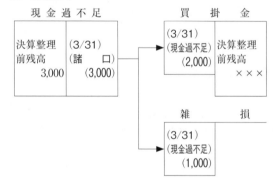

## 解答への道

すでに生じている現金過不足勘定残高（借方残高：不足）は，決算において，必ず消去します。

(1) 原因が判明したときは，貸方に記入して消去し，相手科目の借方に振り替えます。

(2) 原因が不明のときは，雑損勘定（費用）で処理します。

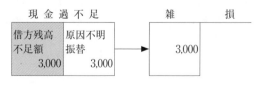

(3) 一部原因判明，一部不明のときは，原因判明分を該当する科目に振り替え，不明分を雑損勘定に振り替えます。

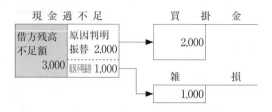

## 問題 17 - 6

| | 借方科目 | 金　額 | 貸方科目 | 金　額 |
|---|---|---|---|---|
| (1) | 現金過不足 | 5,500 | 売　掛　金 | 5,500 |
| (2) | 現金過不足 | 5,500 | 雑　　　益 | 5,500 |
| (3) | 現金過不足 | 5,500 | 売　掛　金 | 5,000 |
| | | | 雑　　　益 | 500 |

(3) 勘定記入

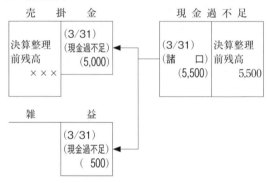

## 解答への道

すでに生じている現金過不足勘定残高（貸方残高：過剰）は，決算において，必ず消去します。

(1) 原因が判明したときは，借方に記入して消去し，相手科目の貸方に振り替えます。

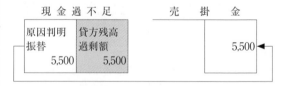

(2) 原因が不明のときは，雑益勘定（収益）で処理します。

(3) 一部原因判明，一部不明のときは，原因判明分を該当する科目に振り替え，不明分を雑益勘定に振り替えます。

## 問題 17-7

|  | 借 方 科 目 | 金　額 | 貸 方 科 目 | 金　額 |
|---|---|---|---|---|
| (1) | 通 信 費 | 1,200 | 現　　金 | 1,200 |
| (2) | 雑　　損 | 1,000 | 現　　金 | 1,000 |
| (3) | 雑　　損 | 500 | 現　　金 | 500 |
| (4) | 現　　金 | 1,800 | 雑　　益 | 1,800 |
| (5) | 現　　金 | 2,500 | 受 取 利 息 | 3,500 |
|  | 通 信 費 | 2,000 | 雑　　益 | 1,000 |

**❗ 解答への道** ·······························

決算においても現金の実際有高を確認（実査）し，不一致が生じたときは，決算手続き中に原因を調査し，原因判明または不明の処理を行います。決算時は，現金過不足勘定を使用せずに仕訳します。

(1)①実際有高28,800円－帳簿残高30,000円
　　＝△1,200円（不足の発生）
　　（現金過不足）　1,200　（現　　金）　1,200
　②原因判明
　　（通 信 費）　1,200　（現金過不足）　1,200
　①および②の仕訳の現金過不足勘定を相殺し，解答とします。

(2)①不足の発生1,000円
　　（現金過不足）　1,000　（現　　金）　1,000
　②原因不明
　　（雑　　損）　1,000　（現金過不足）　1,000

(3)①不足の発生500円
　　（現金過不足）　500　（現　　金）　500
　②原因不明…「適切な処理」は費用処理（雑損）を意味します。
　　（雑　　損）　500　（現金過不足）　500

(4)①過剰の発生1,800円
　　（現　　金）　1,800　（現金過不足）　1,800
　②原因不明…「適切な処理」は収益処理（雑益）を意味します。
　　（現金過不足）　1,800　（雑　　益）　1,800

(5)①実際有高62,500円－帳簿残高60,000円
　　＝2,500円（過剰の発生）
　　（現　　金）　2,500　（現金過不足）　2,500
　②一部原因判明
　　（通 信 費）　2,000　（現金過不足）　2,000
　　（現金過不足）　3,500　（受 取 利 息）　3,500
　③原因不明
　この時点で現金過不足勘定は貸方残高1,000円（＝①2,500円＋②2,000円－3,500円）なので，これを雑益勘定に振り替えます。
　　（現金過不足）　1,000　（雑　　益）　1,000

THEME
# 18 決算整理Ⅱ　売上原価

## 問題 18 - 1

(1)

| 日付 | 借方科目 | 金　額 | 貸方科目 | 金　額 |
|---|---|---|---|---|
| 3/31 | 仕　入 | 30,000 | 繰越商品 | 30,000 |
| | 繰越商品 | 60,000 | 仕　入 | 60,000 |

(2)

| 日付 | 借方科目 | 金　額 | 貸方科目 | 金　額 |
|---|---|---|---|---|
| 3/31 | 損　益 | 570,000 | 仕　入 | 570,000 |

(3)

繰　越　商　品

| | 30,000 | 3/31 仕　入 | 30,000 |
|---|---|---|---|
| 3/31 仕　入 | 60,000 | 〃　次期繰越 | 60,000 |
| | 90,000 | | 90,000 |

仕　　　入

| | 600,000 | 3/31 繰越商品 | 60,000 |
|---|---|---|---|
| 3/31 繰越商品 | 30,000 | 〃　損　益 | 570,000 |
| | 630,000 | | 630,000 |

(4) 売上原価の金額：570,000 円

## ❗ 解 答 へ の 道

売上原価は，以下のように計算します。

売上原価(570,000円)

= 期首商品棚卸高(30,000円) + 当期商品仕入高
(600,000円) − 期末商品棚卸高(60,000円)

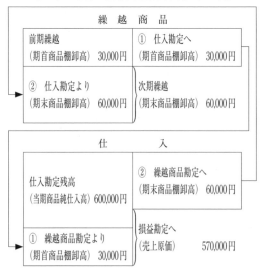

## 問題 18 - 2

(1)

| 日付 | 借方科目 | 金　額 | 貸方科目 | 金　額 |
|---|---|---|---|---|
| 3/31 | 売上原価 | 30,000 | 繰越商品 | 30,000 |
| | 売上原価 | 600,000 | 仕　入 | 600,000 |
| | 繰越商品 | 60,000 | 売上原価 | 60,000 |

(2)

| 日付 | 借方科目 | 金　額 | 貸方科目 | 金　額 |
|---|---|---|---|---|
| 3/31 | 損　益 | 570,000 | 売上原価 | 570,000 |

(3)

繰　越　商　品

| | 30,000 | 3/31 売上原価 | 30,000 |
|---|---|---|---|
| 3/31 売上原価 | 60,000 | 〃　次期繰越 | 60,000 |
| | 90,000 | | 90,000 |

仕　　　入

| | 600,000 | 3/31 売上原価 | 600,000 |
|---|---|---|---|

売　上　原　価

| 3/31 繰越商品 | 30,000 | 3/31 繰越商品 | 60,000 |
|---|---|---|---|
| 〃　仕　入 | 600,000 | 〃　損　益 | 570,000 |
| | 630,000 | | 630,000 |

## ❗ 解 答 へ の 道

「仕入」勘定ではなく「売上原価」勘定で売上原価
570,000円を計算し，費用として損益計算書に記載し
ます。

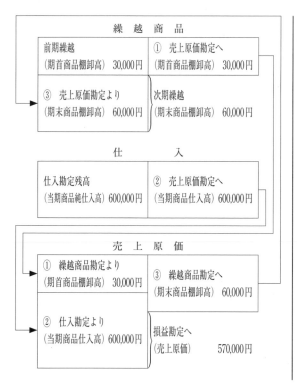

繰越商品

| 前期繰越 | ① 売上原価勘定へ |
|---|---|
| (期首商品棚卸高) 30,000円 | (期首商品棚卸高) 30,000円 |
| ③ 売上原価勘定より | 次期繰越 |
| (期末商品棚卸高) 60,000円 | (期末商品棚卸高) 60,000円 |

仕　　入

| 仕入勘定残高 | ② 売上原価勘定へ |
|---|---|
| (当期商品純仕入高) 600,000円 | (当期商品仕入高) 600,000円 |

売 上 原 価

| ① 繰越商品勘定より | ③ 繰越商品勘定へ |
|---|---|
| (期首商品棚卸高) 30,000円 | (期末商品棚卸高) 60,000円 |
| ② 仕入勘定より | 損益勘定へ |
| (当期商品仕入高) 600,000円 | (売上原価) 570,000円 |

---

## 問題 18 - 3

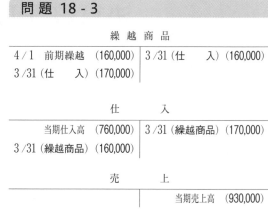

繰 越 商 品

| 4 / 1 前期繰越 (160,000) | 3 /31 (仕　　入) (160,000) |
|---|---|
| 3 /31 (仕　　入) (170,000) | |

仕　　入

| 当期仕入高 (760,000) | 3 /31 (繰越商品) (170,000) |
|---|---|
| 3 /31 (繰越商品) (160,000) | |

売　　上

| | 当期売上高 (930,000) |
|---|---|

❗ **解答への道** ……………………………

1．勘定記入に必要な金額を計算します。
  (1) 当期売上高
    @1,000円× 300個 + @1,050円× 600個
    ＝ 930,000円…売上勘定の貸方へ転記します。

  (2) 期首商品，期末商品，売上原価

移動平均法　　　　　　　　商 品 有 高 帳

| 摘　　要 | 受 入 高 | | | 払 出 高 | | | 残　　高 | | |
|---|---|---|---|---|---|---|---|---|---|
| | 数量 | 単価 | 金額 | 数量 | 単価 | 金額 | 数量 | 単価 | 金額 |
| 前 期 繰 越 | 200 | 800 | 160,000 | | | | 200 | 800 | 160,000 |
| 仕　　入 | 400 | 800 | 320,000 | | | | 600 | 800 | 480,000 |
| 売　　上 | | | | 300 | 800 | 240,000 | 300 | 800 | 240,000 |
| 仕　　入 | 500 | 880 | 440,000 | | | | 800 | 850* | 680,000 |
| 売　　上 | | | | 600 | 850 | 510,000 | 200 | 850 | 170,000 |

期首商品 ← 前期繰越行
当期仕入高 ← 受入高の仕入
売上原価 ← 払出高の売上
期末商品 ← 残高の最終

\* 平均単価の計算
$$\frac{240,000円 + 440,000円}{300個 + 500個} = @850円$$

2．上記の金額により仕訳し，各勘定へ転記します。
  (1) (仕　　入) 期首商品　(繰 越 商 品) 期首商品
  (2) (繰 越 商 品) 期末商品　(仕　　入) 期末商品

繰 越 商 品

| (2) 4 / 1 前期繰越 (　　) | 3 /31 (仕　　入)(期首商品) |
|---|---|
| → 3 /31 (仕　　入)(期末商品) | |

仕　　入

| (1) 当期仕入高 (　　) | 3 /31 (繰越商品)(期末商品) |
|---|---|
| → 3 /31 (繰越商品)(期首商品) | |

# 決算整理Ⅲ　貸倒れ

## 問題 19 - 1

| | 借方科目 | 金　額 | 貸方科目 | 金　額 |
|---|---|---|---|---|
| (1) | 貸 倒 引 当 金 | 70,000 | 売　掛　金 | 70,000 |
| (2) | 貸 倒 引 当 金 | 30,000 | 売　掛　金 | 50,000 |
| | 貸 倒 損 失 | 20,000 | | |
| (3) | 貸 倒 損 失 | 10,000 | 売　掛　金 | 10,000 |
| (4) | 貸 倒 損 失 | 12,000 | 売　掛　金 | 12,000 |
| (5) | 現　　　金 | 60,000 | 償却債権取立益 | 60,000 |

### ❗ 解 答 へ の 道

(1)(2)(3)

　前期以前に発生した売掛金などの債権が貸倒れに
なった場合の処理は，下記の3パターンがあります。

① 貸倒引当金残高がある場合

　　貸倒金額＜貸倒引当金残高

　　　…貸倒金額はすべて，貸倒引当金を取崩します。

　　　　　　　　↓

　　（貸倒引当金）×××（売 掛 金）×××

② 貸倒引当金残高がある場合

　　貸倒金額＞貸倒引当金残高

　　　…貸倒金額のうち貸倒引当金で充当できる額は
貸倒引当金を取崩し，不足分は「貸倒損失」
とします。

　　　　　　　　↓

　　（貸倒引当金）××（売 掛 金）×××
　　（貸 倒 損 失）×

③ 貸倒引当金残高がない場合

　　　…貸倒金額のすべてを「貸倒損失」とします。

　　　　　　　　↓

　　（貸 倒 損 失）××（売 掛 金）××

(4)　当期販売分の売掛金が貸し倒れたときは，貸倒引
当金勘定残高があっても取崩さずに，全額を「貸倒
損失」とします。

(5)

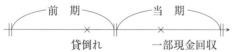

前期の貸倒時に行われた仕訳

（貸 倒 損 失*）200,000（売 掛 金）200,000

＊　貸倒引当金のときもあります。

　前期以前の貸倒時に売掛金200,000円を減らしてい
るので，当期に一部現金回収できたとしても，前期以
前に発生した貸倒損失などの費用を取り消す意味で償
却債権取立益とします。

## 問題 19 - 2

(1)

| 日付 | 借方科目 | 金　額 | 貸方科目 | 金　額 |
|---|---|---|---|---|
| 3/31 | 貸倒引当金繰入 | 600 | 貸倒引当金 | 600 |

(2)

| 日付 | 借方科目 | 金　額 | 貸方科目 | 金　額 |
|---|---|---|---|---|
| 3/31 | 損　　　益 | 600 | 貸倒引当金繰入 | 600 |

(3)

**売　掛　金**

| | | | |
|---|---|---|---|
| | 80,000 | 3/31 次期繰越 | 80,000 |

**貸倒引当金繰入**

| | | | |
|---|---|---|---|
| 3/31 貸倒引当金 | 600 | 3/31 損　益 | 600 |

**貸 倒 引 当 金**

| | | | |
|---|---|---|---|
| 3/31 次期繰越 | 1,600 | | 1,000 |
| | | 3/31 貸倒引当金繰入 | 600 |
| | 1,600 | | 1,600 |

### ❗ 解 答 へ の 道

(1)①貸倒引当金の見積り

　　売掛金期末残高×貸倒実績率＝貸倒見積額

　　80,000円×2％＝1,600円

　　1,600円は，「貸倒引当金」の次期繰越額であり，
貸借対照表に記載する金額です。

②貸倒引当金の繰入れ

　　貸倒見積額－貸倒引当金残高＝貸倒引当金繰入額

　　1,600円－1,000円＝600円

　　　　　　　決算整理前
　　　　　　　残高試算表の金額

## 問 題 19 - 3

(1)

| 日付 | 借方科目 | 金　　額 | 貸方科目 | 金　　額 |
|------|---------|---------|---------|---------|
| 3/31 | 現　　　金 | 10,000 | 売　掛　金 | 10,000 |

(2)

| 日付 | 借方科目 | 金　　額 | 貸方科目 | 金　　額 |
|------|---------|---------|---------|---------|
| 3/31 | 貸倒引当金繰入 | 2,500 | 貸倒引当金 | 2,500 |

(3)

| 日付 | 借方科目 | 金　　額 | 貸方科目 | 金　　額 |
|------|---------|---------|---------|---------|
| 3/31 | 損　　　益 | 2,500 | 貸倒引当金繰入 | 2,500 |

(4)

受 取 手 形

|  |  | 130,000 | 3/31 | 次期繰越 | 130,000 |
|--|--|---------|------|---------|---------|

売 掛 金

|  |  | 80,000 | 3/31 | 現　　金 | 10,000 |
|--|--|--------|------|---------|--------|
|  |  |  | 〃 | 次期繰越 | 70,000 |
|  |  | 80,000 |  |  | 80,000 |

貸倒引当金繰入

| 3/31 | 貸倒引当金 | 2,500 | 3/31 | 損　　益 | 2,500 |
|------|-----------|-------|------|---------|-------|

貸 倒 引 当 金

| 3/31 | 次期繰越 | 4,000 |  |  | 1,500 |
|------|---------|-------|--|--|-------|
|  |  |  | 3/31 | 貸倒引当金繰入 | 2,500 |
|  |  | 4,000 |  |  | 4,000 |

## ❗ 解 答 へ の 道 ⋯⋯⋯⋯⋯⋯⋯⋯⋯⋯⋯⋯⋯⋯⋯

(1)　貸倒引当金の見積りの前に未処理事項の仕訳をします。

　　売掛金期末残高 − 回収額 = 修正後残高

　　80,000円 − 10,000円 = 70,000円

(2)①貸倒引当金の見積り

　　（受取手形130,000円 + 未処理事項修正後の売掛金70,000円）× 2 % = 4,000円

　　4,000円は，「貸倒引当金」の次期繰越額であり，貸借対照表に記載する金額です。

　②貸倒引当金の繰入れ

　　貸倒見積額 − 貸倒引当金残高 = 貸倒引当金繰入額

　　4,000円 − 1,500円 = 2,500円
　　　　　　　決算整理前
　　　　　残高試算表の金額

# 決算整理Ⅳ　減価償却

## 問題 20 - 1

(1)

| 日付 | 借方科目 | 金　額 | 貸方科目 | 金　額 |
|---|---|---|---|---|
| 3/31 | 減価償却費 | 50,000 | 減価償却累計額 | 50,000 |

(2)

| 日付 | 借方科目 | 金　額 | 貸方科目 | 金　額 |
|---|---|---|---|---|
| 3/31 | 損　　益 | 50,000 | 減価償却費 | 50,000 |

(3)

備　　品

| 4/1 | | 250,000 | 3/31 | 次期繰越 | 250,000 |
|---|---|---|---|---|---|

減 価 償 却 費

| 3/31 | 減価償却累計額 | 50,000 | 3/31 | 損　益 | 50,000 |
|---|---|---|---|---|---|

減価償却累計額

| 3/31 | 次期繰越 | 50,000 | 3/31 | 減価償却費 | 50,000 |
|---|---|---|---|---|---|

### ❗ 解 答 へ の 道

1．定額法による減価償却費の計算

$$1年間の減価償却費 = \frac{取得原価 - 残存価額}{耐用年数}$$

$$= \frac{250,000円 - 0円}{5年}$$

$$= 50,000円$$

2．記帳（間接法）

　　固定資産の価値の減少額（減価償却費）について，減価償却累計額勘定（資産の評価勘定）を使って間接的に控除します。取得後1年経過した備品の帳簿価額（簿価）は200,000円です。

3．貸借対照表

　　貸借対照表は，以下のように記載します。

貸 借 対 照 表

×年3月31日　　　　　　　　　（単位：円）

| 資　産 | 金　額 | | 負債及び純資産 | 金　額 |
|---|---|---|---|---|
| 備　　品 | 250,000 | | | |
| 減価償却累計額 | △ 50,000 | 200,000 | | |

## 問題 20 - 2

(1)

| 日付 | 借方科目 | 金　額 | 貸方科目 | 金　額 |
|---|---|---|---|---|
| 3/31 | 減価償却費 | 50,000 | 減価償却累計額 | 50,000 |

(2)

| 日付 | 借方科目 | 金　額 | 貸方科目 | 金　額 |
|---|---|---|---|---|
| 3/31 | 損　　益 | 50,000 | 減価償却費 | 50,000 |

(3)

備　　品

| 10/1 | | 600,000 | 3/31 | 次期繰越 | 600,000 |
|---|---|---|---|---|---|

減 価 償 却 費

| 3/31 | 減価償却累計額 | 50,000 | 3/31 | 損　益 | 50,000 |
|---|---|---|---|---|---|

減価償却累計額

| 3/31 | 次期繰越 | 50,000 | 3/31 | 減価償却費 | 50,000 |
|---|---|---|---|---|---|

### ❗ 解 答 へ の 道

　　取得した10月1日から期末の3月31日までの6か月分を月割りで償却します。

$$\frac{600,000円 - 0円}{6年} \times \frac{6か月}{12か月} = 50,000円$$

## 問題 20 - 3

(1)

| 日付 | 借方科目 | 金　額 | 貸方科目 | 金　額 |
|---|---|---|---|---|
| 3/31 | 減価償却費 | 40,000 | 建物減価償却累計額 | 15,000 |
| | | | 備品減価償却累計額 | 25,000 |

(2)

| 日付 | 借方科目 | 金　額 | 貸方科目 | 金　額 |
|---|---|---|---|---|
| 3/31 | 損　　益 | 40,000 | 減価償却費 | 40,000 |

(3)

建　　物

| | 500,000 | 3/31 | 次期繰越 | 500,000 |
|---|---|---|---|---|

備　　品

| | 200,000 | 3/31 | 次期繰越 | 200,000 |
|---|---|---|---|---|

減価償却費

| 3/31 | 諸　口 | 40,000 | 3/31 | 損　益 | 40,000 |
|---|---|---|---|---|---|

建物減価償却累計額

| 3/31 | 次期繰越 | 45,000 | | | 30,000 |
|---|---|---|---|---|---|
| | | | 3/31 | 減価償却費 | 15,000 |
| | | 45,000 | | | 45,000 |

備品減価償却累計額

| 3/31 | 次期繰越 | 75,000 | | | 50,000 |
|---|---|---|---|---|---|
| | | | 3/31 | 減価償却費 | 25,000 |
| | | 75,000 | | | 75,000 |

**❗ 解答への道**

（減価償却費の計算）

建物

$$\frac{500,000円 - 500,000円 \times 10\%}{30年} = 15,000円$$

備品

$$\frac{200,000円 - 0円}{8年} = 25,000円$$

## 問題 20 - 4

(1)

| 日付 | 借方科目 | 金　額 | 貸方科目 | 金　額 |
|---|---|---|---|---|
| 3/31 | 減価償却費 | 10,000 | 建物減価償却累計額 | 4,500 |
| | | | 備品減価償却累計額 | 5,500 |

(2)

| 日付 | 借方科目 | 金　額 | 貸方科目 | 金　額 |
|---|---|---|---|---|
| 3/31 | 損　　益 | 10,000 | 減価償却費 | 10,000 |

(3)

建　　物

| | 150,000 | 3/31 | 次期繰越 | 150,000 |
|---|---|---|---|---|

備　　品

| | 34,000 | 3/31 | 次期繰越 | 34,000 |
|---|---|---|---|---|

減価償却費

| 3/31 | 諸　口 | 10,000 | 3/31 | 損　益 | 10,000 |
|---|---|---|---|---|---|

建物減価償却累計額

| 3/31 | 次期繰越 | 67,500 | | | 63,000 |
|---|---|---|---|---|---|
| | | | 3/31 | 減価償却費 | 4,500 |
| | | 67,500 | | | 67,500 |

備品減価償却累計額

| 3/31 | 次期繰越 | 17,500 | | | 12,000 |
|---|---|---|---|---|---|
| | | | 3/31 | 減価償却費 | 5,500 |
| | | 17,500 | | | 17,500 |

**❗ 解答への道**

1. 建物

$$\frac{150,000円 - 150,000円 \times 10\%}{30年} = 4,500円$$

2. 備品

備品(B)は当期の7月1日に取得し，使用しているため，3月31日の決算日まで9か月間使ったとして月割計算します。

①備品(A)：$\dfrac{24,000円 - 0円}{6年} = 4,000円$

②備品(B)：$\dfrac{10,000円 - 0円}{5年} \times \dfrac{9か月}{12か月} = 1,500円$

③合　計：①＋② ＝ 5,500円

## 問題 20-5

(1)

| 日付 | 借方科目 | 金　　額 | 貸方科目 | 金　　額 |
|------|----------|----------|----------|----------|
| 3/31 | 減価償却費 | 10,000 | 減価償却累計額 | 10,000 |

(2)

| 日付 | 借方科目 | 金　　額 | 貸方科目 | 金　　額 |
|------|----------|----------|----------|----------|
| 3/31 | 損　　益 | 60,000 | 減価償却費 | 60,000 |

(3)

```
                        備        品
                  600,000   3/31  次期繰越   600,000

                      減 価 償 却 費
                   50,000   3/31  損　益    60,000
   3/31  減価償却累計額  10,000
                   60,000                   60,000

                      減価償却累計額
   3/31  次期繰越   60,000                   50,000
                            3/31  減価償却費  10,000
                   60,000                   60,000
```

**❗ 解答への道**

　有形固定資産の減価償却費は，期末決算時に一括して計上する以外に「毎月（1か月分ずつ）」計上することがあります（月次決算処理といいます）。

　10月末〜2月末までの5か月分が計上済みであり，これが決算整理前残高試算表の減価償却累計額勘定および減価償却費勘定の金額です。

　　備品600,000円÷5年
　　＝120,000円（1年分の減価償却費）
　　120,000円÷12か月
　　＝10,000円（1か月分の減価償却費）
　　10,000円×5か月
　　＝50,000円（計上済みの減価償却費）

　決算では，3月分として1か月分の減価償却費のみを計上します。

## 問題 20-6

| ① | ② | ③ | ④ |
|------|------|------|------|
| 3,100,000 | 600,000 | 600,000 | 1,000,000 |
| ⑤ | ⑥ | ⑦ | ⑧ |
| 2,500,000 | 200,000 | 250,000 | 450,000 |

**❗ 解答への道**

　固定資産台帳は，備品Aと備品Bについて，取得日および取得原価，前期末までの減価償却費合計（期首減価償却累計額），当期の減価償却費などを記載します。

① 取得原価の合計：備品A 1,600,000円＋備品B 1,500,000円＝3,100,000円

② 備品Aは，取得（×1年4月1日）から前期末（×4年3月31日）までの3年分を償却済みです。なお，備品Bは当期（×4年6月1日）に購入していることから，この欄の記入はありません。よって③の金額は②と同額です。

　　備品A：取得原価1,600,000円÷耐用年数8年
　　　　　　×経過3年分＝600,000円

④ 備品A：取得原価1,600,000円－②600,000円
　　　　　　＝1,000,000円

⑤ ④1,000,000円＋備品B 1,500,000円＝2,500,000円

⑥ 備品Aの当期減価償却費（1年分）：取得原価1,600,000円÷耐用年数8年＝200,000円

⑦ 備品Bの当期減価償却費は取得日（×4年6月1日）から決算日（×5年3月31日）までの10か月分を月割りで計算します。

　　備品B：取得原価1,500,000円÷耐用年数5年
　　　　　　×$\dfrac{10か月}{12か月}$＝250,000円

⑧ ⑥200,000円＋⑦250,000円＝450,000円

## 問題 20-7

| 日付 | 借方科目 | 金　額 | 貸方科目 | 金　額 |
|---|---|---|---|---|
| 3/31 | 減価償却費 | 450,000 | 減価償却累計額 | 450,000 |

備　　　品

| | | | |
|---|---|---|---|
| 4/1 | 前期繰越 | 1,600,000 | |
| 6/1 | 未払金 | (1,500,000) | |

減価償却費

| | | | |
|---|---|---|---|
| 3/31 | 減価償却累計額 | ( 450,000) | |

減価償却累計額

| | | | |
|---|---|---|---|
| | | 4/1 | 前期繰越 | ( 600,000) |
| | | 3/31 | 減価償却費 | ( 450,000) |

### ❗ 解 答 へ の 道

　固定資産台帳に，備品Aおよび備品Bについて，取得日および取得原価，前期末までの減価償却費合計（期首減価償却累計額），当期の減価償却費などを記載しています。減価償却費の計算条件が示されていますが，計算結果が示されているため，計算は不要です。

・備品勘定の借方「4/1 前期繰越」

　備品Aの取得原価1,600,000円（備品Bは当期購入）

・備品勘定の借方「6/1 未払金」

　備品Bの取得原価1,500,000円（備品Bは当期6/1に購入）

・減価償却累計額勘定の貸方「4/1 前期繰越」

　備品Aの期首減価償却累計額600,000円（3年分を償却済み）

・減価償却累計額勘定の貸方「3/31減価償却費」と減価償却費勘定の借方「3/31減価償却累計額」

　※　決算整理仕訳の記入部分です。

　備品Aおよび備品Bの当期減価償却費（合計）450,000円

## 問題 20-8

| | 借方科目 | 金　額 | 貸方科目 | 金　額 |
|---|---|---|---|---|
| (1) | 未 収 入 金 | 760,000 | 建　　物 | 1,200,000 |
| | 建物減価償却累計額 | 432,000 | | |
| | 固定資産売却損 | 8,000 | | |
| (2) | 未 収 入 金 | 200,000 | 備　　品 | 400,000 |
| | 備品減価償却累計額 | 225,000 | 固定資産売却益 | 25,000 |

### ❗ 解 答 へ の 道

(1)　建物（商品以外）の売却代金の未収分は，未収入金勘定で処理します。

　760,000円 − (1,200,000円 − 432,000円) = △8,000円〈売却損〉
　売価　　　　　帳簿価額

　固定資産売却損勘定は建物売却損勘定とすることもあります。

(2)　備品（商品以外）の売却代金の未収分は，未収入金勘定で処理します。

　200,000円 − (400,000円 − 225,000円) = 25,000円〈売却益〉
　売価　　　　　帳簿価額

　固定資産売却益勘定は備品売却益勘定とすることもあります。

| | 借方科目 | 金　額 | 貸方科目 | 金　額 |
|---|---|---|---|---|
| (1) | 備　　　品 | 1,000,000 | 当 座 預 金 | 200,000 |
| | | | 未　払　金 | 800,000 |
| (2) | 減 価 償 却 費 | 200,000 | 減価償却累計額 | 200,000 |
| | 未 収 入 金 | 250,000 | 備　　　品 | 500,000 |
| (3) | 減価償却累計額 | 200,000 | | |
| | 固定資産売却損 | 50,000 | | |
| | 未 収 入 金 | 280,000 | 備　　　品 | 500,000 |
| (4) | 減価償却累計額 | 200,000 | 固定資産売却益 | 5,000 |
| | 減 価 償 却 費 | 25,000 | | |

**!** 解 答 へ の 道 ……………………………

(1) 備品（商品以外）の購入代金の未払い分は未払金勘定で処理します。

(2) 減価償却費 $= \dfrac{1,000,000 円 - 0 円}{5 年}$

$\qquad\qquad\quad = 200,000 円$

(3) 備品（商品以外）の売却代金の未収分は，未収入金勘定で処理します。

$\underset{\text{売　価}}{250,000 円} - (\underset{\text{帳簿価額}}{500,000 円 - 200,000 円^{*}}) = \triangle 50,000 円 \langle 売却損 \rangle$

固定資産売却損勘定は備品売却損勘定とすることもあります。

\* 減価償却累計額の計算

$\dfrac{500,000 円 - 0 円}{5 年} \times \underset{\downarrow}{2} = 200,000 円$

×2年3月31日と×3年3月31日の2回，決算で減価償却が行われています。

(4) $\underset{\text{売　価}}{280,000 円} - (\underset{\text{帳簿価額}}{500,000 円 - 200,000 円 - 25,000 円^{*}}) = 5,000 円 \langle 売却益 \rangle$

固定資産売却益勘定は備品売却益勘定とすることもあります。

\* 減価償却費の計算

$\dfrac{500,000 円 - 0 円}{5 年} \times \underset{\downarrow}{\dfrac{3 か月}{12 か月}} = 25,000 円$

期首から売却時までの減価償却費を月割りで計上します。

| 日付 | 借方科目 | 金　額 | 貸方科目 | 金　額 |
|---|---|---|---|---|
| ×5/4/1 | 減価償却累計額 | 320,000 | 備　　　品 | 480,000 |
| | 現　　　金 | 150,000 | | |
| | 固定資産売却損 | 10,000 | | |

**!** 解 答 へ の 道 ……………………………

取得日（×1年4月1日）から売却前日の決算日（×5年3月31日）まで，4年分を償却済みです。

減価償却累計額：取得原価480,000円÷耐用年数6年×経過4年分＝320,000円

$\underset{\text{売　価}}{150,000 円} - (\underset{\text{帳簿価額}}{480,000 円 - 320,000 円}) = \triangle 10,000 円 \langle 売却損 \rangle$

なお，固定資産売却損勘定は備品売却損勘定とすることもあります。

# 決算整理Ⅴ　貯蔵品

## 問題 21-1

|  | 借方科目 | 金　額 | 貸方科目 | 金　額 |
|---|---|---|---|---|
| (1) | 固定資産税 | 15,000 | 当座預金 | 15,000 |
| (2) | 自動車税 | 20,000 | 現　　金 | 20,000 |
| (3) | 租税公課 | 150,000 | 現　　金 | 150,000 |
| (4) | 租税公課 | 25,000 | 当座預金 | 25,000 |
| (5) | 租税公課 | 1,000 | 現　　金 | 1,000 |
| (6) | 租税公課 | 5,000 | 現　　金 | 7,000 |
|  | 通　信　費 | 2,000 |  |  |

### ❗ 解答への道

　固定資産税，自動車税，印紙税（収入印紙の購入）の支払い額は費用とします。勘定科目を分けることもありますが，通常は「租税公課勘定」を使用します。

## 問題 21-2

| 日付 | 借方科目 | 金　額 | 貸方科目 | 金　額 |
|---|---|---|---|---|
| 3/15 | 通　信　費 | 4,000 | 現　　金 | 14,000 |
|  | 租税公課 | 10,000 |  |  |
| 31 | 貯　蔵　品 | 3,500 | 通　信　費 | 1,500 |
|  |  |  | 租税公課 | 2,000 |
| 〃 | 損　　益 | 10,500 | 通　信　費 | 2,500 |
|  |  |  | 租税公課 | 8,000 |
| 4/1 | 通　信　費 | 1,500 | 貯　蔵　品 | 3,500 |
|  | 租税公課 | 2,000 |  |  |

### 貯　蔵　品

| 3/31 諸　口 | 3,500 | 3/31 次期繰越 | 3,500 |
|---|---|---|---|
| 4/1 前期繰越 | 3,500 | 4/1 諸　口 | 3,500 |

### 通　信　費

| 3/15 現　金 | 4,000 | 3/31 貯蔵品 | 1,500 |
|---|---|---|---|
|  |  | 〃 損　益 | 2,500 |
|  | 4,000 |  | 4,000 |
| 4/1 貯蔵品 | 1,500 |  |  |

### 租　税　公　課

| 3/15 現　金 | 10,000 | 3/31 貯蔵品 | 2,000 |
|---|---|---|---|
|  |  | 〃 損　益 | 8,000 |
|  | 10,000 |  | 10,000 |
| 4/1 貯蔵品 | 2,000 |  |  |

### ❗ 解答への道

3/31　決算時の収入印紙や切手の未使用分は，貯蔵品勘定（資産）に振り替え，次期に繰り越します。

4/1　前期末に計上した貯蔵品勘定（収入印紙や切手の未使用分）は，翌期首（決算日の翌日）において，決算整理仕訳の貸借逆仕訳をすることにより，元の勘定に戻して費用とします。これを再振替仕訳といいます。

# 決算整理Ⅵ　当座借越

## 問題 22-1

| 日付 | 借方科目 | 金額 | 貸方科目 | 金額 |
|---|---|---|---|---|
| 2/1 | 当座預金 | 100,000 | 現　金 | 100,000 |
| 3/10 | 買掛金 | 120,000 | 当座預金 | 120,000 |
| 31 | 当座預金 | 20,000 | 当座借越 | 20,000 |
| 4/1 | 当座借越 | 20,000 | 当座預金 | 20,000 |

当座預金

| 2/1 | 現　金 | 100,000 | 3/10 | 買掛金 | 120,000 |
|---|---|---|---|---|---|
| 3/31 | 当座借越 | 20,000 | | | |
| | | 120,000 | | | 120,000 |
| | | | 4/1 | 当座借越 | 20,000 |

当座借越

| 3/31 | 次期繰越 | 20,000 | 3/31 | 当座預金 | 20,000 |
|---|---|---|---|---|---|
| 4/1 | 当座預金 | 20,000 | 4/1 | 前期繰越 | 20,000 |

### ❗ 解答への道

3/31　決算時の当座預金勘定の貸方残高を当座借越勘定（負債）または借入金勘定（負債）の貸方に振り替えます。本問では，指示により，当座借越勘定に振り替えます。

4/1　前期末に当座借越勘定（または借入金勘定）に計上した借越額（当座預金の貸方残高分）を，翌期首（決算日の翌日）において，決算整理仕訳の貸借逆仕訳を行うことにより，当座預金勘定の貸方に戻します。これを再振替仕訳といいます。

当座預金　　　　　当座借越（または借入金）

| 4/1 20,000 | 4/1 20,000 | 20,000 |

## 問題 22-2

| | 借方科目 | 金額 | 貸方科目 | 金額 |
|---|---|---|---|---|
| (1) | 当座預金 | 55,000 | 当座借越 | 55,000 |
| (2) | 当座預金B銀行 | 20,000 | 当座借越 | 20,000 |
| (3) | 当座預金 | 25,000 | 借入金 | 25,000 |
| (4) | 当座借越 | 44,000 | 当座預金 | 44,000 |
| (5) | 借入金 | 15,000 | 当座預金E銀行 | 15,000 |

### ❗ 解答への道

決算における当座借越額の振替処理（決算整理仕訳）および期首の再振替仕訳については，使用する勘定科目に注意が必要です。当座預金（資産）を，当座預金勘定で一括して処理しているか，銀行口座ごとに勘定科目を分けて設定しているか，また，当座借越（負債）を，当座借越勘定で処理しているか，借入金勘定で処理しているかなど，問題ごとに異なります。

## THEME 23 決算整理Ⅶ 経過勘定項目

### 問題 23 - 1

イ.

| | 借方科目 | 金 額 | 貸方科目 | 金 額 |
|---|---|---|---|---|
| (1) | 保 険 料 | 1,200 | 現 金 | 1,200 |
| (2) | 前払保険料 | 300 | 保 険 料 | 300 |
| (3) | 損 益 | 900 | 保 険 料 | 900 |
| (4) | 保 険 料 | 300 | 前払保険料 | 300 |
| (5) | 保 険 料 | 1,200 | 現 金 | 1,200 |

ロ.

保 険 料

| 7/1 現 金 | 1,200 | 3/31 前払保険料 | 300 |
|---|---|---|---|
| | | 〃 損 益 | 900 |
| | 1,200 | | 1,200 |
| 4/1 前払保険料 | 300 | | |
| 7/1 現 金 | 1,200 | | |

前 払 保 険 料

| 3/31 保 険 料 | 300 | 3/31 次期繰越 | 300 |
|---|---|---|---|
| 4/1 前期繰越 | 300 | 4/1 保 険 料 | 300 |

### 🛑 解答への道

(1) 保険料を支払ったときは，保険料勘定を用いて費用処理します。

(2) 決算において，保険料の前払分（未経過分，次期分）を保険料勘定（費用）から差し引いて前払保険料勘定（資産）に振り替えます。

　7月1日に支払った1年分（12か月分）の保険料のうち，7月1日～3月31日の決算日までの9か月分が当期分，4月1日～6月30日までの3か月分が次期分（前払分）です。

前払保険料：$1,200 円 \times \dfrac{3 か月}{12 か月} = 300 円$

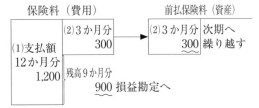

(3) 保険料勘定の借方残高900円を損益勘定の借方に振り替えることにより，保険料勘定を締め切ります。

(4) 決算において前払（資産として）処理した保険料は，翌期首において費用に計上するため，「前期末に行った決算整理仕訳の貸借逆仕訳」を行い，保険料勘定に振り替えます。これを再振替仕訳といいます。

(5) 保険契約期間が経過したため，新規に契約または更新等により，新たに保険料を支払います。なお，このとき支払う年間の保険料は，前年（上記(1)）の金額と同じとは限りません。

### 問題 23 - 2

(1)

| 日付 | 借方科目 | 金 額 | 貸方科目 | 金 額 |
|---|---|---|---|---|
| 3/31 | 前払保険料 | 300 | 保 険 料 | 300 |

(2)

| 日付 | 借方科目 | 金 額 | 貸方科目 | 金 額 |
|---|---|---|---|---|
| 3/31 | 損 益 | 1,200 | 保 険 料 | 1,200 |

(3)

保 険 料

| 4/1 前払保険料 | 300 | 3/31 前払保険料 | 300 |
|---|---|---|---|
| 7/1 現 金 | 1,200 | 〃 損 益 | 1,200 |
| | 1,500 | | 1,500 |

前 払 保 険 料

| 4/1 前期繰越 | 300 | 4/1 保 険 料 | 300 |
|---|---|---|---|
| 3/31 保 険 料 | 300 | 3/31 次期繰越 | 300 |
| | 600 | | 600 |

### 🛑 解答への道

　問題23-1の第2期末の決算仕訳と勘定転記の問題です。

　決算整理前残高試算表の保険料1,500円は1年分（12か月分）の金額ではありません。「毎年7月1日に向こう1年分を支払っている」ことから，前期から当期にかけて，次のように記帳を行っています（決算振替仕訳を除く）。

〈前期の仕訳〉

(1) ×1年7月1日：保険料の支払い（×1年7月1日～×2年6月30日分）

| （保 険 料）12か月分 | （現 金）12か月分 |
|---|---|

(2) ×2年3月31日（期末）：決算整理（×2年4月
　　1日～6月30日分の前払処理）

| （前払保険料）3か月分 | （保　険　料）3か月分 |

〈当期の仕訳〉

(1) ×2年4月1日（期首）：再振替仕訳

| （保　険　料）3か月分 | （前払保険料）3か月分 |

(2) ×2年7月1日：保険料の支払い（×2年7月1
　　日～×3年6月30日分）

| （保　険　料）12か月分 | （現　　　　金）12か月分 |

保険料（費用）

以上より，決算整理前残高試算表の保険料1,500円
は，4月1日の再振替分の3か月分と7月1日に支
払った1年分（12か月分）の合計15か月分の金額で
す。当期に支払った分のうち，×2年7月1日～×3年
3月31日の決算日までの9か月分が当期分，×3年4
月1日～6月30日までの3か月分が次期分（前払分）
です。

前払保険料：$1,500円 \times \dfrac{3か月}{15か月} = 300円$

| （前払保険料）　　　300 | （保　険　料）　　　300 |

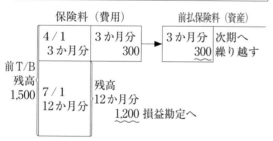

保険料（費用）　　　前払保険料（資産）

問 題 23 - 3

(1)

| 日付 | 借方科目 | 金　　額 | 貸方科目 | 金　　額 |
|------|----------|----------|----------|----------|
| 3/31 | 前払保険料 | 375 | 保　険　料 | 375 |

(2)

| 日付 | 借方科目 | 金　　額 | 貸方科目 | 金　　額 |
|------|----------|----------|----------|----------|
| 3/31 | 損　　　益 | 1,125 | 保　険　料 | 1,125 |

(3)

保　険　料

| 7/1 | 現　金 | 1,500 | 3/31 | 前払保険料 | 375 |
|------|--------|-------|------|------------|-----|
|      |        |       | 〃 | 損　益 | 1,125 |
|      |        | 1,500 |      |            | 1,500 |

前 払 保 険 料

| 3/31 | 保険料 | 375 | 3/31 | 次期繰越 | 375 |
|------|--------|-----|------|----------|-----|

## ❶ 解答への道

　決算整理前残高試算表の保険料1,500円は，7月1
日に支払った1年分（12か月分）の金額です。この
うち，7月1日～3月31日の決算日までの9か月分
が当期分，4月1日～6月30日までの3か月分が次
期分（前払分）です。

前払保険料：$1,500円 \times \dfrac{3か月}{12か月} = 375円$

| （前払保険料）　　　375 | （保　険　料）　　　375 |

保険料（費用）　　　　前払保険料（資産）

問 題 23 - 4

イ.

| | 借方科目 | 金　額 | 貸方科目 | 金　額 |
|---|----------|--------|----------|--------|
| (1) | 現　　　　金 | 18,000 | 受取家賃 | 18,000 |
| (2) | 受 取 家 賃 | 4,500 | 前 受 家 賃 | 4,500 |
| (3) | 受 取 家 賃 | 13,500 | 損　　　　益 | 13,500 |
| (4) | 前 受 家 賃 | 4,500 | 受 取 家 賃 | 4,500 |
| (5) | 現　　　　金 | 18,000 | 受 取 家 賃 | 18,000 |

ロ.

受 取 家 賃

| 3/31 | 前受家賃 | 4,500 | 7/1 | 現　金 | 18,000 |
|------|----------|-------|------|--------|--------|
| 〃 | 損　益 | 13,500 |      |        |        |
|      |          | 18,000 |      |        | 18,000 |
|      |          |       | 4/1 | 前受家賃 | 4,500 |
|      |          |       | 7/1 | 現　金 | 18,000 |

前 受 家 賃

| 3/31 | 次期繰越 | 4,500 | 3/31 | 受取家賃 | 4,500 |
|------|----------|-------|------|----------|--------|
| 4/1 | 受取家賃 | 4,500 | 4/1 | 前期繰越 | 4,500 |

**❗ 解答への道** ··········

(1) 家賃を受け取ったときは，受取家賃勘定を用いて収益処理します。

(2) 決算において，家賃の前受分（未経過分，次期分）を受取家賃勘定（収益）から差し引いて前受家賃勘定（負債）に振り替えます。

7月1日に受け取った1年分（12か月分）の家賃のうち，7月1日〜3月31日の決算日までの9か月分が当期分，4月1日〜6月30日までの3か月分が次期分（前受分）です。

前受家賃：$18,000円 \times \dfrac{3か月}{12か月} = 4,500円$

(4) 決算において，前受（負債として）処理した家賃は，翌期首において，当期の収益に計上するため，「前期末に行った決算整理仕訳の貸借逆仕訳」を行い，受取家賃勘定に振り替えます。これを「再振替仕訳」といいます。

(5) 賃貸借契約期間が経過したため，新規に契約または更新等により，新たに家賃を受け取ります。なお，このとき受け取る年間の家賃は，前年（上記(1)）の金額と同じとは限りません。

---

### 問題 23-5

(1)

| 日付 | 借方科目 | 金　額 | 貸方科目 | 金　額 |
|---|---|---|---|---|
| 3/31 | 受取家賃 | 4,500 | 前受家賃 | 4,500 |

(2)

| 日付 | 借方科目 | 金　額 | 貸方科目 | 金　額 |
|---|---|---|---|---|
| 3/31 | 受取家賃 | 18,000 | 損　益 | 18,000 |

(3)

受取家賃

| 3/31 | 前受家賃 | 4,500 | 4/1 | 前受家賃 | 4,500 |
|---|---|---|---|---|---|
| 〃 | 損　益 | 18,000 | 7/1 | 現　金 | 18,000 |
| | | 22,500 | | | 22,500 |

---

前受家賃

| 4/1 | 受取家賃 | 4,500 | 4/1 | 前期繰越 | 4,500 |
|---|---|---|---|---|---|
| 3/31 | 次期繰越 | 4,500 | 3/31 | 受取家賃 | 4,500 |
| | | 9,000 | | | 9,000 |

**❗ 解答への道** ··········

問題23-4の第2期末の決算仕訳と勘定転記の問題です。

決算整理前残高試算表の受取家賃22,500円は1年分（12か月分）の金額ではありません。「毎年7月1日に向こう1年分を受け取っている」ことから，前期から当期にかけて，次のように記帳を行っています（決算振替仕訳を除く）。

〈前期の仕訳〉

(1) ×1年7月1日：家賃の受け取り（×1年7月1日〜×2年6月30日分）

| （現　　　金）12か月分 | （受 取 家 賃）12か月分 |
|---|---|

(2) ×2年3月31日（期末）：決算整理（×2年4月1日〜6月30日分の前受処理）

| （受 取 家 賃）3か月分 | （前 受 家 賃）3か月分 |
|---|---|

〈当期の仕訳〉

(1) ×2年4月1日（期首）：再振替仕訳

| （前 受 家 賃）3か月分 | （受 取 家 賃）3か月分 |
|---|---|

(2) ×2年7月1日：家賃の受け取り（×2年7月1日〜×3年6月30日分）

| （現　　　金）12か月分 | （受 取 家 賃）12か月分 |
|---|---|

受取家賃（収益）

| 前T/B残高 15か月分 22,500 | 4/1 3か月分 |
|---|---|
| | 7/1 12か月分 |

以上より，決算整理前残高試算表の受取家賃22,500円は，4月1日の再振替分の3か月分と7月1日に受け取った1年分（12か月分）の合計15か月分の金額です。当期に受け取った分のうち，7月1日〜3月31日の決算日までの9か月分が当期分，4月1日〜6月30日までの3か月分が次期分（前受分）です。

前受家賃：$22,500円 \times \dfrac{3か月}{15か月} = 4,500円$

| （受 取 家 賃）　4,500 | （前 受 家 賃）　4,500 |
|---|---|

受取家賃（収益）

| 3か月分 4,500 | 4/1 3か月分 |
|---|---|
| 残高 12か月分 18,000 損益勘定へ | 7/1 12か月分 |

前受家賃（負債）

| 次期へ 繰り越す 4,500 | 3か月分 4,500 |
|---|---|
| | 前T/B →残高 22,500 |

## 問 題 23 - 6

(1)

| 日付 | 借方科目 | 金　　額 | 貸方科目 | 金　　額 |
|---|---|---|---|---|
| 3/31 | 受取家賃 | 5,625 | 前受家賃 | 5,625 |

(2)

| 日付 | 借方科目 | 金　　額 | 貸方科目 | 金　　額 |
|---|---|---|---|---|
| 3/31 | 受取家賃 | 16,875 | 損　　益 | 16,875 |

(3)

受取家賃

| 3/31 前受家賃 | 5,625 | 7/1 現　金 | 22,500 |
|---|---|---|---|
| 〃　損　益 | 16,875 | | |
| | 22,500 | | 22,500 |

前受家賃

| 3/31 次期繰越 | 5,625 | 3/31 受取家賃 | 5,625 |
|---|---|---|---|

### ❗ 解 答 へ の 道

　決算整理残高試算表の受取家賃22,500円は，7月1日に受け取った1年分（12か月分）の金額です。このうち，7月1日～3月31日の決算日までの9か月分が当期分，4月1日～6月30日までの3か月分が次期分（前受分）です。

前受家賃：$22,500円 \times \dfrac{3か月}{12か月} = 5,625円$

| （受 取 家 賃） | 5,625 | （前 受 家 賃） | 5,625 |
|---|---|---|---|

受取家賃（収益）

| 3か月分 5,625 | 受取額 |
|---|---|
| 残高 9か月分 16,875 損益勘定へ | 12か月分 22,500 |

前受家賃（負債）

| 次期へ 繰り越す 5,625 | 3か月分 5,625 |
|---|---|

## 問 題 23 - 7

イ.

| | 借方科目 | 金　額 | 貸方科目 | 金　額 |
|---|---|---|---|---|
| (1) | 仕 訳 な し | | | |
| (2) | 支 払 地 代 | 4,500 | 未 払 地 代 | 4,500 |
| (3) | 損　　　　益 | 4,500 | 支 払 地 代 | 4,500 |
| (4) | 未 払 地 代 | 4,500 | 支 払 地 代 | 4,500 |
| (5) | 支 払 地 代 | 6,000 | 現　　　　金 | 6,000 |

ロ.

支 払 地 代

| 3/31 未払地代 | 4,500 | 3/31 損　益 | 4,500 |
|---|---|---|---|
| 6/30 現　金 | 6,000 | 4/1 未払地代 | 4,500 |

未 払 地 代

| 3/31 次期繰越 | 4,500 | 3/31 支払地代 | 4,500 |
|---|---|---|---|
| 4/1 支払地代 | 4,500 | 4/1 前期繰越 | 4,500 |

### ❗ 解 答 へ の 道

(1) 駐車場（土地）の賃貸借契約を結んだだけでは，簿記の5要素が増減しないため，簿記上の取引ではないので「仕訳なし」となります。

(2) 決算において，地代の未払分（当期経過期間分）を支払地代勘定（費用）に加算計上し，未払地代勘定（負債）を計上します。

　　7月1日～3月31日の決算日までの9か月分が当期経過期間分であり，これを未払分として計上します（地代の支払いは3か月後の6月30日）。

未払地代：$契約額6,000円 \times \dfrac{9か月}{12か月} = 4,500円$

支払地代（費用）

| 加算計上 4,500 | 当期経過 9か月分 |
|---|---|

未払地代（負債）

| | 未払分 4,500 |
|---|---|

(4) 決算において，未払（負債として）処理した地代は，翌期首において，（6月30日に支払う予定の）当期の費用から差し引くため，「前期末に行った決算整理仕訳の貸借逆仕訳」を行い，支払地代勘定の貸方に振り替えます。これを「再振替仕訳」といいます。

(5) 契約満了日に6,000円を支払います。

## 問 題 23 - 8

(1)

| 日付 | 借方科目 | 金　額 | 貸方科目 | 金　額 |
|---|---|---|---|---|
| 3/31 | 支 払 地 代 | 4,500 | 未 払 地 代 | 4,500 |

(2)

| 日付 | 借方科目 | 金　額 | 貸方科目 | 金　額 |
|---|---|---|---|---|
| 3/31 | 損　　益 | 6,000 | 支 払 地 代 | 6,000 |

(3)

支 払 地 代

| | | | | | |
|---|---|---|---|---|---|
| 6/30 | 現　金 | 6,000 | 4/1 | 未払地代 | 4,500 |
| 3/31 | 未払地代 | 4,500 | 3/31 | 損　益 | 6,000 |
| | | 10,500 | | | 10,500 |

未 払 地 代

| | | | | | |
|---|---|---|---|---|---|
| 4/1 | 支払地代 | 4,500 | 4/1 | 前期繰越 | 4,500 |
| 3/31 | 次期繰越 | 4,500 | 3/31 | 支払地代 | 4,500 |
| | | 9,000 | | | 9,000 |

**🔴 解答への道**

問題23-7の第2期末の決算仕訳と勘定転記の問題です。

決算整理前残高試算表の支払地代1,500円は1年分（12か月分）ではありません。「毎期同額を過去1年分，6月30日に後払いしている」ことから，前期から当期にかけて，次のように記帳を行っています（決算振替仕訳を除く）。

〈前期の仕訳〉
(1) ×2年3月31日（期末）：決算整理（×1年7月1日～×2年3月31日分の未払処理）

（支 払 地 代）9か月分　（未 払 地 代）9か月分

〈当期の仕訳〉
(1) ×2年4月1日（期首）：再振替仕訳

（未 払 地 代）9か月分　（支 払 地 代）9か月分

(2) ×2年6月30日：地代の支払（×1年7月1日～×2年6月30日分）

（支 払 地 代）12か月分　（現　　　金）12か月分

支払地代（費用）

以上より，決算整理前残高試算表の支払地代1,500円は，4月1日再振替仕訳分の9か月分と6月30日に支払った1年分（12か月分）の差額3か月分の金額です。当期の7月1日に契約を更新しているため，7月1日から3月31日までの9か月分を未払地代として計上します。

## 問 題 23 - 9

(1)

| 日付 | 借方科目 | 金　額 | 貸方科目 | 金　額 |
|---|---|---|---|---|
| 3/31 | 支 払 地 代 | 500 | 未 払 地 代 | 500 |

(2)

| 日付 | 借方科目 | 金　額 | 貸方科目 | 金　額 |
|---|---|---|---|---|
| 3/31 | 損　　益 | 6,000 | 支 払 地 代 | 6,000 |

(3)

支 払 地 代

| | | | | |
|---|---|---|---|---|
| 4～2月分合計 | 5,500 | 3/31 | 損　益 | 6,000 |
| 3/31 未払地代 | 500 | | | |
| | 6,000 | | | 6,000 |

未 払 地 代

| | | | | |
|---|---|---|---|---|
| 3/31 次期繰越 | 500 | 3/31 | 支払地代 | 500 |

**🔴 解答への道**

指示に従って，3月分（1か月分）の支払地代を未払計上します。決算整理前残高試算表の支払地代5,500円が「11か月分」であることから，11で除して，1か月分の支払地代500円を求めます。

（支 払 地 代）500　（未 払 地 代）500

〈49〉

イ.

|  | 借方科目 | 金　額 | 貸方科目 | 金　額 |
|---|---|---|---|---|
| (1) | 仕 訳 な し |  |  |  |
| (2) | 未 収 地 代 | 4,500 | 受 取 地 代 | 4,500 |
| (3) | 受 取 地 代 | 4,500 | 損　　益 | 4,500 |
| (4) | 受 取 地 代 | 4,500 | 未 収 地 代 | 4,500 |
| (5) | 現　　金 | 6,000 | 受 取 地 代 | 6,000 |

ロ.

受 取 地 代

| 3/31 | 損　益 | 4,500 | 3/31 | 未収地代 | 4,500 |
|---|---|---|---|---|---|
| 4/1 | 未収地代 | 4,500 | 6/30 | 現　金 | 6,000 |

未 収 地 代

| 3/31 | 受取地代 | 4,500 | 3/31 | 次期繰越 | 4,500 |
|---|---|---|---|---|---|
| 4/1 | 前期繰越 | 4,500 | 4/1 | 受取地代 | 4,500 |

**❗ 解答への道**

(1) 駐車場（土地）の賃貸借契約を結んだだけでは、簿記の5要素が増減しないため、簿記上の取引ではないので「仕訳なし」となります。

(2) 決算において、地代の未収分（当期経過期間分）を受取地代勘定（収益）に加算計上し、未収地代勘定（資産）を計上します。

7月1日～3月31日の決算日までの9か月分が当期経過期間分であり、これを未収分として計上します（地代の受け取りは3か月後の6月30日）。

$$未収地代：契約額6,000円 \times \frac{9か月}{12か月} = 4,500円$$

受取地代（収益）

| 当期分<br>損益勘定へ | 加算計上<br>4,500 |
|---|---|

未収地代（資産）

| 未収分<br>4,500 | 次期へ<br>繰り越す |
|---|---|

(4) 決算において、未収（資産として）処理した地代は、翌期首において、（6月30日に受け取る予定の）当期の収益から差し引くため、「前期末に行った決算整理仕訳の貸借逆仕訳」を行い、受取地代勘定の借方に振り替えます。これを「再振替仕訳」といいます。

(5) 契約満了日に6,000円を受け取ります。

(1)

| 日付 | 借方科目 | 金　額 | 貸方科目 | 金　額 |
|---|---|---|---|---|
| 3/31 | 未 収 地 代 | 4,500 | 受 取 地 代 | 4,500 |

(2)

| 日付 | 借方科目 | 金　額 | 貸方科目 | 金　額 |
|---|---|---|---|---|
| 3/31 | 受 取 地 代 | 6,000 | 損　　益 | 6,000 |

(3)

受 取 地 代

| 4/1 | 未収地代 | 4,500 | 6/30 | 現　金 | 6,000 |
|---|---|---|---|---|---|
| 3/31 | 損　益 | 6,000 | 3/31 | 未収地代 | 4,500 |
|  |  | 10,500 |  |  | 10,500 |

未 収 地 代

| 4/1 | 前期繰越 | 4,500 | 4/1 | 受取地代 | 4,500 |
|---|---|---|---|---|---|
| 3/31 | 受取地代 | 4,500 | 3/31 | 次期繰越 | 4,500 |
|  |  | 9,000 |  |  | 9,000 |

**❗ 解答への道**

問題23-10の第2期末の決算仕訳と勘定転記の問題です。

決算整理前残高試算表の受取地代1,500円は1年分（12か月分）ではありません。「毎期同額を過去1年分、6月30日に受け取っている」ことから、前期から当期にかけて、次のように記帳を行っています（決算振替仕訳を除く）。

〈前期の仕訳〉

(1) ×2年3月31日（期末）：決算整理（×1年7月1日～×2年3月31日分の未収処理）

| （未 収 地 代）9か月分 | （受 取 地 代）9か月分 |
|---|---|

〈当期の仕訳〉

(1) ×2年4月1日（期首）：再振替仕訳

| （受 取 地 代）9か月分 | （未 収 地 代）9か月分 |
|---|---|

(2) ×2年6月30日：地代の受取（×1年7月1日～×2年6月30日分）

| （現　　　金）12か月分 | （受 取 地 代）12か月分 |
|---|---|

受取地代（収益）

| 4/1<br>9か月分 |  |
|---|---|
| 前T/B残高<br>3か月分<br>1,500 | 6/30<br>12か月分 |

以上より，決算整理前残高試算表の受取地代1,500円は，4月1日再振替仕訳分の9か月分と6月30日に受け取った1年分（12か月分）の差額3か月分の金額です。当期の7月1日に契約を更新しているため，7月1日から3月31日までの9か月分を未収地代として計上します。

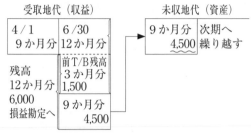

## 問題 23 - 12

(1)

| 日付 | 借方科目 | 金　　額 | 貸方科目 | 金　　額 |
|------|---------|---------|---------|---------|
| 3/31 | 未 収 地 代 | 500 | 受 取 地 代 | 500 |

(2)

| 日付 | 借方科目 | 金　　額 | 貸方科目 | 金　　額 |
|------|---------|---------|---------|---------|
| 3/31 | 受 取 地 代 | 6,000 | 損　　益 | 6,000 |

(3)

受 取 地 代

| 3/31 | 損　益 | 6,000 | 4～2月分合計 | 5,500 |
|------|-------|-------|------------|-------|
|      |       |       | 3/31　未収地代 | 500 |
|      |       | 6,000 |            | 6,000 |

未 収 地 代

| 3/31 | 受取地代 | 500 | 3/31 | 次期繰越 | 500 |
|------|---------|-----|------|---------|-----|

### ❗ 解 答 へ の 道

指示に従って3月分（1か月分）の受取地代を未収計上します。決算整理前残高試算表の受取地代5,500円が「11か月分」であることから，11で除して，1か月分の受取地代500円を求めます。

| （未 収 地 代） | 500 | （受 取 地 代） | 500 |
|---|---|---|---|

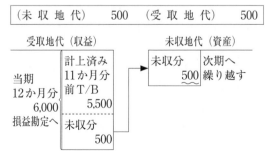

# 24 決算整理後残高試算表

## 問題 24-1

### 決算整理後残高試算表
#### ×2年3月31日
（単位：円）

| 借　方 | 勘定科目 | 貸　方 |
|---|---|---|
| 954,000 | 現　　　　金 | |
| 1,090,000 | 当　座　預　金 | |
| 340,000 | 売　　掛　　金 | |
| | 貸　倒　引　当　金 | 6,800 |
| 211,000 | 繰　越　商　品 | |
| 1,500,000 | 備　　　　品 | |
| | 備品減価償却累計額 | 562,500 |
| | 買　　掛　　金 | 314,000 |
| | 借　　入　　金 | 220,000 |
| | 資　　本　　金 | 2,000,000 |
| | 繰越利益剰余金 | 125,000 |
| | 売　　　　上 | 4,920,000 |
| | 受　取　手　数　料 | 39,500 |
| 1,721,000 | 仕　　　　入 | |
| 925,000 | 給　　　　料 | |
| 120,600 | 通　　信　　費 | |
| 111,000 | 旅　費　交　通　費 | |
| 1,024,000 | 支　払　家　賃 | |
| 800 | 保　　険　　料 | |
| 1,000 | 雑　　　　損 | |
| 6,500 | 貸倒引当金繰入 | |
| 187,500 | 減　価　償　却　費 | |
| | 前　受　手　数　料 | 6,200 |
| 1,600 | 前　払　保　険　料 | |
| 3,300 | 支　払　利　息 | |
| | 未　払　利　息 | 3,300 |
| 8,197,300 | | 8,197,300 |

### ❗ 解答への道

〈決算整理後残高試算表の作成〉

(1)の決算整理前残高試算表と(2)決算整理事項等にもとづいて仕訳します。次に仕訳金額を決算整理前残高試算表（以下，前T/B）の金額に加減し，決算整理後残高試算表に記入します。試算表作成の際，決算整理前残高試算表にない科目を仕訳で使用した場合は追加しますが，本問では解答欄の決算整理後残高試算表に記入済みです。

未処理事項（記入もれの追加や誤りの訂正）の仕訳を行い，修正後の金額を用いて決算整理を行います。

**1．売掛金回収の未記帳（未処理事項）**

| （当 座 預 金） | 20,000 | （売　掛　金） | 20,000 |
|---|---|---|---|

**2．現金過不足の整理**

現金は実際額である手許有高に修正しますが，現金の帳簿残高と実際手許有高の差額（不足）1,000円は発生原因が不明なため，雑損勘定（費用）に振り替えます。

| （雑　　　損） | 1,000* | （現　　　金） | 1,000 |
|---|---|---|---|

＊　実際手許有高954,000円－前T/B現金955,000円
　　＝△1,000円（不足→雑損へ）

**3．貸倒引当金の設定**

売上債権期末残高に対し2％の金額を貸倒引当金（貸倒見積額）とします。なお，売上債権残高は，受取手形および売掛金等を指します。また，差額補充法によるので，貸倒見積額から貸倒引当金勘定残高を差し引いた差額を当期の繰入額として費用計上します。

| （貸倒引当金繰入） | 6,500* | （貸倒引当金） | 6,500 |
|---|---|---|---|

＊　売上債権残高：前T/B売掛金360,000円－1．回収
　　　　　　　　　済み20,000円＝340,000円
　　貸倒引当金の当期末設定額：340,000円×2％
　　　　　　　　　　　　　　　　＝6,800円
　　貸倒引当金繰入額：6,800円－前T/B貸倒引当金
　　　　　　　　　　　　　300円＝6,500円

**4．売上原価の算定**

商品売買取引は，決算において，売上原価の算定および期末商品計上の処理が必要です。

| 期首商品棚卸高178,000円＋当期商品仕入高1,754,000円 |
| －期末商品棚卸高211,000円＝売上原価1,721,000円 |

仕入勘定を用いて，次の仕訳により売上原価を算定するとともに，繰越商品勘定の残高を期末商品棚卸高に修正します。

| （仕　　　　入） | 178,000 | （繰 越 商 品） | 178,000*1 |
|---|---|---|---|
| （繰 越 商 品） | 211,000*2 | （仕　　　　入） | 211,000 |

＊1　期首商品棚卸高：前T/B繰越商品勘定残高
＊2　期末商品棚卸高：決算整理事項より

5．固定資産の減価償却

　備品について，定額法（残存価額ゼロ，耐用年数8年）により減価償却費を計算します。

| （減価償却費） | 187,500* | （備品減価償却累計額） | 187,500 |

＊　減価償却費：$\dfrac{\text{前 T/B 備品 1,500,000 円}}{\text{耐用年数 8 年}} = 187,500$ 円

6．受取手数料の前受処理

　次期分6,200円を受取手数料勘定より差し引き，前受手数料勘定に振り替えます。

| （受取手数料） | 6,200 | （前受手数料） | 6,200* |

＊　前受手数料：決算整理事項より

7．保険料の前払処理

　前T/Bの保険料は×1年12月1日に支払った向こう1年分であることから，×1年12月1日から×2年3月31日までの4か月分を当期分，×2年4月1日から11月30日の8か月分を次期分として計算し，次期分を保険料勘定より差し引き，前払保険料勘定に振り替えます。

| （前払保険料） | 1,600* | （保　険　料） | 1,600 |

＊　前払保険料：前 T/B 保険料 2,400 円 $\times \dfrac{8\text{か月}}{12\text{か月}} = 1,600$ 円

8．支払利息の未払処理

　利息の支払いは返済時なので，借入日の×1年10月1日から×2年3月31日までの6か月分を，支払利息と未払利息として計上します。

| （支払利息） | 3,300 | （未払利息）* | 3,300 |

＊　未払利息：前 T/B 借入金 220,000 円 $\times$ 年 3 % $\times \dfrac{6\text{か月}}{12\text{か月}} = 3,300$ 円

（参考）

　決算整理後残高試算表の勘定科目および金額を分類し，この後の決算手続きに用います。

・資産，負債，資本（純資産），評価勘定は貸借対照表（財政状態を表す）に表示

・費用および収益の勘定は損益計算書（経営成績を表す）に表示

## 決算整理後残高試算表

×2年3月31日　（単位：円）

| | 借　方 | 勘定科目 | 貸　方 | |
|---|---|---|---|---|
| 資産(B/S) | 954,000 | 現　　　　金 | | |
| 資産(B/S) | 1,090,000 | 当　座　預　金 | | |
| 資産(B/S) | 340,000 | 売　　掛　　金 | | |
| | | 貸　倒　引　当　金 | 6,800 | 評価(B/S) |
| 資産(B/S) | 211,000 | 繰　越　商　品 | | |
| 資産(B/S) | 1,500,000 | 備　　　　品 | | |
| | | 備品減価償却累計額 | 562,500 | 評価(B/S) |
| | | 買　　掛　　金 | 314,000 | 負債(B/S) |
| | | 借　　入　　金 | 220,000 | 負債(B/S) |
| | | 資　　本　　金 | 2,000,000 | 資本(B/S) |
| | | 繰越利益剰余金 | 125,000 | 資本(B/S) |
| | | 売　　　　上 | 4,920,000 | 収益(P/L) |
| | | 受　取　手　数　料 | 39,500 | 収益(P/L) |
| 費用(P/L) | 1,721,000 | 仕　　　　入 | | |
| 費用(P/L) | 925,000 | 給　　　　料 | | |
| 費用(P/L) | 120,600 | 通　　信　　費 | | |
| 費用(P/L) | 111,000 | 旅　費　交　通　費 | | |
| 費用(P/L) | 1,024,000 | 支　払　家　賃 | | |
| 費用(P/L) | 800 | 保　　険　　料 | | |
| 費用(P/L) | 1,000 | 雑　　　　損 | | |
| 費用(P/L) | 6,500 | 貸倒引当金繰入 | | |
| 費用(P/L) | 187,500 | 減　価　償　却　費 | | |
| | | 前　受　手　数　料 | 6,200 | 負債(B/S) |
| 資産(B/S) | 1,600 | 前　払　保　険　料 | | |
| 費用(P/L) | 3,300 | 支　払　利　息 | | |
| | | 未　払　利　息 | 3,300 | 負債(B/S) |
| | 8,197,300 | | 8,197,300 | |

決算整理後残高試算表

×2年3月31日 （単位：円）

| 借　　　方 | 勘 定 科 目 | 貸　　　方 |
|---:|:---:|---:|
| 363,000 | 現　　　　　金 | |
| 410,000 | 当座預金A銀行 | |
| 231,500 | 受 取 手 形 | |
| 143,500 | 売 掛 金 | |
| | 貸 倒 引 当 金 | 15,000 |
| 617,000 | 繰 越 商 品 | |
| 15,000 | 貯 蔵 品 | |
| 33,000 | 前 払 保 険 料 | |
| 300,000 | 備 品 | |
| | 減価償却累計額 | 120,000 |
| | 支 払 手 形 | 173,500 |
| | 買 掛 金 | 107,500 |
| | 借 入 金 | 250,000 |
| | 当 座 借 越 | 25,000 |
| | 未 払 利 息 | 2,500 |
| | 資 本 金 | 1,300,000 |
| | 繰越利益剰余金 | 220,000 |
| | 売 上 | 4,402,000 |
| 3,328,000 | 仕 入 | |
| 454,500 | 給 料 | |
| 7,000 | 通 信 費 | |
| 14,000 | 租 税 公 課 | |
| 520,000 | 支 払 家 賃 | |
| 132,000 | 保 険 料 | |
| 9,000 | 貸倒引当金繰入 | |
| 30,000 | 減 価 償 却 費 | |
| 7,500 | 支 払 利 息 | |
| 500 | 雑 損 | |
| 6,615,500 | | 6,615,500 |

**解答への道** ……………………………

〈決算整理後残高試算表の作成〉

　(1)の決算整理前の各勘定残高と(2)決算整理事項等にもとづいて仕訳します。仕訳の金額を各勘定残高に加減し，決算整理後残高試算表に記入します。試算表作成の際，科目の配列順に特別なルールはありません（本問では解答欄にすべて記入済みです）。

〈決算整理事項等〉

1．仮受金の精算（未処理事項）

　　売掛金の回収が判明したので売掛金の減少として処理します。なお，この処理は，貸倒引当金の設定に影響します。

| （仮 受 金） | 14,000 | （売 掛 金） | 14,000 |
|---|---|---|---|

2．現金過不足の処理

　　実際有高と帳簿残高の差額を雑損勘定（費用）に振り替えます。

| （雑 損） | 500 | （現 金） | 500 |
|---|---|---|---|

　　実際有高363,000円−帳簿残高363,500円＝△500円（不足額）

3．当座預金の貸方残高

　　当座預金勘定の貸方残高は，当座預金残高を超えた引出額を表す負債です。指示に従って当座借越勘定（負債）に振り替えます。

| （当座預金B銀行） | 25,000 | （当 座 借 越） | 25,000 |
|---|---|---|---|

4．貸倒引当金の設定

　　受取手形と売掛金の期末残高合計の4％が貸倒引当金の残高となるように差額を補充します。

　　貸倒引当金の当期設定額：

$$(231,500円 + 157,500円 - \underset{\text{上記1.}}{\underline{14,000円}}) \times 4\% = 15,000円$$

　　貸倒引当金の期末残高：　　　　△6,000円

　　差引・貸倒引当金繰入額：　　　　9,000円

| （貸倒引当金繰入） | 9,000 | （貸 倒 引 当 金） | 9,000 |
|---|---|---|---|

5．売上原価の算定

　　仕入勘定の残高が売上原価になるように仕訳します。

| （仕 入） | 345,000 | （繰 越 商 品） | 345,000 |
|---|---|---|---|
| （繰 越 商 品） | 617,000 | （仕 入） | 617,000 |

## 6．備品の減価償却費の計上

旧備品と新備品の耐用年数が異なるので別々に計算します。また，新備品は期中に取得しているので月割計算します（1月1日から3月31日までの3か月分）。

$$旧備品：\frac{(300,000円-100,000円)}{8年} = 25,000円$$

$$新備品：\frac{100,000円}{5年} \times \frac{3か月}{12か月} = 5,000円$$

$$\Big\} 30,000円$$

| （減価償却費） | 30,000 | （減価償却累計額） | 30,000 |
|---|---|---|---|

## 7．未使用の切手等の貯蔵品処理

期中において通信費勘定（費用）で処理した切手代や租税公課勘定（費用）で処理した収入印紙代は，期末の未使用分を貯蔵品勘定（資産）に振り替え，次期に繰り越します。

| （貯 蔵 品） | 15,000 | （通 信 費） | 5,000 |
|---|---|---|---|
| | | （租 税 公 課） | 10,000 |

## 8．前払保険料の計上

保険料は毎年7月1日に1年分を支払っているため，前期から繰り越された前払分（3か月分）は当期首に再振替仕訳を行っています。また，当期の7月1日に向こう1年分（12か月分）を支払っているので，決算整理前の勘定残高の保険料は3か月分＋12か月分＝15か月分です。このうち3か月分（×2年4月～6月分）を次期の費用とするため前払分として処理します。

$$165,000円 \times \frac{3か月}{15か月} = 33,000円$$

| （前払保険料） | 33,000 | （保 険 料） | 33,000 |
|---|---|---|---|

## 9．未払利息の計上

借入金の利息は半年ごとの後払いなので，1月1日から3月31日までの3か月分を当期の費用とするため，未払計上します。

$$250,000円 \times 4\% \times \frac{3か月}{12か月} = 2,500円$$

| （支 払 利 息） | 2,500 | （未 払 利 息） | 2,500 |
|---|---|---|---|

## 問題 24 - 3

### 決算整理後残高試算表
×2年3月31日 （単位：円）

| 借 方 | 勘 定 科 目 | 貸 方 |
|---|---|---|
| 501,000 | 現 金 | |
| 316,000 | 当座預金神奈川Y銀行 | |
| 104,000 | 普通預金埼玉W銀行 | |
| 127,000 | 普通預金東京X銀行 | |
| 200,000 | 受 取 手 形 | |
| 295,000 | 売 掛 金 | |
| 120,000 | 繰 越 商 品 | |
| 9,000 | 貯 蔵 品 | |
| 4,000 | 前 払 保 険 料 | |
| 800,000 | 建 物 | |
| 400,000 | 備 品 | |
| 1,000,000 | 土 地 | |
| | 支 払 手 形 | 90,000 |
| | 買 掛 金 | 120,000 |
| | 借 入 金 | 150,000 |
| | 当 座 借 越 | 20,000 |
| | 前 受 地 代 | 2,500 |
| | 貸 倒 引 当 金 | 9,900 |
| | 建物減価償却累計額 | 72,000 |
| | 備品減価償却累計額 | 130,000 |
| | 資 本 金 | 2,850,000 |
| | 繰越利益剰余金 | 150,000 |
| | 売 上 | 2,000,000 |
| | 受 取 地 代 | 27,500 |
| | 雑 益 | 1,000 |
| 1,170,000 | 売 上 原 価 | |
| 369,000 | 給 料 | |
| 12,000 | 保 険 料 | |
| 70,000 | 消 耗 品 費 | |
| 15,000 | 租 税 公 課 | |
| 7,900 | 貸倒引当金繰入 | |
| 94,000 | 減 価 償 却 費 | |
| 9,000 | 支 払 利 息 | |
| 5,622,900 | | 5,622,900 |

### ❗ 解 答 へ の 道

〈決算整理後残高試算表の作成〉

［資料Ⅰ］の決算整理前残高試算表（以下，前T/B）の金額と［資料Ⅱ］未処理事項および［資料Ⅲ］決算整理事項にもとづいて仕訳します。仕訳の金額を各勘定残高に加減し，決算整理後残高試算表に記入します。

Ⅰ．未処理事項

1．売掛金の回収

| （普通預金東京Ｘ銀行） | 5,000 | （売　掛　金） | 5,000 |

2．固定資産税の支払い

事業用の土地・建物などにかかる固定資産税は，租税公課勘定（費用）で処理します。

| （租　税　公　課） | 4,000 | （当座預金神奈川Ｙ銀行） | 4,000 |

3．仮払金

| （備　　　　　品） | 100,000 | （仮　払　金） | 100,000 |

Ⅱ．決算整理事項

1．現金過不足の処理

実際有高と帳簿残高の差額を雑益として処理します。

| （現　　　　　金） | 1,000 | （雑　　　　　益） | 1,000* |

* 実際有高：476,000円〈紙幣・硬貨〉＋25,000円〈他社振出の小切手〉＝501,000円

　　501,000円〈実際有高〉－500,000円〈前T/B現金〉＝1,000円（雑益）

2．当座借越

指示にしたがい，当座預金栃木Ｚ銀行勘定の貸方残高20,000円を，当座借越勘定の貸方に振り替えます。

| （当座預金栃木Ｚ銀行） | 20,000 | （当　座　借　越） | 20,000 |

3．貸倒引当金の設定

貸倒引当金勘定の残高が売上債権（受取手形と売掛金）期末残高の2％になるよう差額を補充します。

| （貸倒引当金繰入） | 7,900* | （貸　倒　引　当　金） | 7,900 |

* 売上債権の残高：200,000円〈受取手形〉＋300,000円〈売掛金〉－5,000円〈上記Ⅰの1〉

　　　　　　　　　　　＝495,000円

　貸倒引当金の当期末設定額：495,000円×2％

　　　　　　　　　　　　　　　＝9,900円

　貸倒引当金繰入額：9,900円－2,000円〈前T/B貸倒引当金〉

　　　　　　　　　　　＝7,900円

4．売上原価の算定

売上原価勘定で売上原価を算定するとともに，繰越商品勘定の残高を期末商品棚卸高に修正します。

| （売　上　原　価） | 90,000 | （繰　越　商　品） | 90,000*1 |
| （売　上　原　価） | 1,200,000 | （仕　　　　　入） | 1,200,000*2 |
| （繰　越　商　品） | 120,000*3 | （売　上　原　価） | 120,000 |

*1　期首商品棚卸高（前T/B繰越商品）

*2　当期商品仕入高（前T/B仕入）

*3　期末商品棚卸高（決算整理事項より）

5．固定資産の減価償却

| （減　価　償　却　費） | 94,000*3 | （建物減価償却累計額） | 24,000*1 |
| | | （備品減価償却累計額） | 70,000*2 |

*1　建物：$\dfrac{800,000円 - 800,000円 \times 10\%}{30年} = 24,000円$

*2　旧備品：$\dfrac{300,000円 - 0円}{5年} = 60,000円$

$\left.\begin{array}{l}\text{新備品：}\dfrac{100,000円 - 0円}{5年} \times \dfrac{6か月}{12か月}\\ \qquad\qquad\qquad = 10,000円\end{array}\right\}70,000円$

*3　減価償却費：24,000円＋70,000円＝94,000円

6．収入印紙の貯蔵品振替

収入印紙の未使用高を租税公課勘定（費用）から貯蔵品勘定（資産）へ振り替えます。

| （貯　　　　　蔵　　　　　品） | 9,000 | （租　税　公　課） | 9,000 |

7．受取地代の前受け

当期最後の偶数月である2月末日に，向こう2か月分（×2年3月1日～4月30日）の地代を受け取っているので，4月分を前受処理します。

| （受　取　地　代） | 2,500 | （前　受　地　代）* | 2,500 |

* $5,000円 \times \dfrac{1か月}{2か月} = 2,500円$

8．保険料の前払い

当期2月1日に支払った半年分のうち4か月分（×2年4月1日～7月31日）を前払処理します。なお，前期以前から継続的に前払いしていることから，前期の決算日にも4か月分（×1年4月1日～7月31日）を前払処理しています。したがって，決算整理前残高試算表の保険料16,000円は，当期首に再振替仕訳した4か月分と，当期中の8月1日と2月1日の2回に分けて支払った12か月分の合計16か月分です。

| （前　払　保　険　料） | 4,000* | （保　険　料） | 4,000 |

* $16,000円 \times \dfrac{4か月}{16か月} = 4,000円$

# 精算表

## 問題 25-1

精 算 表

| 勘定科目 | 残高試算表 | | 修正記入 | | 損益計算書 | | 貸借対照表 | |
|---|---|---|---|---|---|---|---|---|
| | 借　方 | 貸　方 | 借　方 | 貸　方 | 借　方 | 貸　方 | 借　方 | 貸　方 |
| 資 産 の 科 目 A | 130,000 | | | 10,000 | | | 120,000 | |
| 資 産 の 科 目 B | 240,000 | | 12,000 | | | | 252,000 | |
| 資 産 の 科 目 C | 150,000 | | 65,000 | 73,000 | | | 142,000 | |
| 負 債 の 科 目 D | | 100,000 | 1,000 | | | | | 99,000 |
| 負 債 の 科 目 E | | 85,000 | | 3,000 | | | | 88,000 |
| 負 債 の 科 目 F | | 50,000 | 4,000 | 5,000 | | | | 51,000 |
| 資 本 の 科 目 | | 800,000 | | | | | | 800,000 |
| 収 益 の 科 目 G | | 250,000 | 5,000 | | | 245,000 | | |
| 収 益 の 科 目 H | | 160,000 | | 6,600 | | 166,600 | | |
| 収 益 の 科 目 I | | 33,000 | 500 | 12,000 | | 44,500 | | |
| 費 用 の 科 目 J | 48,000 | | | 9,000 | 39,000 | | | |
| 費 用 の 科 目 K | 185,000 | | 1,800 | | 186,800 | | | |
| 費 用 の 科 目 L | 135,000 | | 4,200 | 2,800 | 136,400 | | | |

## ❗ 解 答 へ の 道

　本問は，精算表記入における5要素の計算のルールの確認問題です。

残高試算表欄：
　資産の科目および費用の科目 … 借方残高
　負債の科目，資本の科目，評価勘定の科目および収益の科目 … 貸方残高

修正記入欄：
　資産の科目および費用の科目
　　… 借方は増加・貸方は減少
　負債の科目，資本の科目，評価勘定の科目および収益の科目
　　… 借方は減少・貸方は増加

損益計算書欄：
　収益の科目（修正後の金額）を貸方に
　費用の科目（修正後の金額）を借方に

貸借対照表欄：
　資産の科目（修正後の金額）を借方に
　負債の科目（修正後の金額）を貸方に
　評価勘定の科目（修正後の金額）を貸方に
　資本の科目（修正後の金額）を貸方に

## 精 算 表

| 勘定科目 | 残高試算表 借方 | 残高試算表 貸方 | 修正記入 借方 | 修正記入 貸方 | 損益計算書 借方 | 損益計算書 貸方 | 貸借対照表 借方 | 貸借対照表 貸方 |
|---|---|---|---|---|---|---|---|---|
| 現　　　　　金 | 955,000 | | | 1,000 | | | 954,000 | |
| 当 座 預 金 | 1,070,000 | | 20,000 | | | | 1,090,000 | |
| 売 　 掛 　 金 | 360,000 | | | 20,000 | | | 340,000 | |
| 貸 倒 引 当 金 | | 300 | | 6,500 | | | | 6,800 |
| 繰 越 商 品 | 178,000 | | 211,000 | 178,000 | | | 211,000 | |
| 備　　　　　品 | 1,500,000 | | | | | | 1,500,000 | |
| 備品減価償却累計額 | | 375,000 | | 187,500 | | | | 562,500 |
| 買 　 掛 　 金 | | 314,000 | | | | | | 314,000 |
| 借 　 入 　 金 | | 220,000 | | | | | | 220,000 |
| 資 　 本 　 金 | | 2,000,000 | | | | | | 2,000,000 |
| 繰越利益剰余金 | | 125,000 | | | | | | 125,000 |
| 売 　 　 　 上 | | 4,920,000 | | | | 4,920,000 | | |
| 受 取 手 数 料 | | 45,700 | 6,200 | | | 39,500 | | |
| 仕 　 　 　 入 | 1,754,000 | | 178,000 | 211,000 | 1,721,000 | | | |
| 給 　 　 　 料 | 925,000 | | | | 925,000 | | | |
| 通 　 信 　 費 | 120,600 | | | | 120,600 | | | |
| 旅 費 交 通 費 | 111,000 | | | | 111,000 | | | |
| 支 払 家 賃 | 1,024,000 | | | | 1,024,000 | | | |
| 保 　 険 　 料 | 2,400 | | | 1,600 | 800 | | | |
| | 8,000,000 | 8,000,000 | | | | | | |
| 雑 　 （ 損 ） | | | 1,000 | | 1,000 | | | |
| 貸倒引当金繰入 | | | 6,500 | | 6,500 | | | |
| 減 価 償 却 費 | | | 187,500 | | 187,500 | | | |
| （ 前 受 ）手数料 | | | | 6,200 | | | | 6,200 |
| （ 前 払 ）保険料 | | | 1,600 | | | | 1,600 | |
| 支 払 利 息 | | | 3,300 | | 3,300 | | | |
| 未 払 利 息 | | | | 3,300 | | | | 3,300 |
| 当期純（利益） | | | | | 858,800 | | | 858,800 |
| | | | 615,100 | 615,100 | 4,959,500 | 4,959,500 | 4,096,600 | 4,096,600 |

**❗ 解 答 へ の 道**

本問は問題24-1（後T/B作成問題）を精算表作成にした問題です。

未処理事項（記入もれの追加や誤りの訂正）の仕訳を行い，修正後の金額を用いて決算整理仕訳を行った後，修正記入欄に記入します。

1．売掛金回収の未記帳（未処理事項）

| （当 座 預 金） | 20,000 | （売 　 掛 　 金） | 20,000 |
|---|---|---|---|

2．現金過不足の整理

現金は実際額である手許有高に修正しますが，現金の帳簿残高と実際手許有高の差額（不足）1,000円は，発生原因が不明なため，雑損勘定（費用）に振り替えます。

| （雑 　 　 　 損） | 1,000* | （現 　 　 　 金） | 1,000 |
|---|---|---|---|

\*　実際手許有高954,000円−残高試算表欄現金955,000円
　　＝△1,000円（不足→雑損へ）

3．貸倒引当金の設定

　売上債権期末残高に対し2％の金額を貸倒引当金（貸倒見積額）とします。なお，売上債権残高は，受取手形および売掛金等を指します。また，差額補充法によるので，貸倒見積額から貸倒引当金勘定残高を差し引いた差額を当期の繰入額として費用計上します。

| （貸倒引当金繰入） | 6,500* | （貸倒引当金） | 6,500 |

\* 売上債権残高：残高試算表欄売掛金360,000円
　　　　　　　　　－1．回収済み20,000円＝340,000円
　　貸倒引当金の当期末設定額：340,000円×2％
　　　　　　　　　　　　　　　　＝6,800円
　　貸倒引当金繰入額：6,800円－残高試算表欄貸倒引当金300円＝6,500円

4．売上原価の算定

　商品売買取引は，決算において，売上原価の算定および期末商品計上の処理が必要です。

> 期首商品棚卸高178,000円＋当期商品仕入高1,754,000円
> －期末商品棚卸高211,000円＝売上原価1,721,000円

　仕入勘定を用いて，次の仕訳により売上原価を算定するとともに，繰越商品勘定の残高を期末商品棚卸高に修正します。

| （仕　　　　入） | 178,000 | （繰越商品） | 178,000*1 |
| （繰越商品） | 211,000*2 | （仕　　　　入） | 211,000 |

\*1　期首商品棚卸高：残高試算表欄繰越商品勘定残高
\*2　期末商品棚卸高：決算整理事項より

5．固定資産の減価償却

　備品について，定額法（残存価額ゼロ，耐用年数8年）により減価償却費を計算します。

| （減価償却費） | 187,500* | （備品減価償却累計額） | 187,500 |

\* 減価償却費：$\dfrac{\text{残高試算表欄備品1,500,000円}}{\text{耐用年数8年}}$
　　　　　　　　＝187,500円

6．受取手数料の前受処理

　次期分6,200円を受取手数料勘定より差し引き，前受手数料勘定に振り替えます。

| （受取手数料） | 6,200 | （前受手数料） | 6,200* |

\* 前受手数料：決算整理事項より

7．保険料の前払処理

　残高試算表欄の保険料は×1年12月1日に支払った向こう1年分であることから，×1年12月1日から×2年3月31日までの4か月分を当期分，×2年4月1日から11月30日の8か月分を次期分として計算し，次期分を保険料勘定より差し引き，前払保険料勘定に振り替えます。

| （前払保険料） | 1,600* | （保　険　料） | 1,600 |

\* 前払保険料：残高試算表欄保険料2,400円×$\dfrac{8か月}{12か月}$
　　　　　　　　＝1,600円

8．支払利息の未払処理

　利息の支払いは返済時なので，借入日の×1年10月1日から×2年3月31日までの6か月分を，支払利息と未払利息に計上します。

| （支　払　利　息） | 3,300 | （未　払　利　息）* | 3,300 |

\* 未払利息：残高試算表欄借入金220,000円×年3％×$\dfrac{6か月}{12か月}$
　　　　　　　＝3,300円

〈当期純損益の算定・記入について〉

　損益計算書欄および貸借対照表欄それぞれで貸借差額を算定します。

　　損益計算書欄より：
　　　借方合計4,100,700円 ＜ 貸方合計4,959,500円
　　貸借対照表欄より：
　　　借方合計4,096,600円 ＞ 貸方合計3,237,800円
　　∴ 差額858,800円（当期純利益）

　勘定科目欄に「当期純（**利益**）」と記入し，損益計算書欄の借方と貸借対照表欄の貸方に，それぞれ858,800円を記入します。

## 問 題 25 - 3

### 精 算 表

| 勘 定 科 目 | 残高試算表 借方 | 残高試算表 貸方 | 修正記入 借方 | 修正記入 貸方 | 損益計算書 借方 | 損益計算書 貸方 | 貸借対照表 借方 | 貸借対照表 貸方 |
|---|---|---|---|---|---|---|---|---|
| 現 金 | 363,500 | | | 500 | | | 363,000 | |
| 当座預金A銀行 | 410,000 | | | | | | 410,000 | |
| 当座預金B銀行 | | 25,000 | 25,000 | | | | | |
| 受 取 手 形 | 231,500 | | | | | | 231,500 | |
| 売 掛 金 | 157,500 | | | 14,000 | | | 143,500 | |
| 繰 越 商 品 | 345,000 | | 617,000 | 345,000 | | | 617,000 | |
| 備 品 | 300,000 | | | | | | 300,000 | |
| 支 払 手 形 | | 173,500 | | | | | | 173,500 |
| 買 掛 金 | | 107,500 | | | | | | 107,500 |
| 借 入 金 | | 250,000 | | | | | | 250,000 |
| 仮 受 金 | | 14,000 | 14,000 | | | | | |
| 貸 倒 引 当 金 | | 6,000 | | 9,000 | | | | 15,000 |
| 減価償却累計額 | | 90,000 | | 30,000 | | | | 120,000 |
| 資 本 金 | | 1,300,000 | | | | | | 1,300,000 |
| 繰越利益剰余金 | | 220,000 | | | | | | 220,000 |
| 売 上 | | 4,402,000 | | | | 4,402,000 | | |
| 仕 入 | 3,600,000 | | 345,000 | 617,000 | 3,328,000 | | | |
| 給 料 | 454,500 | | | | 454,500 | | | |
| 通 信 費 | 12,000 | | | 5,000 | 7,000 | | | |
| 租 税 公 課 | 24,000 | | | 10,000 | 14,000 | | | |
| 支 払 家 賃 | 520,000 | | | | 520,000 | | | |
| 保 険 料 | 165,000 | | | 33,000 | 132,000 | | | |
| 支 払 利 息 | 5,000 | | 2,500 | | 7,500 | | | |
| | 6,588,000 | 6,588,000 | | | | | | |
| 雑 損 | | | 500 | | 500 | | | |
| 当 座 借 越 | | | | 25,000 | | | | 25,000 |
| （貯 蔵 品） | | | 15,000 | | | | 15,000 | |
| 貸倒引当金繰入 | | | 9,000 | | 9,000 | | | |
| 減 価 償 却 費 | | | 30,000 | | 30,000 | | | |
| （前 払）保険料 | | | 33,000 | | | | 33,000 | |
| （未 払）利 息 | | | | 2,500 | | | | 2,500 |
| 当期純（損失） | | | | | | 100,500 | 100,500 | |
| | | | 1,091,000 | 1,091,000 | 4,502,500 | 4,502,500 | 2,213,500 | 2,213,500 |

### ❶ 解 答 へ の 道

本問は問題24-2（後T/B作成問題）を精算表作成にした問題です。

**1. 仮受金の精算（未処理事項）**

売掛金の回収が判明したので売掛金の減少として処理します。なお，この処理は，貸倒引当金の設定に影響します。

| （仮 受 金） | 14,000 | （売 掛 金） | 14,000 |
|---|---|---|---|

**2. 現金過不足の処理**

実際有高と帳簿残高の差額を雑損勘定（費用）に振り替えます。

| （雑 損） | 500 | （現 金） | 500 |
|---|---|---|---|

実際有高363,000円−帳簿残高363,500円＝△500円（不足額）

3．当座預金の貸方残高

当座預金勘定の貸方残高は，当座預金残高を超えた引出額を表す負債です。指示に従って当座借越勘定（負債）に振り替えます。

| （当座預金B銀行） | 25,000 | （当 座 借 越） | 25,000 |

4．貸倒引当金の設定

受取手形と売掛金の期末残高合計の4％が貸倒引当金の残高となるように差額を補充します。

貸倒引当金の当期設定額：

$(231,500円 + 157,500円 - \underset{\text{上記1.}}{\underline{14,000円}}) \times 4\% = 15,000円$

貸倒引当金の期末残高：　　　　　△6,000円

差引・貸倒引当金繰入額：　　　　9,000円

| （貸倒引当金繰入） | 9,000 | （貸 倒 引 当 金） | 9,000 |

5．売上原価の算定

仕入勘定の残高が売上原価になるように仕訳します。

| （仕　　　　入） | 345,000 | （繰 越 商 品） | 345,000 |
| （繰 越 商 品） | 617,000 | （仕　　　　入） | 617,000 |

6．備品の減価償却費の計上

旧備品と新備品の耐用年数が異なるので別々に計算します。また，新備品は期中に取得しているので月割計算します（1月1日から3月31日までの3か月分）。

旧備品：$\dfrac{(300,000円 - 100,000円)}{8年} = 25,000円$

新備品：$\dfrac{100,000円}{5年} \times \dfrac{3か月}{12か月} = 5,000円$

$\Big\}30,000円$

| （減 価 償 却 費） | 30,000 | （減価償却累計額） | 30,000 |

7．未使用の切手等の貯蔵品処理

期中において通信費勘定（費用）で処理した切手代や租税公課勘定（費用）で処理した収入印紙代は，期末の未使用分を貯蔵品勘定（資産）に振り替え，次期に繰り越します。

| （貯　蔵　品） | 15,000 | （通　信　費） | 5,000 |
| | | （租 税 公 課） | 10,000 |

8．前払保険料の計上

保険料は毎年7月1日に1年分を支払っているため，前期から繰り越された前払分（3か月分）は当期首に再振替仕訳を行っています。また，当期の7月1日に向こう1年分（12か月分）を支払っているので，残高試算表欄の保険料は3か月分＋12か月分＝15か月分です。このうち3か月分（×2年4月～6月分）を次期の費用とするため前払分として処理します。

$165,000円 \times \dfrac{3か月}{15か月} = 33,000円$

| （前 払 保 険 料） | 33,000 | （保　険　料） | 33,000 |

9．未払利息の計上

借入金の利息は半年ごとの後払いなので，1月1日から3月31日までの3か月分を当期の費用とするため，未払計上します。

$250,000円 \times 4\% \times \dfrac{3か月}{12か月} = 2,500円$

| （支 払 利 息） | 2,500 | （未 払 利 息） | 2,500 |

〈当期純損益の算定・記入について〉

損益計算書欄および貸借対照欄それぞれで貸借差額を算定します。

損益計算書欄より：

借方合計4,502,500円 ＞ 貸方合計4,402,000円

貸借対照欄より：

借方合計2,113,000円 ＜ 貸方合計2,213,500円

∴　差額100,500円（当期純損失）

勘定科目欄に「当期純（**損失**）」と記入し，損益計算書欄の貸方と貸借対照欄の借方に，それぞれ100,500円を記入します。

**問題 25 - 4**

精　算　表

| 勘定科目 | 残高試算表 借方 | 残高試算表 貸方 | 修正記入 借方 | 修正記入 貸方 | 損益計算書 借方 | 損益計算書 貸方 | 貸借対照表 借方 | 貸借対照表 貸方 |
|---|---|---|---|---|---|---|---|---|
| 現　　　　　金 | 500,000 | | 1,000 | | | | 501,000 | |
| 当座預金神奈川Y銀行 | 320,000 | | | 4,000 | | | 316,000 | |
| 当座預金栃木Z銀行 | | 20,000 | 20,000 | | | | | |
| 普通預金埼玉W銀行 | 104,000 | | | | | | 104,000 | |
| 普通預金東京X銀行 | 122,000 | | 5,000 | | | | 127,000 | |
| 受　取　手　形 | 200,000 | | | | | | 200,000 | |
| 売　掛　金 | 300,000 | | | 5,000 | | | 295,000 | |
| 繰　越　商　品 | 90,000 | | 120,000 | 90,000 | | | 120,000 | |
| 仮　払　金 | 100,000 | | | 100,000 | | | | |
| 建　　　　　物 | 800,000 | | | | | | 800,000 | |
| 備　　　　　品 | 300,000 | | 100,000 | | | | 400,000 | |
| 土　　　　　地 | 1,000,000 | | | | | | 1,000,000 | |
| 支　払　手　形 | | 90,000 | | | | | | 90,000 |
| 買　掛　金 | | 120,000 | | | | | | 120,000 |
| 借　入　金 | | 150,000 | | | | | | 150,000 |
| 貸　倒　引　当　金 | | 2,000 | | 7,900 | | | | 9,900 |
| 建物減価償却累計額 | | 48,000 | | 24,000 | | | | 72,000 |
| 備品減価償却累計額 | | 60,000 | | 70,000 | | | | 130,000 |
| 資　本　金 | | 2,850,000 | | | | | | 2,850,000 |
| 繰越利益剰余金 | | 150,000 | | | | | | 150,000 |
| 売　　　　　上 | | 2,000,000 | | | | 2,000,000 | | |
| 受　取　地　代 | | 30,000 | 2,500 | | | 27,500 | | |
| 仕　　　　　入 | 1,200,000 | | | 1,200,000 | | | | |
| 給　　　　　料 | 369,000 | | | | 369,000 | | | |
| 保　険　料 | 16,000 | | | 4,000 | 12,000 | | | |
| 消　耗　品　費 | 70,000 | | | | 70,000 | | | |
| 租　税　公　課 | 20,000 | | 4,000 | 9,000 | 15,000 | | | |
| 支　払　利　息 | 9,000 | | | | 9,000 | | | |
| | 5,520,000 | 5,520,000 | | | | | | |
| 雑　（　益　） | | | | 1,000 | | 1,000 | | |
| 当　座　借　越 | | | | 20,000 | | | | 20,000 |
| 貸倒引当金繰入 | | | 7,900 | | 7,900 | | | |
| 売　上　原　価 | | | 90,000 | 120,000 | 1,170,000 | | | |
| | | | 1,200,000 | | | | | |
| 減　価　償　却　費 | | | 94,000 | | 94,000 | | | |
| （貯　蔵　品） | | | 9,000 | | | | 9,000 | |
| （前　受）地　代 | | | | 2,500 | | | | 2,500 |
| （前　払）保険料 | | | 4,000 | | | | 4,000 | |
| 当　期　純（利　益） | | | | | 281,600 | | | 281,600 |
| | | | 1,657,400 | 1,657,400 | 2,028,500 | 2,028,500 | 3,876,000 | 3,876,000 |

### ❗ 解答への道 ··········································

本問は問題24-3（後T/B作成問題）を精算表作成にした問題です。

Ⅰ．未処理事項

1．売掛金の回収

| （普通預金東京X銀行） | 5,000 | （売　掛　金） | 5,000 |

2．固定資産税の支払い

事業用の土地・建物などにかかる固定資産税は，租税公課勘定（費用）で処理します。

| （租　税　公　課） | 4,000 | （当座預金神奈川Y銀行） | 4,000 |

3．仮払金

| （備　　　　品） | 100,000 | （仮　払　金） | 100,000 |

Ⅱ．決算整理事項

1．現金過不足の処理

実際有高と帳簿残高の差額を雑益として処理します。

| （現　　　　金） | 1,000 | （雑　　　　益） | 1,000* |

＊　実際有高：476,000円〈紙幣・硬貨〉＋25,000円〈他社振出の小切手〉＝501,000円

501,000円〈実際有高〉－500,000円〈残高試算表欄現金〉＝1,000円（雑益）

2．当座借越

指示にしたがい，当座預金栃木Z銀行勘定の貸方残高20,000円を，当座借越勘定の貸方に振り替えます。

| （当座預金栃木Z銀行） | 20,000 | （当　座　借　越） | 20,000 |

3．貸倒引当金の設定

貸倒引当金勘定の残高が売上債権（受取手形と売掛金）期末残高の2％になるよう差額を補充します。

| （貸倒引当金繰入） | 7,900* | （貸倒引当金） | 7,900 |

＊　売上債権の残高：200,000円〈受取手形〉＋300,000円〈売掛金〉－5,000円〈上記Ⅰの1〉

　　　　　　　　＝495,000円

貸倒引当金の当期末設定額：495,000円×2％

　　　　　　　　＝9,900円

貸倒引当金繰入額：9,900円－2,000円〈残高試算表欄貸倒引当金〉

　　　　　　　　＝7,900円

4．売上原価の算定

売上原価勘定で売上原価を算定するとともに，繰越商品勘定の残高を期末商品棚卸高に修正します。

| （売上原価） | 90,000 | （繰越商品） | 90,000*1 |
| （売上原価） | 1,200,000 | （仕　　入） | 1,200,000*2 |
| （繰越商品） | 120,000*3 | （売上原価） | 120,000 |

＊1　期首商品棚卸高（残高試算表欄の繰越商品）

＊2　当期商品仕入高（残高試算表欄の仕入）

＊3　期末商品棚卸高（決算整理事項より）

5．固定資産の減価償却

| （減価償却費） | 94,000*3 | （建物減価償却累計額） | 24,000*1 |
| | | （備品減価償却累計額） | 70,000*2 |

＊1　建物：$\dfrac{800,000円 - 800,000円 \times 10\%}{30年} = 24,000円$

＊2　旧備品：$\dfrac{300,000円 - 0円}{5年} = 60,000円$

新備品：$\dfrac{100,000円 - 0円}{5年} \times \dfrac{6か月}{12か月} = 10,000円$ $\Bigg\} 70,000円$

＊3　減価償却費：24,000円＋70,000円＝94,000円

6．収入印紙の貯蔵品振替

収入印紙の未使用高を租税公課勘定（費用）から貯蔵品勘定（資産）へ振り替えます。

| （貯　蔵　品） | 9,000 | （租　税　公　課） | 9,000 |

7．受取地代の前受け

当期最後の偶数月である2月末日に，向こう2か月分（×2年3月1日～4月30日）の地代を受け取っているので，4月分を前受処理します。

| （受　取　地　代） | 2,500 | （前　受　地　代）* | 2,500 |

＊　$5,000円 \times \dfrac{1か月}{2か月} = 2,500円$

8．保険料の前払い

当期2月1日に支払った半年分のうち4か月分（×2年4月1日～7月31日）を前払処理します。なお，前期以前から継続的に前払いしていることから，前期の決算日にも4か月分（×1年4月1日～7月31日）を前払処理しています。したがって，残高試算表欄の保険料16,000円は，当期首に再振替仕訳した4か月分と，当期中の8月1日と2月1日の2回に分けて支払った12か月分の合計16か月分です。

| （前払保険料） | 4,000* | （保　険　料） | 4,000 |

＊　$16,000円 \times \dfrac{4か月}{16か月} = 4,000円$

# 帳簿の締め切り（英米式決算）

## 問題 26 - 1

〈決算振替仕訳〉

① 収益の振り替え

| 日付 | 借方科目 | 金 額 | 貸方科目 | 金 額 |
|---|---|---|---|---|
| 3/31 | 売　　上 | 18,000 | 損　　益 | 18,000 |

② 費用の振り替え

| 日付 | 借方科目 | 金 額 | 貸方科目 | 金 額 |
|---|---|---|---|---|
| 3/31 | 損　　益 | 8,000 | 仕　　入 | 6,200 |
|  |  |  | 減価償却費 | 1,000 |
|  |  |  | 支払利息 | 800 |

③ 当期純利益の振り替え

| 日付 | 借方科目 | 金 額 | 貸方科目 | 金 額 |
|---|---|---|---|---|
| 3/31 | 損　　益 | 10,000 | 繰越利益剰余金 | 10,000 |

### 現　　金

| 4/1 | 前期繰越 | 8,600 | 6/3 | 仕　　入 | 7,000 |
|---|---|---|---|---|---|
| 7/3 | 売　　上 | 10,000 | 9/6 | 支払利息 | 800 |
| 10/7 | 売　　上 | 8,000 | 3/31 | 次期繰越 | 18,800 |
|  |  | 26,600 |  |  | 26,600 |
| 4/1 | 前期繰越 | 18,800 |  |  |  |

### 繰 越 商 品

| 4/1 | 前期繰越 | 800 | 3/31 | 仕　　入 | 800 |
|---|---|---|---|---|---|
| 3/31 | 仕　　入 | 1,600 | 〃 | 次期繰越 | 1,600 |
|  |  | 2,400 |  |  | 2,400 |
| 4/1 | 前期繰越 | 1,600 |  |  |  |

### 備　　品

| 4/1 | 前期繰越 | 6,000 | 3/31 | 次期繰越 | 6,000 |
|---|---|---|---|---|---|
| 4/1 | 前期繰越 | 6,000 |  |  |  |

### 借 入 金

| 3/31 | 次期繰越 | 7,400 | 4/1 | 前期繰越 | 7,400 |
|---|---|---|---|---|---|
|  |  |  | 4/1 | 前期繰越 | 7,400 |

### 減価償却累計額

| 3/31 | 次期繰越 | 2,000 | 4/1 | 前期繰越 | 1,000 |
|---|---|---|---|---|---|
|  |  |  | 3/31 | 減価償却費 | 1,000 |
|  |  | 2,000 |  |  | 2,000 |
|  |  |  | 4/1 | 前期繰越 | 2,000 |

### 資　　本　　金

| 3/31 | 次期繰越 | 5,000 | 4/1 | 前期繰越 | 5,000 |
|---|---|---|---|---|---|
|  |  |  | 4/1 | 前期繰越 | 5,000 |

### 繰越利益剰余金

| 3/31 | 次期繰越 | 12,000 | 4/1 | 前期繰越 | 2,000 |
|---|---|---|---|---|---|
|  |  |  | 3/31 | 損　　益 | 10,000 |
|  |  | 12,000 |  |  | 12,000 |
|  |  |  | 4/1 | 前期繰越 | 12,000 |

### 売　　上

| 3/31 | 損　　益 | 18,000 | 7/3 | 現　　金 | 10,000 |
|---|---|---|---|---|---|
|  |  |  | 10/7 | 現　　金 | 8,000 |
|  |  | 18,000 |  |  | 18,000 |

### 仕　　入

| 6/3 | 現　　金 | 7,000 | 3/31 | 繰越商品 | 1,600 |
|---|---|---|---|---|---|
| 3/31 | 繰越商品 | 800 | 〃 | 損　　益 | 6,200 |
|  |  | 7,800 |  |  | 7,800 |

### 減 価 償 却 費

| 3/31 | 減価償却累計額 | 1,000 | 3/31 | 損　　益 | 1,000 |
|---|---|---|---|---|---|

### 支 払 利 息

| 9/6 | 現　　金 | 800 | 3/31 | 損　　益 | 800 |
|---|---|---|---|---|---|

### 損　　益

| 3/31 | 仕　　入 | 6,200 | 3/31 | 売　　上 | 18,000 |
|---|---|---|---|---|---|
| 〃 | 減価償却費 | 1,000 |  |  |  |
| 〃 | 支払利息 | 800 |  |  |  |
| 〃 | 繰越利益剰余金 | 10,000 |  |  |  |
|  |  | 18,000 |  |  | 18,000 |

## ❗ 解 答 へ の 道

〈英米式決算法による締切記入について〉

1. 資産，負債，資本（純資産）の各勘定は，貸借差額（残高）を求め，決算日の日付で，金額の少ない側の摘要欄に「次期繰越」と記入し，残高を書き込み，貸借合計の一致を確認して締め切ります（繰越記入）。また，翌期首の日付で，次期繰越の反対側の摘要欄に「前期繰越」と記入し，金額を書き込みます（開始記入）。

2．収益，費用の諸勘定は，貸借差額（残高）を求め，決算日の日付で決算振替仕訳を行い，収益の勘定残高（貸方残高）は損益勘定の貸方に，費用の勘定残高（借方残高）は損益勘定の借方に振り替えます。決算振替仕訳の転記後，貸借合計の一致を確認して締め切ります。

〈英米式決算法による勘定記入の流れ〉

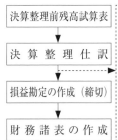

| | |
|---|---|
| 決算整理前残高試算表 | この流れで収益・費用に属する勘定の残高を損益勘定へ振り替え，損益勘定の差額で算定した当期純損益を繰越利益剰余金勘定へ振り替えます。また，資産・負債・資本（純資産）に属する勘定と評価勘定は繰越記入して締め切り，次期に繰り越します。 |
| 決算整理仕訳 | |
| 損益勘定の作成（締切） | |
| 財務諸表の作成 | |

## 問題 26 - 2

損　　益

| | | | | |
|---|---|---|---|---|
| 3/31 (仕　　入) | ( 1,172,000) | 3/31 (売　　上) | ( 2,025,000) |
| 〃　給　　料 | ( 310,000) | 〃　受取手数料 | ( 102,800) |
| 〃　支払家賃 | ( 313,000) | 〃　(雑　　益) | ( 3,000) |
| 〃　貸倒引当金繰入 | ( 4,800) | | |
| 〃　減価償却費 | ( 171,000) | | |
| 〃　消耗品費 | ( 43,000) | | |
| 〃　支払利息 | ( 57,000) | | |
| 〃　(繰越利益剰余金) | ( 60,000) | | |
| | ( 2,130,800) | | ( 2,130,800) |

### ❗ 解 答 へ の 道

決算整理前残高試算表の金額に決算整理仕訳による金額を加減し，収益と費用に属する勘定の残高は，損益勘定に記入し，資産・負債・資本（純資産）に属する勘定の残高は，繰越記入を行います。

なお，損益勘定の貸借差額（当期純損益）は決算振替仕訳によって繰越利益剰余金勘定に振り替えるので，損益勘定への転記は，本問の場合，借方に繰越利益剰余金60,000円となります。金額は当期純利益ですが，相手科目の繰越利益剰余金と記入します。

## 問題 26 - 3

損　　益

| 日付 | 摘　　要 | 金　　額 | 日付 | 摘　　要 | 金　　額 |
|---|---|---|---|---|---|
| 3/31 | 仕　　入 | 1,721,000 | 3/31 | 売　　上 | 4,920,000 |
| 〃 | 給　　料 | 925,000 | 〃 | 受 取 手 数 料 | 39,500 |
| 〃 | 通 信 費 | 120,600 | | | |
| 〃 | 旅 費 交 通 費 | 111,000 | | | |
| 〃 | 支 払 家 賃 | 1,024,000 | | | |
| 〃 | 保 険 料 | 800 | | | |
| 〃 | 雑　　損 | 1,000 | | | |
| 〃 | 貸 倒 引 当 金 繰 入 | 6,500 | | | |
| 〃 | 減 価 償 却 費 | 187,500 | | | |
| 〃 | 支 払 利 息 | 3,300 | | | |
| 〃 | (繰 越 利 益 剰 余 金) | 858,800 | | | |
| | | 4,959,500 | | | 4,959,500 |

資　　本　　金

| 日付 | 摘　　要 | 金　　額 | 日付 | 摘　　要 | 金　　額 |
|---|---|---|---|---|---|
| 3/31 | 次 期 繰 越 | 2,000,000 | 4/1 | 前 期 繰 越 | 2,000,000 |

繰越利益剰余金

| 日付 | 摘 要 | 金 額 | 日付 | 摘 要 | 金 額 |
|---|---|---|---|---|---|
| 3/31 | 次 期 繰 越 | 983,800 | 4/1 | 前 期 繰 越 | 125,000 |
| | | | 3/31 | （損 益） | 858,800 |
| | | 983,800 | | | 983,800 |

## ❗ 解答への道

本問の内容は問題24-1と同じです。

未処理事項（記入もれの追加や誤りの訂正）の仕訳を行い，修正後の金額を用いて決算整理を行います。

〈決算整理事項等の仕訳〉

### 1．売掛金回収の未記帳（未処理事項）

| （当 座 預 金） | 20,000 | （売 掛 金） | 20,000 |
|---|---|---|---|

### 2．現金過不足の整理

現金は実際額である手許有高に修正しますが，現金の帳簿残高と実際手許有高の差額（不足）1,000円は発生原因が不明なため，雑損勘定（費用）に振り替えます。

| （雑 損） | 1,000* | （現 金） | 1,000 |
|---|---|---|---|

\* 実際手許有高954,000円 − 前T/B現金955,000円 = △1,000円（不足→雑損へ）

### 3．貸倒引当金の設定

売上債権期末残高に対し2％の金額を貸倒引当金（貸倒見積額）とします。なお，売上債権残高は，受取手形および売掛金等を指します。また，差額補充法によるので，貸倒見積額から貸倒引当金勘定残高を差し引いた差額を当期の繰入額として費用計上します。

| （貸倒引当金繰入） | 6,500* | （貸倒引当金） | 6,500 |
|---|---|---|---|

\* 売上債権残高：前T/B売掛金360,000円 − 1．回収済み20,000円 = 340,000円
　貸倒引当金の当期末設定額：340,000円 × 2％ = 6,800円
　貸倒引当金繰入額：6,800円 − 前T/B貸倒引当金300円 = 6,500円

### 4．売上原価の算定

商品売買取引は，決算において，売上原価の算定および期末商品計上の処理が必要です。

期首商品棚卸高178,000円 + 当期商品仕入高1,754,000円 − 期末商品棚卸高211,000円 = 売上原価1,721,000円

仕入勘定を用いて，次の仕訳により売上原価を算定するとともに，繰越商品勘定の残高を期末商品棚卸高に修正します。

| （仕 入） | 178,000 | （繰 越 商 品） | 178,000*1 |
|---|---|---|---|
| （繰 越 商 品） | 211,000*2 | （仕 入） | 211,000 |

\*1 期首商品棚卸高：前T/B繰越商品勘定残高
\*2 期末商品棚卸高：決算整理事項より

### 5．固定資産の減価償却

備品について，定額法（残存価額ゼロ，耐用年数8年）により減価償却費を計算します。

| （減価償却費） | 187,500* | （備品減価償却累計） | 187,500 |
|---|---|---|---|

\* 減価償却費：$\dfrac{\text{前T/B備品}1,500,000\text{円}}{\text{耐用年数}8\text{年}} = 187,500$円

### 6．受取手数料の前受処理

次期分6,200円を受取手数料勘定より差し引き，前受手数料勘定に振り替えます。

| （受取手数料） | 6,200 | （前受手数料） | 6,200* |
|---|---|---|---|

\* 前受手数料：決算整理事項より

### 7．保険料の前払処理

前T/Bの保険料は×1年12月1日に支払った向こう1年分であることから，×1年12月1日から×2年3月31日までの4か月分を当期分，×2年4月1日から11月30日の8か月分を次期分として計算し，次期分を保険料勘定より差し引き，前払保険料勘定に振り替えます。

| （前払保険料） | 1,600* | （保 険 料） | 1,600 |
|---|---|---|---|

\* 前払保険料：前T/B保険料2,400円 × $\dfrac{8\text{か月}}{12\text{か月}} = 1,600$円

### 8．支払利息の未払処理

利息の支払いは返済時なので，借入日の×1年10月1日から×2年3月31日までの6か月分を，支払利息と未払利息に計上します。

| （支 払 利 息） | 3,300 | （未 払 利 息）* | 3,300 |
|---|---|---|---|

\* 未払利息：前T/B借入金220,000円 × 年3％ × $\dfrac{6\text{か月}}{12\text{か月}} = 3,300$円

〈決算振替仕訳〉

| (売　　　　上) 4,920,000 | (損　　　　益) 4,959,500 |
|---|---|
| (受取手数料) 39,500 | |

| (損　　　　益) 4,100,700 | (仕　　　　入) 1,721,000 |
|---|---|
| | (給　　　料) 925,000 |
| | (通　信　費) 120,600 |
| | (旅費交通費) 111,000 |
| | (支　払　家　賃) 1,024,000 |
| | (保　険　料) 800 |
| | (雑　　　損) 1,000 |
| | (貸倒引当金繰入) 6,500 |
| | (減価償却費) 187,500 |
| | (支　払　利　息) 3,300 |

| (損　　　　益) 858,800 | (繰越利益剰余金) 858,800 |
|---|---|

1．損益勘定の借方は費用，貸方は収益の「決算整理後」の金額を記入し，貸借差額により当期純利益858,800円を求め，これを繰越利益剰余金勘定の貸方に記入します。損益勘定は，貸借一致を確認して締め切ります。

2．資本の勘定である資本金勘定および繰越利益剰余金勘定は，貸借差額を残高として書き込み（摘要欄は「次期繰越」），貸借一致を確認して締め切ります。

## 問 題 26-4

繰 越 商 品

| 4/1 前 期 繰 越 80,000 | 3/31 (仕　　入)( 80,000) |
|---|---|
| 3/31 (仕　　入)( 57,000) | 〃 次 期 繰 越 ( 57,000) |
| ( 137,000) | ( 137,000) |

仕 入

| 当期総仕入高 500,000 | 当期仕入戻し 3,000 |
|---|---|
| 3/31 (繰越商品)( 80,000) | 3/31 繰越商品 ( 57,000) |
| | 〃 (損　益) 520,000 |
| ( 580,000) | ( 580,000) |

売 上

| 当期売上戻り 16,000 | 当期総売上高 ( 756,000) |
|---|---|
| 3/31 (損　　　益)( 740,000) | |
| ( 756,000) | ( 756,000) |

損 益

| 3/31 (仕　　入)( 520,000) | 3/31 (売　　上) 740,000 |
|---|---|

---

❶ 解 答 へ の 道 ……………………………………………

仕入勘定で売上原価を算定し，売上高と売上原価を損益勘定に振り替えます。

1．仕入勘定で売上原価を算定する仕訳（決算整理仕訳）

① (仕　　　入) 80,000　(繰越商品) 80,000〈期首商品棚卸高〉
② (繰越商品) 57,000　(仕　　　入) 57,000〈期末商品棚卸高〉

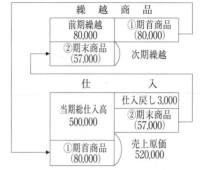

2．売上高と売上原価を損益勘定に集計する仕訳（決算振替仕訳）

③ (売　　　上) 740,000　(損　　　益) 740,000〈当期純売上高〉
④ (損　　　益) 520,000　(仕　　　入) 520,000〈売上原価〉

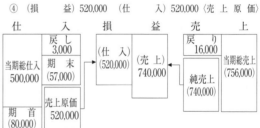

〈67〉

## THEME 27　損益計算書と貸借対照表

### 問題 27 - 1

**貸 借 対 照 表**
×2 年(3)月(31)日　　　　　(単位：円)

| 資　産 | 金　額 | 負債及び純資産 | 金　額 |
|---|---|---|---|
| 現　　金 | ( 954,000) | 買 掛 金 | ( 314,000) |
| 当座預金 | ( 1,090,000) | 借 入 金 | ( 220,000) |
| 売 掛 金 | ( 340,000) | 前受収益 | ( 6,200) |
| (貸倒引当金) | (△ 6,800) ( 333,200) | (未払費用) | ( 3,300) |
| (商　　品) | ( 211,000) | 資 本 金 | ( 2,000,000) |
| 前払費用 | ( 1,600) | (繰越利益剰余金) | ( 983,800) |
| 備　　品 | ( 1,500,000) | | |
| (減価償却累計額) | (△562,500) ( 937,500) | | |
| | ( 3,527,300) | | ( 3,527,300) |

**損 益 計 算 書**
×1 年(4)月(1)日～×2 年(3)月(31)日 (単位：円)

| 費　　用 | 金　額 | 収　益 | 金　額 |
|---|---|---|---|
| (売 上 原 価) | ( 1,721,000) | (売 上 高) | ( 4,920,000) |
| 給　　料 | ( 925,000) | 受取手数料 | ( 39,500) |
| 通 信 費 | ( 120,600) | | |
| 旅 費 交 通 費 | ( 111,000) | | |
| 支 払 家 賃 | ( 1,024,000) | | |
| 保 険 料 | ( 800) | | |
| 貸倒引当金繰入 | ( 6,500) | | |
| 減 価 償 却 費 | ( 187,500) | | |
| 支 払 利 息 | ( 3,300) | | |
| 雑　　損 | ( 1,000) | | |
| (当 期 純 利 益) | ( 858,800) | | |
| | ( 4,959,500) | | ( 4,959,500) |

### ❗ 解答への道

本問は問題24-1(後T/B作成問題)を財務諸表作成にした問題です。

〈貸借対照表・損益計算書の作成〉

(1)の決算整理前残高試算表と(2)決算整理事項等にもとづいて仕訳し、次に仕訳の金額を決算整理前残高試算表(以下、前T/B)の金額に加減し、決算整理後の金額を算定して、5要素分類等に従って貸借対照表および損益計算書に記載します。

なお、表中の「△」は「減算する」意味で付してありますが、問題の指示(本問では記入済み)に従います。

未処理事項(記入もれの追加や誤りの訂正)の仕訳を行い、修正後の金額を用いて決算整理を行います。

1. 売掛金回収の未記帳(未処理事項)

| (当 座 預 金) 20,000 | (売 掛 金) 20,000 |
|---|---|

2. 現金過不足の整理

現金は実際額である手許有高に修正しますが、現金の帳簿残高と実際手許有高の差額(不足)1,000円は、発生原因が不明なため、雑損勘定(費用)に振り替えます。

| (雑 損) 1,000* | (現 金) 1,000 |
|---|---|

＊ 実際手許有高954,000円 − 前T/B現金955,000円 =
　 △1,000円(不足→雑損へ)

3. 貸倒引当金の設定

売上債権期末残高に対し2%の金額を貸倒引当金(貸倒見積額)とします。なお、売上債権残高は、受取手形および売掛金等を指します。また、差額補充法によるので、貸倒見積額から貸倒引当金勘定残高を差し引いた差額を当期の繰入額として費用計上します。

| (貸倒引当金繰入) 6,500* | (貸倒引当金) 6,500 |
|---|---|

＊ 売上債権残高：前T/B売掛金360,000円 − 1.回収
　　　　　　　　済み20,000円 = 340,000円
　貸倒引当金の当期末設定額：340,000円× 2 %
　　　　　　　　　　　　　 = 6,800円
　貸倒引当金繰入額：6,800円 − 前T/B貸倒引当金
　　　　　　　　　　　　　 300円 = 6,500円

4. 売上原価の算定

商品売買取引は、決算において、売上原価の算定および期末商品計上の処理が必要です。

> 期首商品棚卸高178,000円 + 当期商品仕入高1,754,000円
> − 期末商品棚卸高211,000円 = 売上原価1,721,000円

仕入勘定を用いて、次の仕訳により売上原価を算定するとともに、繰越商品勘定の残高を期末商品棚卸高に修正します。

| (仕 入) 178,000 | (繰 越 商 品) 178,000*1 |
|---|---|
| (繰 越 商 品) 211,000*2 | (仕 入) 211,000 |

＊1　期首商品棚卸高：前T/B繰越商品勘定残高

＊2　期末商品棚卸高：決算整理事項より

5．固定資産の減価償却
　　備品について，定額法（残存価額ゼロ，耐用年数
8年）により減価償却費を計算します。

| （減価償却費） | 187,500* | （備品減価償却累計額） | 187,500 |

＊　減価償却費：$\dfrac{前T/B備品1,500,000円}{耐用年数8年}=187,500円$

6．受取手数料の前受処理
　　次期分6,200円を受取手数料勘定より差し引き，
前受手数料勘定に振り替えます。

| （受取手数料） | 6,200 | （前受手数料） | 6,200* |

＊　前受手数料：決算整理事項より

7．保険料の前払処理
　　前T/Bの保険料は×1年12月1日に支払った向こ
う1年分であることから，×1年12月1日から×2年
3月31日までの4か月分を当期分，×2年4月1日
から11月30日の8か月分を次期分として計算し，
次期分を保険料勘定より差し引き，前払保険料勘定
に振り替えます。

| （前払保険料） | 1,600* | （保　険　料） | 1,600 |

＊　前払保険料：前T/B保険料2,400円×$\dfrac{8か月}{12か月}=1,600円$

8．支払利息の未払処理
　　利息の支払いは返済時なので，借入日の×1年10
月1日から×2年3月31日までの6か月分を，支払
利息と未払利息に計上します。

| （支 払 利 息） | 3,300 | （未 払 利 息）* | 3,300 |

＊　未払利息：前T/B借入金220,000円×年3%×$\dfrac{6か月}{12か月}=3,300円$

〈財務諸表の記載について〉
(1)　貸借対照表
　※　資産，負債，純資産，貸倒引当金，減価償却累
　　計額の勘定を記載して，一定時点の財政状態を表
　　します。
　　①　表題下に「決算日（作成日）」を記載します。
　　②　繰越商品勘定は「商品」と記載します。
　　③　経過勘定（前払○○，未収○○，前受○○，
　　　未払○○）は，仕訳に用いた科目をそのまま記
　　　載する（本問では，資産として「前払保険料」，
　　　負債として「前受手数料」と「未払利息」）場
　　　合もありますが，通常本問（「前受収益」につ
　　　き，解答欄に記入済み）のように，内容を一括
　　　して，「前払費用」「未収収益」「前受収益」「未
　　　払費用」と記載します。

　　④　貸倒引当金と減価償却累計額は，貸方残高と
　　　して「貸方に記載」する場合もありますが，原
　　　則は，該当する資産の科目から個別に控除する
　　　形式で記載します。本問では，解答欄から，原
　　　則どおりであることがわかります。なお，減価
　　　償却累計額を記載するときは，「減価償却累計
　　　額」と記載します（「建物」・「備品」などの資
　　　産名は付しません）。
　　⑤　貸方の純資産「繰越利益剰余金」と記載する
　　　金額は，当期純損益を加減した後の金額です。
　　　損益計算書の貸借差額により「当期純利益
　　　858,800円」を算定し，繰越利益剰余金残高
　　　125,000円に加算します。
(2)　損益計算書
　※　収益，費用の勘定および当期純損益を記載し
　　て，一定期間の経営成績を表します。
　　①　表題下に「会計期間」を記載します。
　　②　売上勘定は「売上高」と記載します。
　　③　仕入勘定（または売上原価勘定）で算定した
　　　売上原価は「売上原価」と記載します。
　　④　損益計算書（収益金額＝貸方合計と費用金額
　　　＝借方合計）の貸借差額を算定し，その差額を
　　　「当期純利益」は借方に，「当期純損失」は貸方
　　　に記載します。

## 問題 27 - 2

貸 借 対 照 表
×2 年(3)月(31)日　　　　　（単位：円）

| 現　　金 | ( | 363,000) | 支払手形 | ( | 173,500) |
| 当座預金 | ( | 410,000) | 買 掛 金 | ( | 107,500) |
| 受取手形 ( 231,500) | | | 借 入 金 | ( | 250,000) |
| 貸倒引当金 (△ 9,260) ( | | 222,240) | 当座借越 | ( | 25,000) |
| 売 掛 金 ( 143,500) | | | 未払費用 | ( | 2,500) |
| 貸倒引当金 (△ 5,740) ( | | 137,760) | 資 本 金 | ( | 1,300,000) |
| 商　　品 | ( | 617,000) | 繰越利益剰余金 | ( | 119,500) |
| 貯 蔵 品 | ( | 15,000) | | | |
| 前払費用 | ( | 33,000) | | | |
| 備　　品 ( 300,000) | | | | | |
| 減価償却累計額 (△120,000) ( | | 180,000) | | | |
| | ( | 1,978,000) | | ( | 1,978,000) |

〈69〉

損 益 計 算 書

×1年(4)月(1)日から×2年(3)月(31)日まで （単位：円）

| | | | |
|---|---|---|---|
| 売 上 原 価 | ( 3,328,000) | 売 上 高 | ( 4,402,000) |
| 給 料 | ( 454,500) | 当期純損失 | ( 100,500) |
| 通 信 費 | ( 7,000) | | |
| 租 税 公 課 | ( 14,000) | | |
| 支 払 家 賃 | ( 520,000) | | |
| 保 険 料 | ( 132,000) | | |
| 貸倒引当金繰入 | ( 9,000) | | |
| 減 価 償 却 費 | ( 30,000) | | |
| 支 払 利 息 | ( 7,500) | | |
| 雑 損 | ( 500) | | |
| | ( 4,502,500) | | ( 4,502,500) |

❗ 解答への道 ⋯⋯⋯⋯⋯⋯⋯⋯⋯⋯⋯⋯⋯⋯⋯⋯

本問は問題24-2（後T/B作成問題）を財務諸表作成にした問題です。

〈貸借対照表・損益計算書の作成〉

(1)の決算整理前の各勘定残高と(2)決算整理事項等にもとづいて仕訳します。仕訳の金額を各勘定残高に加減し，貸借対照表と損益計算書に記載します。

〈決算整理事項等〉

1．仮受金の精算（未処理事項）

売掛金の回収が判明したので売掛金の減少として処理します。なお，この処理は，貸倒引当金の設定に影響します。

| （仮 受 金） | 14,000 | （売 掛 金） | 14,000 |
|---|---|---|---|

2．現金過不足の処理

実際有高と帳簿残高の差額を雑損勘定（費用）に振り替えます。

| （雑 損） | 500 | （現 金） | 500 |
|---|---|---|---|

実際有高363,000円−帳簿残高363,500円=△500円（不足額）

3．当座預金の貸方残高

当座預金勘定の貸方残高は，当座預金残高を超えた引出額を表す負債です。指示に従って当座借越勘定（負債）に振り替えます。

| （当座預金B銀行） | 25,000 | （当 座 借 越） | 25,000 |
|---|---|---|---|

4．貸倒引当金の設定

受取手形と売掛金の期末残高合計の4％が貸倒引当金の残高となるように差額を補充します。

貸倒引当金の当期設定額：

$(231,500円 + 157,500円 - \underset{\text{上記1.}}{\underline{14,000円}}) \times 4\% = 15,000円$

| 貸倒引当金の期末残高： | △6,000円 |
|---|---|
| 差引・貸倒引当金繰入額： | 9,000円 |

| （貸倒引当金繰入） | 9,000 | （貸倒引当金） | 9,000 |
|---|---|---|---|

5．売上原価の算定

仕入勘定の残高が売上原価になるように仕訳します。

| （仕 入） | 345,000 | （繰 越 商 品） | 345,000 |
|---|---|---|---|
| （繰 越 商 品） | 617,000 | （仕 入） | 617,000 |

6．備品の減価償却費の計上

旧備品と新備品の耐用年数が異なるので別々に計算します。また，新備品は期中に取得しているので月割計算します（1月1日から3月31日までの3か月分）。

$旧備品：\dfrac{(300,000円 - 100,000円)}{8年} = 25,000円$

$新備品：\dfrac{100,000円}{5年} \times \dfrac{3か月}{12か月} = 5,000円$

$\left.\right\} 30,000円$

| （減価償却費） | 30,000 | （減価償却累計額） | 30,000 |
|---|---|---|---|

7．未使用の切手等の貯蔵品処理

期中において通信費勘定（費用）で処理した切手代や租税公課勘定（費用）で処理した収入印紙代は，期末の未使用分を貯蔵品勘定（資産）に振り替え，次期に繰り越します。

| （貯 蔵 品） | 15,000 | （通 信 費） | 5,000 |
|---|---|---|---|
| | | （租 税 公 課） | 10,000 |

8．前払保険料の計上

保険料は毎年7月1日に1年分を支払っているため，前期から繰り越された前払分（3か月分）は当期首に再振替仕訳を行っています。また，当期の7月1日に向こう1年分（12か月分）を支払っているので，決算整理前残高試算表の保険料は3か月分＋12か月分＝15か月分です。このうち3か月分（×2年4月〜6月分）を次期の費用とするため前払分として処理します。

$165,000円 \times \dfrac{3か月}{15か月} = 33,000円$

| （前払保険料） | 33,000 | （保 険 料） | 33,000 |
|---|---|---|---|

9．未払利息の計上

借入金の利息は半年ごとの後払いなので，1月1日から3月31日までの3か月分を当期の費用とするため，未払計上します。

$$250,000 円 \times 4 \% \times \frac{3 か月}{12 か月} = 2,500 円$$

| （支払利息） | 2,500 | （未払利息） | 2,500 |
|---|---|---|---|

〈財務諸表の記載について〉

　貸倒引当金は科目別に控除します。

　受取手形：231,500円 × 4 ％ ＝ 9,260円

　売掛金：（157,500円 － 14,000円）× 4 ％ ＝ 5,740円

　貸借対照表の貸方の純資産に「繰越利益剰余金」と記載する金額は，当期純損益を加減した後の金額です。損益計算書の貸借差額により「当期純損失100,500円」を算定し，決算整理前の繰越利益剰余金貸方残高220,000円から差し引きます。

## 問題 27 - 3

### 貸借対照表
×2年(3)月(31)日　　　　　　（単位：円）

| 現　　金 | | （ 501,000） | 支払手形 | （ 90,000） |
|---|---|---|---|---|
| 当座預金 | | （ 316,000） | 買掛金 | （ 120,000） |
| 普通預金 | | （ 231,000） | 借入金 | （ 150,000） |
| 受取手形 | （ 200,000） | | 当座借越 | （ 20,000） |
| 貸倒引当金 | （△ 4,000） | （ 196,000） | 前受収益 | （ 2,500） |
| 売掛金 | （ 295,000） | | 資本金 | （ 2,850,000） |
| 貸倒引当金 | （△ 5,900） | （ 289,100） | 繰越利益剰余金 | （ 431,600） |
| 商　　品 | | （ 120,000） | | |
| 貯蔵品 | | （ 9,000） | | |
| 前払費用 | | （ 4,000） | | |
| 建　　物 | （ 800,000） | | | |
| 減価償却累計額 | （△ 72,000） | （ 728,000） | | |
| 備　　品 | （ 400,000） | | | |
| 減価償却累計額 | （△130,000） | （ 270,000） | | |
| 土　　地 | | （ 1,000,000） | | |
| | | （ 3,664,100） | | （ 3,664,100） |

### 損益計算書
×1年(4)月(1)日から×2年(3)月(31)日まで（単位：円）

| 売上原価 | （ 1,170,000） | 売上高 | （ 2,000,000） |
|---|---|---|---|
| 給　　料 | （ 369,000） | 受取地代 | （ 27,500） |
| 保険料 | （ 12,000） | 雑　　益 | （ 1,000） |
| 消耗品費 | （ 70,000） | | |
| 租税公課 | （ 15,000） | | |
| 貸倒引当金繰入 | （ 7,900） | | |
| 減価償却費 | （ 94,000） | | |
| 支払利息 | （ 9,000） | | |
| 当期純利益 | （ 281,600） | | |
| | （ 2,028,500） | | （ 2,028,500） |

## ❗ 解答への道

　本問は問題24-3（後T/B作成問題）を財務諸表作成にした問題です。

Ⅰ．未処理事項

　1．売掛金の回収

| （普通預金東京X銀行） | 5,000 | （売掛金） | 5,000 |
|---|---|---|---|

　2．固定資産税の支払い

　　事業用の土地・建物などにかかる固定資産税は，租税公課勘定（費用）で処理します。

| （租税公課） | 4,000 | （当座預金神奈川Y銀行） | 4,000 |
|---|---|---|---|

　3．仮払金

| （備　品） | 100,000 | （仮払金） | 100,000 |
|---|---|---|---|

Ⅱ．決算整理事項

　1．現金過不足の処理

　　実際有高と帳簿残高の差額を雑益として処理します。

| （現　金） | 1,000 | （雑　益） | 1,000* |
|---|---|---|---|

＊　実際有高：476,000円〈紙幣・硬貨〉＋ 25,000円〈他社振出の小切手〉＝ 501,000円

　　501,000円〈実際有高〉－ 500,000円〈前T/B現金〉＝ 1,000円（雑益）

　2．当座借越

　　指示にしたがい，当座預金栃木Z銀行勘定の貸方残高20,000円を，当座借越勘定の貸方に振り替えます。

| （当座預金栃木Z銀行） | 20,000 | （当座借越） | 20,000 |
|---|---|---|---|

　3．貸倒引当金の設定

　　貸倒引当金勘定の残高が売上債権（受取手形と売掛金）期末残高の2％になるよう差額を補充します。

| （貸倒引当金繰入） | 7,900* | （貸倒引当金） | 7,900 |
|---|---|---|---|

＊　売上債権の残高：200,000円〈受取手形〉＋ 300,000円〈売掛金〉－ 5,000円〈上記Ⅰの1〉

　　　　　　　　＝ 495,000円

　　貸倒引当金の当期末設定額：495,000円 × 2 ％

　　　　　　　　　　　　　＝ 9,900円

　　貸倒引当金繰入額：9,900円 － 2,000円

　　　　　　　　〈前T/B貸倒引当金〉

　　　　　　　　＝ 7,900円

　4．売上原価の算定

　　仕入勘定で売上原価を算定して損益計算書に記載するとともに，繰越商品勘定の残高を貸借対照表に記載します。

| （仕 入） | 90,000 | （繰 越 商 品） | 90,000*1 |
|---|---|---|---|
| （繰 越 商 品） | 120,000*2 | （仕 入） | 120,000 |

＊1　期首商品棚卸高（前T/B繰越商品）

＊2　期末商品棚卸高（決算整理事項より）

5．固定資産の減価償却

| （減価償却費） | 94,000*3 | （建物減価償却累計額） | 24,000*1 |
|---|---|---|---|
|  |  | （備品減価償却累計額） | 70,000*2 |

＊1　建　物：$\dfrac{800,000円 - 800,000円 \times 10\%}{30年} = 24,000円$

＊2　旧備品：$\dfrac{300,000円 - 0円}{5年} = 60,000円$

　　新備品：$\dfrac{100,000円 - 0円}{5年} \times \dfrac{6か月}{12か月}$

　　　　　　$= 10,000円$ $\Big\}$ 70,000円

＊3　減価償却費：24,000円 + 70,000円 = 94,000円

6．収入印紙の貯蔵品振替

　　収入印紙の未使用高を租税公課勘定（費用）から貯蔵品勘定（資産）へ振り替えます。

| （貯 蔵 品） | 9,000 | （租 税 公 課） | 9,000 |
|---|---|---|---|

7．受取地代の前受け

　　当期最後の偶数月である2月末日に，向こう2か月分（×2年3月1日～4月30日）の地代を受け取っているので，4月分を前受処理します。

| （受 取 地 代） | 2,500 | （前 受 地 代）* | 2,500 |
|---|---|---|---|

＊　$5,000円 \times \dfrac{1か月}{2か月} = 2,500円$

8．保険料の前払い

　　当期2月1日に支払った半年分のうち4か月分（×2年4月1日～7月31日）を前払処理します。なお，前期以前から継続的に前払いしていることから，前期の決算日にも4か月分（×1年4月1日～7月31日）を前払処理しています。したがって，決算整理前残高試算表の保険料16,000円は，当期首に再振替仕訳した4か月分と，当期中の8月1日と2月1日の2回に分けて支払った12か月分の合計16か月分です。

| （前払保険料） | 4,000* | （保 険 料） | 4,000*² |
|---|---|---|---|

＊　$16,000円 \times \dfrac{4か月}{16か月} = 4,000円$

## 問 題 27 - 4

貸 借 対 照 表

×2年(3)月(31)日　　　（単位：円）

| 現金預金 |  | ( 1,048,000) | 支払手形 | ( 90,000) |
|---|---|---|---|---|
| 受取手形 | ( 200,000) |  | 買 掛 金 | ( 120,000) |
| 売 掛 金 | ( 295,000) |  | 借 入 金 | ( 150,000) |
| 貸倒引当金 (△ 9,900) | ( 485,100) |  | 当座借越 | ( 20,000) |
| 商　　品 |  | ( 120,000) | 前受地代 | ( 2,500) |
| 貯 蔵 品 |  | ( 9,000) | 資 本 金 | ( 2,850,000) |
| 前払保険料 |  | ( 4,000) | 繰越利益剰余金 | ( 431,600) |
| 建　　物 | ( 800,000) |  |  |  |
| 備　　品 | ( 400,000) |  |  |  |
| 減価償却累計額 (△202,000) | ( 998,000) |  |  |  |
| 土　　地 |  | ( 1,000,000) |  |  |
|  |  | ( 3,664,100) |  | ( 3,664,100) |

**！ 解 答 へ の 道** ………………………………

　本問は問題27-3と同じ内容ですが，貸借対照表の表示形式を一部変更しています。決算整理事項等の仕訳・計算等については問題27-3の解説を参照してください。

〈貸借対照表記載について〉

　1．現金，当座預金および普通預金を合計して「現金預金」と記載しています。

　2．貸倒引当金と減価償却累計額については，原則として，科目別間接控除形式（問題27-2，問題27-3参照）によりますが，本問のように「一括間接控除形式」による場合もあります。問題文の指示や解答欄の形式から判断します。

　3．前払保険料や前受地代を，勘定科目そのままで記載しています（前払保険料は借方に，前受地代は貸方に記載済み）。

## THEME 28 株式の発行

### 問題 28-1

| ① | ② | ③ | ④ |
|---|---|---|---|
| 株　式 | 株　主 | 取締役 | 株主総会 |
| ⑤ | ⑥ | ⑦ | ⑧ |
| 資　産 | 負　債 | 純資産 | 株主資本 |
| ⑨ | ⑩ | | |
| 会社法 | 資本金 | | |

### 問題 28-2

| (1) | (2) | (3) | (4) | (5) | (6) |
|---|---|---|---|---|---|
| E | C | N | F | M | G |
| (7) | (8) | | | | |
| B | D | | | | |

### 問題 28-3

| | 借 方 科 目 | 金　額 | 貸 方 科 目 | 金　額 |
|---|---|---|---|---|
| (1) | 当 座 預 金 | 1,600,000 | 資　本　金 | 1,600,000 |
| (2) | 当 座 預 金 | 3,500,000 | 資　本　金 | 3,500,000 |
| (3) | 当 座 預 金 | 10,000,000 | 資　本　金 | 10,000,000 |

**❗ 解 答 へ の 道** ·······························

　株式を発行したときは，原則として株式の発行にともなう払込金額を「資本金」とします。
(1)　払込金額：80,000円／株×20株
　　　　　　　　＝1,600,000円
(2)　払込金額：70,000円／株×50株
　　　　　　　　＝3,500,000円
(3)　払込金額：100,000円／株×100株
　　　　　　　　＝10,000,000円

### 問題 28-4

| | 借 方 科 目 | 金　額 | 貸 方 科 目 | 金　額 |
|---|---|---|---|---|
| (1) | 当 座 預 金 | 24,000,000 | 資　本　金 | 24,000,000 |
| (2) | 当 座 預 金 | 2,100,000 | 資　本　金 | 2,100,000 |

**❗ 解 答 へ の 道** ·······························

(1)　払込金額：80,000円／株×300株
　　　　　　　　＝24,000,000円
(2)　払込金額：70,000円／株×30株
　　　　　　　　＝2,100,000円

THEME
29
# 剰余金の配当と処分

## 問 題 29-1

| | 借方科目 | 金　額 | 貸方科目 | 金　額 |
|---|---|---|---|---|
| (1) | 損　　　　益 | 250,000 | 繰越利益剰余金 | 250,000 |
| (2) | 損　　　　益 | 240,000 | 繰越利益剰余金 | 240,000 |
| (3) | 損　　　　益 | 160,000 | 繰越利益剰余金 | 160,000 |
| (4) | 損　　　　益 | 65,000 | 繰越利益剰余金 | 65,000 |
| (5) | 繰越利益剰余金 | 140,000 | 損　　　　益 | 140,000 |
| (6) | 繰越利益剰余金 | 140,000 | 損　　　　益 | 140,000 |
| (7) | 繰越利益剰余金 | 222,000 | 損　　　　益 | 222,000 |
| (8) | 繰越利益剰余金 | 45,000 | 損　　　　益 | 45,000 |

### 解 答 へ の 道

　株式会社は当期純利益または当期純損失を損益勘定で計算し，当期純利益は繰越利益剰余金勘定（資本（純資産））の貸方に，当期純損失は繰越利益剰余金勘定の借方に振り替えます。繰越利益剰余金勘定の残高は次期に繰り越し，株主総会で処分等を決定します。

(1)

(2)

(3)

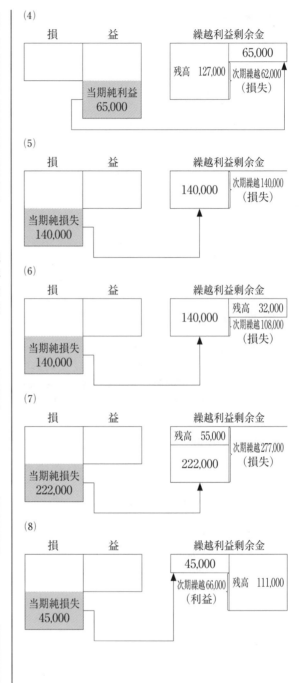

## 問題 29 - 2

|     | 借方科目 | 金　額 | 貸方科目 | 金　額 |
|-----|---------|--------|---------|--------|
| (1) | 損　　益 | 200,000 | 繰越利益剰余金 | 200,000 |
| (2) | 繰越利益剰余金 | 110,000 | 利益準備金 | 10,000 |
|     |         |        | 未払配当金 | 100,000 |
| (3) | 未払配当金 | 100,000 | 当座預金 | 100,000 |
| (4) | 損　　益 | 250,000 | 繰越利益剰余金 | 250,000 |

繰越利益剰余金

| 6/24 利益準備金 | 10,000 | 4/1 前期繰越 | 200,000 |
|---|---|---|---|
| 〃　 未払配当金 | 100,000 | 3/31 損　　益 | 250,000 |
| 3/31 次期繰越 | 340,000 | | |
| | 450,000 | | 450,000 |
| | | 4/1 前期繰越 | 340,000 |

（注）繰越利益剰余金勘定への転記は，相手科目が複数でも，「諸口」を使用しません。

### 🔴 解答への道

(1) ×1年3月31日　当期純利益（第1期）の振り替え
　　株式会社の利益は損益勘定で計算した後，繰越利益剰余金勘定（資本（純資産））に振り替えます。

(2) ×1年6月24日　繰越利益剰余金の配当・処分が確定したとき（株主総会時）
　　この仕訳を行うことによって，繰越利益剰余金の処分が決まります。なお，残額の90,000円（200,000円－処分額計110,000円）については次期以降に配当・処分を行います。
　　利益準備金勘定は資本（純資産）の勘定，未払配当金勘定は負債の勘定です。

(3) ×1年6月27日　株主配当金を支払ったとき
　　未払配当金勘定（負債）を消去する処理を行います。

(4) ×2年3月31日　当期純利益（第2期）の振り替え
　　第2期の純利益を損益勘定から繰越利益剰余金勘定へ振り替えます。

## 問題 29 - 3

| 借方科目 | 金　額 | 貸方科目 | 金　額 |
|---------|--------|---------|--------|
| 繰越利益剰余金 | 1,650,000 | 利益準備金 | 150,000 |
|         |        | 未払配当金 | 1,500,000 |

## 問題 29 - 4

|     | 借方科目 | 金　額 | 貸方科目 | 金　額 |
|-----|---------|--------|---------|--------|
| (1) | 繰越利益剰余金 | 100,000 | 損　　益 | 100,000 |
| (2) | 利益準備金 | 60,000 | 繰越利益剰余金 | 60,000 |
| (3) | 損　　益 | 55,000 | 繰越利益剰余金 | 55,000 |

繰越利益剰余金

| 4/1 前期繰越 | 100,000 | 6/25 利益準備金 | 60,000 |
|---|---|---|---|
| 3/31 次期繰越 | 15,000 | 3/31 損　　益 | 55,000 |
| | 115,000 | | 115,000 |
| | | 4/1 前期繰越 | 15,000 |

### 🔴 解答への道

　決算において算定した当期純損失は，繰越利益剰余金勘定の借方に振り替えます。繰越利益剰余金勘定の借方残高（損失）は，株主総会において利益準備金などを取り崩すことにより補てんします。

(1) ×5年3月31日

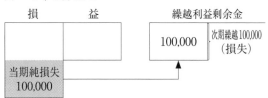

(2) ×5年6月25日

(3) ×6年3月31日

THEME

# 30　税　金

## 問題 30 - 1

|  | 借方科目 | 金　額 | 貸方科目 | 金　額 |
|---|---|---|---|---|
| (1) | 法人税, 住民税及び事業税 | 16,000 | 未払法人税等 | 16,000 |
| (2) | 未払法人税等 | 16,000 | 当 座 預 金 | 16,000 |
| (3) | 仮払法人税等 | 8,000 | 当 座 預 金 | 8,000 |
| (4) | 法人税, 住民税及び事業税 | 15,000 | 仮払法人税等 | 8,000 |
|  |  |  | 未払法人税等 | 7,000 |
| (5) | 未払法人税等 | 7,000 | 当 座 預 金 | 7,000 |

### ⚠ 解 答 へ の 道

(1) 決算で確定した法人税等の金額は法人税, 住民税及び事業税勘定または法人税等勘定などを用いて処理します。

(2) 決算日後2か月以内に確定申告を行い, 申告書等を提出するとともに, 未払法人税等の金額を納付します。

(3) 決算日後6か月を経過した時点で, 中間決算処理を行うか, または前年度分の納付額を基礎として, 中間納付額を算定し, 納付します。納付額は仮払法人税等勘定などを用いて処理します。

(4) 決算で確定した法人税, 住民税及び事業税の金額について, 期中に中間納付を行っている場合は, これを差し引いた金額を未払法人税等とします。

## 問題 30 - 2

|  | 借方科目 | 金　額 | 貸方科目 | 金　額 |
|---|---|---|---|---|
| 11/15 | 仮払法人税等 | 270,000 | 当 座 預 金 | 270,000 |
| 3/31 | 法人税, 住民税及び事業税 | 620,000 | 仮払法人税等 | 270,000 |
|  |  |  | 未払法人税等 | 350,000 |
| 5/20 | 未払法人税等 | 350,000 | 当 座 預 金 | 350,000 |

### ⚠ 解 答 へ の 道

11/15　中間申告によって納付した法人税額は, 税額が確定していないので, 仮払法人税等勘定などの仮の勘定で処理します。

3/31　税額が確定したので, 確定税額から中間納付額を差し引いた残額を未払法人税等勘定（負債）で処理します。

5/20　確定申告を行い, 納付したときに未払法人税等勘定の借方に記入します。

## 問題 30 - 3

| 借方科目 | 金　額 | 貸方科目 | 金　額 |
|---|---|---|---|
| 法人税, 住民税及び事業税 | 600,000 | 仮 払 法 人 税 等 | 270,000 |
|  |  | 未 払 法 人 税 等 | 330,000 |

### ⚠ 解 答 へ の 道

中間納付額は仮払法人税等勘定で処理しています。

（仮払法人税等）270,000　（当 座 預 金）270,000

決算において, 法人税, 住民税及び事業税の金額が確定したので, 法人税, 住民税及び事業税勘定の借方に計上し, 中間納付額との差額を未払法人税等勘定（負債）で処理します。

## 問題 30 - 4

| | 借方科目 | 金　額 | 貸方科目 | 金　額 |
|---|---|---|---|---|
| 2/1 | 現　　金 | 39,600 | 売　　上 | 36,000 |
| | | | 仮受消費税 | 3,600 |
| 3/1 | 仕　　入 | 12,000 | 現　　金 | 13,200 |
| | 仮払消費税 | 1,200 | | |
| 3/31 | 仮受消費税 | 3,600 | 仮払消費税 | 1,200 |
| | | | 未払消費税 | 2,400 |
| 5/10 | 未払消費税 | 2,400 | 当座預金 | 2,400 |

### ❗ 解答への道

① 消費税を支払ったとき

　支払った消費税分を仮払消費税勘定で処理します。

② 消費税を受け取ったとき

　受け取った消費税分を仮受消費税勘定で処理します。

③ 決算のとき

　仮受消費税と仮払消費税を相殺し，差額を未払消費税勘定（負債）で処理します。

④ 確定申告のとき

　決算日後2か月以内に未払消費税を納付します。

〈消費税（10%）の計算〉

2/1　$39,600円 \times \dfrac{10\%}{110\%} = 3,600円$……仮受消費税

3/1　$13,200円 \times \dfrac{10\%}{110\%} = 1,200円$……仮払消費税

〈未払消費税の計算〉

3/31　$\underset{仮受消費税}{3,600円} - \underset{仮払消費税}{1,200円} = 2,400円$…未払消費税

## 問題 30 - 5

| | 借方科目 | 金　額 | 貸方科目 | 金　額 |
|---|---|---|---|---|
| 3/31 | 仮受消費税 | 4,200,000 | 仮払消費税 | 2,680,000 |
| | | | 未払消費税 | 1,520,000 |

## 問 題 30 - 6

### 決算整理後残高試算表
×2年3月31日 （単位：円）

| 借　　方 | 勘 定 科 目 | 貸　　方 |
|---:|:---:|---:|
| 78,750 | 現　　　　　金 | |
| 333,150 | 当 座 預 金 | |
| 172,500 | 受 取 手 形 | |
| 32,000 | クレジット売掛金 | |
| 205,500 | 売　　掛　　金 | |
| 44,000 | 繰 越 商 品 | |
| 100,000 | 貸　　付　　金 | |
| 90,000 | 備　　　　　品 | |
| | 買　　掛　　金 | 160,240 |
| | 借　　入　　金 | 180,000 |
| | 貸 倒 引 当 金 | 8,200 |
| | 減価償却累計額 | 53,000 |
| | 資　　本　　金 | 400,000 |
| | 繰越利益剰余金 | 100,000 |
| | 売　　　　　上 | 708,100 |
| | 受 取 手 数 料 | 32,300 |
| | 受 取 利 息 | 17,000 |
| 333,500 | 仕　　　　　入 | |
| 94,750 | 給　　　　　料 | |
| 1,500 | 支 払 手 数 料 | |
| 58,500 | 保　　険　　料 | |
| 141,900 | 旅 費 交 通 費 | |
| 11,000 | 消 耗 品 費 | |
| 5,250 | 租 税 公 課 | |
| 17,850 | 支 払 利 息 | |
| 1,450 | 貸倒引当金繰入 | |
| 8,000 | 減 価 償 却 費 | |
| 2,500 | 貯　　蔵　　品 | |
| 19,500 | 前 払 保 険 料 | |
| | 前 受 手 数 料 | 64,800 |
| | 未 払 利 息 | 3,600 |
| 5,000 | 未 収 利 息 | |
| | 未 払 消 費 税 | 37,360 |
| | 未払法人税等 | 12,000 |
| 20,000 | 法人税,住民税及び事業税 | |
| 1,776,600 | | 1,776,600 |

備品の帳簿価額：37,000円

---

### ❗ 解 答 へ の 道

〈決算整理後残高試算表の作成〉

(1)の決算整理前残高試算表と(2)決算整理事項等にもとづいて仕訳し，次に仕訳の金額を決算整理前残高試算表の金額に加減し，決算整理後残高試算表に記入します。試算表作成の際，必要な科目（試算表にない科目を仕訳に使用した場合等）は追加しますが，本問では解答欄の試算表に記入済みです。

〈決算整理事項等〉

1．仮払金の精算（未処理事項）

従業員の出張旅費前渡分のうち使用分を旅費交通費とし，返金分を現金の増加とします。

| （旅費交通費） | 59,000 | （仮　払　金） | 63,000 |
|---|---|---|---|
| （現　　　金） | 4,000 | | |

2．訂正仕訳（訂正事項）

貸方の前受金を取り消し，売掛金の減少に訂正します。

| （前　受　金） | 20,000 | （売　掛　金） | 20,000 |
|---|---|---|---|

3．貸倒引当金の設定

受取手形とクレジット売掛金および売掛金の期末残高合計の2％が貸倒引当金の残高となるように補充します。

貸倒引当金の当期設定額：
（受取手形172,500円＋クレジット売掛金32,000円＋売掛金225,500円－20,000円）×2％＝　8,200円
貸倒引当金の期末残高：　　　　　△6,750円
差引・貸倒引当金繰入額：　　　　　1,450円

| （貸倒引当金繰入） | 1,450 | （貸倒引当金） | 1,450 |
|---|---|---|---|

4．売上原価の算定

仕入勘定の残高が売上原価になるように仕訳をします。

| （仕　　　　入） | 43,000 | （繰 越 商 品） | 43,000 |
|---|---|---|---|
| （繰 越 商 品） | 44,000 | （仕　　　　入） | 44,000 |

5．備品の減価償却費の計上

旧備品と新備品は耐用年数が異なるので別々に計算します。また，新備品は期中取得しているので月割計算します（12月1日から3月31日までの4か月分）。

旧備品：$\dfrac{（90,000円－30,000円）}{10年}＝6,000円$

新備品：$\dfrac{30,000円}{5年}×\dfrac{4か月}{12か月}＝2,000円$ }8,000円

| （減 価 償 却 費） | 8,000 | （減価償却累計額） | 8,000 |
|---|---|---|---|

6．消費税（税抜方式）の処理

　　期中に支払った消費税（仮払消費税勘定）と預かった消費税（仮受消費税勘定）を相殺し，差額を未払消費税勘定（負債）とします。

| （仮受消費税） | 70,810 | （仮払消費税） | 33,450 |
|---|---|---|---|
| | | （未払消費税） | 37,360 |

7．収入印紙の未使用分の整理

　　期中において租税公課勘定（費用）で処理しているので，未使用分を貯蔵品勘定（資産）に振り替え次期に繰り越します。

| （貯　蔵　品） | 2,500 | （租　税　公　課） | 2,500 |
|---|---|---|---|

8．前払保険料の計上

　　保険料のうち×2年4月1日から6月30日までの3か月分を前払分（次期分）とします。

$$78,000円 \times \frac{3か月}{12か月} = 19,500円$$

| （前払保険料） | 19,500 | （保　　険　　料） | 19,500 |
|---|---|---|---|

9．前受手数料の計上

　　受取手数料のうち64,800円を前受分（次期分）とします。

| （受取手数料） | 64,800 | （前受手数料） | 64,800 |
|---|---|---|---|

10．未払利息の計上

　　借入金の利息は半年ごとに支払っていますが，×1年12月1日から×2年3月31日までの4か月分を未払計上します。

$$180,000円 \times 6\% \times \frac{4か月}{12か月} = 3,600円$$

| （支　払　利　息） | 3,600 | （未　払　利　息） | 3,600 |
|---|---|---|---|

11．未収利息の計上

　　貸付金に対する利息（受取利息）について未収分を計上します。

| （未　収　利　息） | 5,000 | （受　取　利　息） | 5,000 |
|---|---|---|---|

12．法人税，住民税及び事業税の計上

　　法人税，住民税及び事業税から仮払法人税等（法人税，住民税及び事業税の当期中間納付額）の金額を差し引き，差額を未払法人税等（負債）とします。未払法人税等は決算日後2か月以内に納付します。

| （法人税, 住民税及び事業税） | 20,000 | （仮払法人税等） | 8,000 |
|---|---|---|---|
| | | （未払法人税等） | 12,000 |

　　未払法人税等：法人税，住民税及び事業税20,000円－前T/B仮払法人税等8,000円＝12,000円

〈備品の帳簿価額の算定〉

　　備品の帳簿価額とは，備品の取得原価90,000円から減価償却累計額53,000円を控除した，実質的な資産価値をいいます。

　　90,000円－53,000円＝37,000円

精　算　表

| 勘定科目 | 残高試算表 | | 修正記入 | | 損益計算書 | | 貸借対照表 | |
|---|---|---|---|---|---|---|---|---|
| | 借　方 | 貸　方 | 借　方 | 貸　方 | 借　方 | 貸　方 | 借　方 | 貸　方 |
| 現　　　　金 | 74,750 | | 4,000 | | | | 78,750 | |
| 当 座 預 金 | 333,150 | | | | | | 333,150 | |
| 受 取 手 形 | 172,500 | | | | | | 172,500 | |
| クレジット売掛金 | 32,000 | | | | | | 32,000 | |
| 売　　掛　　金 | 225,500 | | | 20,000 | | | 205,500 | |
| 仮 払 消 費 税 | 33,450 | | | 33,450 | | | | |
| 仮 払 法 人 税 等 | 8,000 | | | 8,000 | | | | |
| 繰 越 商 品 | 43,000 | | 44,000 | 43,000 | | | 44,000 | |
| 貸　　付　　金 | 100,000 | | | | | | 100,000 | |
| 仮　　払　　金 | 63,000 | | | 63,000 | | | | |
| 備　　　　品 | 90,000 | | | | | | 90,000 | |
| 買　　掛　　金 | | 160,240 | | | | | | 160,240 |
| 前　　受　　金 | | 20,000 | 20,000 | | | | | |
| 仮 受 消 費 税 | | 70,810 | 70,810 | | | | | |
| 借　　入　　金 | | 180,000 | | | | | | 180,000 |
| 貸 倒 引 当 金 | | 6,750 | | 1,450 | | | | 8,200 |
| 減価償却累計額 | | 45,000 | | 8,000 | | | | 53,000 |
| 資　　本　　金 | | 400,000 | | | | | | 400,000 |
| 繰越利益剰余金 | | 100,000 | | | | | | 100,000 |
| 売　　　　上 | | 708,100 | | | | 708,100 | | |
| 受 取 利 息 | | 12,000 | | 5,000 | | 17,000 | | |
| 受 取 手 数 料 | | 97,100 | 64,800 | | | 32,300 | | |
| 仕　　　　入 | 334,500 | | 43,000 | 44,000 | 333,500 | | | |
| 給　　　　料 | 94,750 | | | | 94,750 | | | |
| 支 払 手 数 料 | 1,500 | | | | 1,500 | | | |
| 保　　険　　料 | 78,000 | | | 19,500 | 58,500 | | | |
| 旅 費 交 通 費 | 82,900 | | 59,000 | | 141,900 | | | |
| 消 耗 品 費 | 11,000 | | | | 11,000 | | | |
| 租 税 公 課 | 7,750 | | | 2,500 | 5,250 | | | |
| 支 払 利 息 | 14,250 | | 3,600 | | 17,850 | | | |
| | 1,800,000 | 1,800,000 | | | | | | |
| 貸倒引当金繰入 | | | 1,450 | | 1,450 | | | |
| 減 価 償 却 費 | | | 8,000 | | 8,000 | | | |
| 貯　　蔵　　品 | | | 2,500 | | | | 2,500 | |
| （前 払）保険料 | | | 19,500 | | | | 19,500 | |
| （前 受）手数料 | | | | 64,800 | | | | 64,800 |
| 未 払 利 息 | | | | 3,600 | | | | 3,600 |
| 未 収 利 息 | | | 5,000 | | | | 5,000 | |
| 未 払 消 費 税 | | | | 37,360 | | | | 37,360 |
| 法人税, 住民税及び事業税 | | | 20,000 | | 20,000 | | | |
| 未 払 法 人 税 等 | | | | 12,000 | | | | 12,000 |
| 当 期 純 （利 益） | | | | | 63,700 | | | 63,700 |
| | | | 365,660 | 365,660 | 757,400 | 757,400 | 1,082,900 | 1,082,900 |

繰越利益剰余金勘定の次期繰越：163,700 円

## 解答への道

本問は問題30-6（後T/B作成問題）を精算表作成にした問題です。決算整理事項等の仕訳，計算等については，問題30-6の解説を参照してください。

〈繰越利益剰余金勘定の次期繰越の算定〉

残高試算表欄（決算整理前残高試算表）の繰越利益剰余金100,000円に，損益計算書欄および貸借対照表欄で算定した当期純利益63,700円を加算した金額163,700円が，繰越利益剰余金勘定の次期繰越となります。

100,000円 + 63,700円 = 163,700円

## 問題 30 - 8

### 貸借対照表
×2年3月31日 （単位：円）

| | | | | |
|---|---|---|---|---|
| 現　　　金 | （ 78,750） | 買　掛　金 | （ 160,240） |
| 当座預金 | （ 333,150） | 借　入　金 | （ 180,000） |
| 受取手形（ 172,500） | | 未払消費税 | （ 37,360） |
| 貸倒引当金（△ 3,450）（ 169,050） | | 未払法人税等 | （ 12,000） |
| クレジット売掛金（ 32,000） | | 前受収益 | （ 64,800） |
| 貸倒引当金（△ 640）（ 31,360） | | 未払費用 | （ 3,600） |
| 売　掛　金（ 205,500） | | 資　本　金 | （ 400,000） |
| 貸倒引当金（△ 4,110）（ 201,390） | | 繰越利益剰余金 | （ 163,700） |
| 商　　　品 | （ 44,000） | | |
| 貯　蔵　品 | （ 2,500） | | |
| 前払費用 | （ 19,500） | | |
| 未収収益 | （ 5,000） | | |
| 貸　付　金 | （ 100,000） | | |
| 備　　　品（ 90,000） | | | |
| 減価償却累計額（△ 53,000）（ 37,000） | | | |
| | （ 1,021,700） | | （ 1,021,700） |

### 損益計算書
×1年4月1日から×2年3月31日まで （単位：円）

| | | | |
|---|---|---|---|
| 売上原価 | （ 333,500） | 売　上　高 | （ 708,100） |
| 給　　　料 | （ 94,750） | 受取手数料 | （ 32,300） |
| 支払手数料 | （ 1,500） | 受取利息 | （ 17,000） |
| 保　険　料 | （ 58,500） | | |
| 旅費交通費 | （ 141,900） | | |
| 消耗品費 | （ 11,000） | | |
| 租税公課 | （ 5,250） | | |
| 貸倒引当金繰入 | （ 1,450） | | |
| 減価償却費 | （ 8,000） | | |
| 支払利息 | （ 17,850） | | |
| 法人税，住民税及び事業税 | （ 20,000） | | |
| 当期純利益 | （ 63,700） | | |
| | （ 757,400） | | （ 757,400） |

## 解答への道

本問は問題30-6（後T/B作成問題）を財務諸表作成にした問題です。決算整理事項等の仕訳・計算等については問題30-6の解説を参照してください。

〈貸倒引当金の貸借対照表表示について〉

原則として，本問のように科目別間接控除形式となります。なお貸倒見積りの仕訳は，受取手形とクレジット売掛金と売掛金の合計額に対してまとめて行っているため，貸借対照表の表示にあたっては別々に計算する必要があります。

受取手形：172,500円 × 2％ = 3,450円

クレジット売掛金：32,000円 × 2％ = 640円

売掛金：（225,500円 − 20,000円）× 2％ = 4,110円

## 第5編 THEME 31 証ひょう

### 問題 31-1

| (1) | (2) | (3) | (4) | (5) | (6) |
|-----|-----|-----|-----|-----|-----|
| K | A | J | F | E | H |

| (7) | (8) |
|-----|-----|
| B | G |

**❗ 解答への道** ·····

　実務においてやりとりされる「取引の事実を証する資料」全体を指して「証ひょう」といいます。証ひょうの具体的な名称は，特別に定められているわけではありませんが，概ねの内容がわかるような名称を用いています。同じ内容を表す証ひょうでも，作成する側と受け取る側で名称が異なることもあります。

### 問題 31-2

| 日付 | 借方科目 | 金　額 | 貸方科目 | 金　額 |
|------|---------|--------|---------|--------|
| 3/25 | 旅費交通費 | 25,000 | 普通預金 | 25,000 |

**❗ 解答への道** ·····

　旅費交通費の支払い（立替払い）は，領収書の日付から「3月20日」であることがわかりますが，株式会社長崎のルール（問題の指示）により，精算日「3月25日」に旅費交通費計上の仕訳を行います。

### 問題 31-3

| 日付 | 借方科目 | 金　額 | 貸方科目 | 金　額 |
|------|---------|--------|---------|--------|
| 6/16 | 消耗品費 | 6,480 | 未払金 | 6,480 |

**❗ 解答への道** ·····

　事務用品等，商品以外の物品の代金後払いの義務は未払金勘定（負債）で処理します。

### 問題 31-4

| 日付 | 借方科目 | 金　額 | 貸方科目 | 金　額 |
|------|---------|--------|---------|--------|
| 11/30 | 備　品 | 763,000 | 仮払金 | 763,000 |

**❗ 解答への道** ·····

　パソコン（備品）の取得原価は，本体代金だけでなく付属品や送料，セッティング費用等の付随費用を含めた金額です。

　領収証の日付は「11月20日」ですが，この日に支払った金額は仮払金で処理しています。

### 問題 31-5

| 日付 | 借方科目 | 金　額 | 貸方科目 | 金　額 |
|------|---------|--------|---------|--------|
| 5/29 | 仕　入 | 471,000 | 買　掛　金 | 518,100 |
|      | 仮払消費税 | 47,100 |         |        |

### 問題 31-6

| 日付 | 借方科目 | 金　額 | 貸方科目 | 金　額 |
|------|---------|--------|---------|--------|
| 5/29 | 売　掛　金 | 518,100 | 売　　上 | 471,000 |
|      |         |        | 仮受消費税 | 47,100 |

### 問題 31-7

| 日付 | 借方科目 | 金　額 | 貸方科目 | 金　額 |
|------|---------|--------|---------|--------|
| 5/20 | 旅費交通費 | 16,200 | 仮　払　金 | 20,000 |
|      | 現　　金 | 3,800 |         |        |

**❗ 解答への道** ·····

　出張前に20,000円を仮払い（前渡し）しているため，旅費交通費として支払った金額16,200円との差額の返金を受けます。

## 問題 31 - 8

| 日付 | 借方科目 | 金　額 | 貸方科目 | 金　額 |
|---|---|---|---|---|
| 10/25 | 仮払法人税等 | 620,000 | 普通預金 | 620,000 |

**❶ 解答への道** ··········································

　納付書に記されている「納期等の区分」から，中間申告納付であることがわかります。中間納付の場合は，支払額を仮払法人税等勘定を用いて処理します。

## 問題 31 - 9

| 日付 | 借方科目 | 金　額 | 貸方科目 | 金　額 |
|---|---|---|---|---|
| 6/20 | 借　入　金 | 600,000 | 当座預金 | 602,000 |
|  | 支払利息 | 2,000 |  |  |
| 6/24 | 当座預金 | 540,000 | 売　掛　金 | 540,000 |
| 6/30 | 支払手形 | 500,000 | 当座預金 | 500,000 |

**❶ 解答への道** ··········································

　当座預金照合表の「お支払金額」は当座預金口座からの出金額を表し，「お預り金額」は当座預金口座への入金額を表します。

6/20　「融資ご返済」は借入金の返済です。同日に利息も支払っているので，602,000円を当座預金の減少とします。

6/24　「お振込長野商店㈱」は得意先からの入金であることから，売掛金の回収です。

6/25　小切手を振り出したときに当座預金勘定の貸方に記入する仕訳をすでに行っているため仕訳しません。

6/30　「約束手形引落」は振り出した約束手形の決済です。

## 第5編 THEME 32 伝 票

### 問題 32 - 1

| | 借方科目 | 金 額 | 貸方科目 | 金 額 |
|---|---|---|---|---|
| (1) | 現　　金 | 500,000 | 売 掛 金 | 500,000 |
| (2) | 備　　品 | 300,000 | 現　　金 | 300,000 |
| (3) | 仕　　入 | 400,000 | 支 払 手 形 | 400,000 |

#### ❗解 答 へ の 道

(1)　入金伝票は借方が現金となるので，入金伝票に記入してある勘定科目は貸方科目を意味します。

| 入金伝票 | （現　金）　×× | （○　○）　×× |
|---|---|---|

(2)　出金伝票は貸方が現金となるので，出金伝票に記入してある勘定科目は借方科目を意味します。

| 出金伝票 | （○　○）　×× | （現　金）　×× |
|---|---|---|

(3)　振替伝票は仕訳を示しています。

### 問題 32 - 2

| . | 借方科目 | 金　　額 | 貸方科目 | 金　　額 |
|---|---|---|---|---|
| (1) | 仕　　入 | 500,000 | 買 掛 金 | 300,000 |
| | | | 現　　金 | 200,000 |
| (2) | 仕　　入 | 500,000 | 買 掛 金 | 300,000 |
| | | | 現　　金 | 200,000 |

#### ❗解 答 へ の 道

　(1)と(2)は同じ取引で，一部現金取引です。一部現金取引については，伝票の起票方法が2とおりあります。
(1)　取引を分割して起票する方法（分割法）
　　振替伝票：(仕　入) 300,000 　(買掛金) 300,000
　　出金伝票：(仕　入) 200,000 　(現　金) 200,000
　　　合　　計：(仕　入) 500,000 　(買掛金) 300,000
　　　　　　　　　　　　　　　　　　　(現　金) 200,000
　　取引を掛け仕入と現金仕入に分割して起票します。

(2)　いったん全額を掛け取引とする方法（擬制法）
　　振替伝票：(仕　入) 500,000 　(買掛金) 500,000
　　出金伝票：(買掛金) 200,000 　(現　金) 200,000
　　　合　　計：(仕　入) 500,000 　(買掛金) 300,000
　　　　　　　　　　　　　　　　　　　(現　金) 200,000

　いったん全額を掛けで仕入れて，ただちに掛けの一部を現金で支払ったと仮定して，起票します。

### 問題 32 - 3

(1)

| 振　替　伝　票 | | | |
|---|---|---|---|
| 借方科目 | 金　額 | 貸方科目 | 金　額 |
| 仕　　　　入 | 300,000 | 買　掛　金 | 300,000 |

(2)

| 振　替　伝　票 | | | |
|---|---|---|---|
| 借方科目 | 金　額 | 貸方科目 | 金　額 |
| 仕　　　　入 | 500,000 | 買　掛　金 | 500,000 |

#### ❗解 答 へ の 道

取　引｜(仕　入) 500,000 　(買掛金) 300,000
　　　　　　　　　　　　　　　(現　金) 200,000

分割法 ｛(仕　入) 300,000 (買掛金) 300,000…振替伝票
　　　　｛(仕　入) 200,000 (現　金) 200,000…出金伝票
　　　　▶ 出金伝票に「仕入」と記入があることから，(1)は分割法により振替伝票を起票します。

擬制法 ｛(仕　入) 500,000 (買掛金) 500,000…振替伝票
　　　　｛(買掛金) 200,000 (現　金) 200,000…出金伝票
　　　　▶ 出金伝票に「買掛金」と記入があることから，(2)は擬制法により振替伝票を起票します。

## 問題 32 - 4

|     | 借方科目 | 金 額 | 貸方科目 | 金 額 |
|-----|---------|-------|---------|-------|
| (1) | 売 掛 金<br>現 金 | 400,000<br>200,000 | 売 上 | 600,000 |
| (2) | 売 掛 金<br>現 金 | 400,000<br>200,000 | 売 上 | 600,000 |

### ❗ 解答への道

(1)と(2)は同じ取引で，一部現金取引です。この一部現金取引については，伝票の起票方法が2とおりあります。

(1) 分割法

振替伝票：(売掛金) 400,000 （売 上）400,000
入金伝票：(現 金) 200,000 （売 上）200,000
合 計：(売掛金) 400,000 （売 上）600,000
　　　　　(現 金) 200,000

取引を掛け売上と現金売上に分割して起票します。

(2) 擬制法

振替伝票：(売掛金) 600,000 （売 上）600,000
入金伝票：(現 金) 200,000 （売掛金）200,000
合 計：(売掛金) 400,000 （売 上）600,000
　　　　　(現 金) 200,000

いったん全額を掛けで売り上げて，ただちに掛けの一部を現金で受け取ったと仮定して，起票します。

## 問題 32 - 5

(1)

| 振 替 伝 票 | | | |
|---------|-------|---------|-------|
| 借方科目 | 金 額 | 貸方科目 | 金 額 |
| 売 掛 金 | 400,000 | 売 上 | 400,000 |

(2)

| 振 替 伝 票 | | | |
|---------|-------|---------|-------|
| 借方科目 | 金 額 | 貸方科目 | 金 額 |
| 売 掛 金 | 600,000 | 売 上 | 600,000 |

### ❗ 解答への道

取 引　(売掛金) 400,000　（売 上）600,000
　　　　(現 金) 200,000

分割法 ⎰(売掛金) 400,000 （売 上）400,000…振替伝票
　　　 ⎱(現 金) 200,000 （売 上）200,000…入金伝票

→ 入金伝票に「売上」と記入があることから，(1)は分割法により振替伝票を起票します。

擬制法 ⎰(売掛金) 600,000 （売 上）600,000…振替伝票
　　　 ⎱(現 金) 200,000 （売掛金）200,000…入金伝票

→ 入金伝票に「売掛金」と記入があることから，(2)は擬制法により振替伝票を起票します。

## 問題 32 - 6

(1)

| 振 替 伝 票 | | | |
|---------|-------|---------|-------|
| 借方科目 | 金 額 | 貸方科目 | 金 額 |
| 売 掛 金 | 200,000 | 売 上 | 200,000 |

(2)

| 振 替 伝 票 | | | |
|---------|-------|---------|-------|
| 借方科目 | 金 額 | 貸方科目 | 金 額 |
| 仕 入 | 400,000 | 買 掛 金 | 400,000 |

### ❗ 解答への道

(1)取 引　(売掛金) 200,000　（売 上）300,000
　　　　　(現 金) 100,000

分割法 ⎰(売掛金) 200,000 （売 上）200,000…振替伝票
　　　 ⎱(現 金) 100,000 （売 上）100,000…入金伝票

→ 本問では入金伝票に「売上」と記入があることから，(1)は分割法により振替伝票を起票します。

(2)取引 | (仕　入) 400,000 (買掛金) 100,000
　　　　　　　　　　　　 (現　金) 300,000

擬制法 { (仕　入) 400,000 (買掛金) 400,000…振替伝票
　　　　{ (買掛金) 300,000 (現　金) 300,000…出金伝票
　　　→ 本問は出金伝票に「買掛金」と記入
　　　があることから，(2)は擬制法により振
　　　替伝票を起票します。

## 問題 32 - 7

ページ数 → 6

### 仕 訳 日 計 表
×年6月1日　　　　　　6

| 借　方 | 元丁 | 勘 定 科 目 | 元丁 | 貸　方 |
|---|---|---|---|---|
| 17,000 | 1 | 現　　　金 | 1 | 13,500 |
| 15,000 | | 売　掛　金 | | 6,500 |
| 4,000 | | 買　掛　金 | | |
| 1,500 | 12 | 売　　　上 | 12 | 27,000 |
| 9,500 | | 仕　　　入 | | |
| 47,000 | | | | 47,000 |

勘定番号 → 1

### 総 勘 定 元 帳
現　金　　　　1

| ×年 | 摘　要 | 仕丁 | 借　方 | ×年 | 摘　要 | 仕丁 | 貸　方 |
|---|---|---|---|---|---|---|---|
| 6 1 | 前月繰越 | ✓ | 20,000 | 6 1 | 仕訳日計表 | 6 | 13,500 |
| 〃 | 仕訳日計表 | 6 | 17,000 | | | | |

### 売　　上　　12

| ×年 | 摘　要 | 仕丁 | 借　方 | ×年 | 摘　要 | 仕丁 | 貸　方 |
|---|---|---|---|---|---|---|---|
| 6 1 | 仕訳日計表 | 6 | 1,500 | 6 1 | 仕訳日計表 | 6 | 27,000 |

## 解答への道 ·······

(1) 伝票から仕訳し，仕訳を集計して，勘定科目ごとの合計額を仕訳日計表に記入します。

| 入金伝票……（現　金） ××× | | （○○○） ××× | |
|---|---|---|---|
| No. 101 | （現　金） 5,000 | （売掛金） | 5,000 |
| No. 102 | （現　金） 12,000 | （売　上） | 12,000 |
| 出金伝票……（○○○） ××× | | （現　金） ××× | |
| No. 201 | （買掛金） 4,000 | （現　金） | 4,000 |
| No. 202 | （仕　入） 9,500 | （現　金） | 9,500 |
| 振替伝票……（○○○） ××× | | （○○○） ××× | |
| No. 301 | （売掛金） 15,000 | （売　上） | 15,000 |
| No. 302 | （売　上） 1,500 | （売掛金） | 1,500 |

(2) 仕訳日計表の金額を，各勘定に転記します。転記の際，摘要欄には，相手科目のかわりに「仕訳日計表」と記入し，仕丁欄には仕訳日計表のページ数を記入します。

(3) 転記を終えた金額については，転記済みの印として，仕訳日計表の元丁欄に勘定番号を記入します。

## 問題 32 - 8

(1)

### 仕 訳 日 計 表
×5年5月1日　　　　32

| 借　方 | 元丁 | 勘 定 科 目 | 元丁 | 貸　方 |
|---|---|---|---|---|
| 440,000 | 11 | 現　　　金 | 11 | 310,000 |
| 60,000 | | 当 座 預 金 | | 130,000 |
| | | 売　掛　金 | 15 | 210,000 |
| | | 支 払 手 形 | | 70,000 |
| 270,000 | | 買　掛　金 | | 310,000 |
| | | 売　　　上 | | 150,000 |
| 410,000 | | 仕　　　入 | | |
| 1,180,000 | | | | 1,180,000 |

(2)

### 総 勘 定 元 帳
現　金　　　　11

| ×5年 | 摘　要 | 仕丁 | 借　方 | 貸　方 | 借/貸 | 残　高 |
|---|---|---|---|---|---|---|
| 5 1 | 前月繰越 | ✓ | 250,000 | | 借 | 250,000 |
| 〃 | 仕訳日計表 | 32 | 440,000 | | 〃 | 690,000 |
| 〃 | 仕訳日計表 | 32 | | 310,000 | 〃 | 380,000 |

売 掛 金　　　　15

| ×5年 | 摘　要 | 仕丁 | 借　方 | 貸　方 | 借/貸 | 残　高 |
|---|---|---|---|---|---|---|
| 5　1 | 前月繰越 | ✓ | 300,000 | | 借 | 300,000 |
| 〃 | 仕訳日計表 | 32 | | 210,000 | 〃 | 90,000 |

＊　総勘定元帳への仕訳日計表からの転記順はいずれでも正解
です。

仕 入 先 元 帳

群馬商店㈱　　　　仕 3

| ×5年 | 摘　要 | 仕丁 | 借　方 | 貸　方 | 借/貸 | 残　高 |
|---|---|---|---|---|---|---|
| 5　1 | 前月繰越 | ✓ | | 150,000 | 貸 | 150,000 |
| 〃 | 出金伝票 | 222 | 80,000 | | 〃 | 70,000 |
| 〃 | 振替伝票 | 332 | 50,000 | | 〃 | 20,000 |
| 〃 | 振替伝票 | 334 | | 150,000 | 〃 | 170,000 |

長野商店㈱　　　　仕 6

| ×5年 | 摘　要 | 仕丁 | 借　方 | 貸　方 | 借/貸 | 残　高 |
|---|---|---|---|---|---|---|
| 5　1 | 前月繰越 | ✓ | | 200,000 | 貸 | 200,000 |
| 〃 | 出金伝票 | 224 | 70,000 | | 〃 | 130,000 |
| 〃 | 振替伝票 | 331 | | 160,000 | 〃 | 290,000 |
| 〃 | 振替伝票 | 333 | 70,000 | | 〃 | 220,000 |

＊　仕入先元帳への各種伝票からの転記順はいずれでも正解で
す。

⚠ 解 答 へ の 道 ⋯⋯⋯⋯⋯⋯⋯⋯⋯⋯⋯⋯

　本問は伝票式会計（3伝票制）による仕訳日計表の
作成および元帳への転記の問題で，解答手順は次のと
おりです。
1．伝票を集計して，勘定科目ごとの合計額を仕訳日
　計表に記入します。
2．総勘定元帳（現金勘定，売掛金勘定）へ仕訳日計
　表から合計転記します。このとき，仕訳日計表の元
　丁欄に総勘定元帳の勘定番号を記入し，総勘定元帳
　の摘要欄は仕訳日計表とし，仕丁欄は仕訳日計表の
　ページ数を記入します。
3．仕入先元帳（群馬商店㈱，長野商店㈱）へ直接伝
　票から個別転記します。このとき，仕入先元帳の摘
　要欄には伝票名を記入し，仕丁欄には伝票番号を記
　入します。
　　以下に，起票した取引について仕訳を示します。

（入金伝票）
No.111（現　　　金）　　90,000　（売掛金−山形商店㈱）　90,000
No.112（現　　　金）　 150,000　（売　　　　　上）　150,000
No.113（現　　　金）　　80,000　（当 座 預 金）　　80,000
No.114（現　　　金）　 120,000　（売掛金−福島商店㈱）　120,000
（出金伝票）
No.221（仕　　　入）　 100,000　（現　　　　　金）　100,000
No.222（買掛金−群馬商店㈱）　80,000　（現　　　　　金）　　80,000
No.223（当 座 預 金）　　60,000　（現　　　　　金）　　60,000
No.224（買掛金−長野商店㈱）　70,000　（現　　　　　金）　　70,000
（振替伝票）
No.331（仕　　　入）　 160,000　（買掛金−長野商店㈱）　160,000
No.332（買掛金−群馬商店㈱）　50,000　（当 座 預 金）　　50,000
No.333（買掛金−長野商店㈱）　70,000　（支 払 手 形）　　70,000
No.334（仕　　　入）　 150,000　（買掛金−群馬商店㈱）　150,000
　　　　　　　　1,180,000　　　　　　　　1,180,000

仕訳日計表の合計額と一致